OS VIRTUOSOS

Os Estadistas que Fundaram a República Brasileira

LUIZ FELIPE D'AVILA

OS VIRTUOSOS

Os Estadistas que Fundaram a República Brasileira

70

Rio de Janeiro, 2025

Os virtuosos

Edições 70 é um selo da Editora Almedina Brasil do Grupo Editorial Alta Books (STARLIN ALTA EDITORA E CONSULTORIA LTDA).

ISBN: 978-65-542-7351-0

Impresso no Brasil – 1ª Edição, 2025 – Edição revisada conforme o Acordo Ortográfico da Língua Portuguesa de 2009.

Dados Internacionais de Catalogação na Publicação (CIP)

A957v

1.ed.- D'Avila, Luiz Felipe.

Os virtuosos: os estadistas que fundaram a República Brasileira / Luiz Felipe D'Avila. – Rio de Janeiro: Edições 70, 2025.

288 p.; 15,7 x 23 cm.

ISBN 978-65-542-7351-0

1. História do Brasil. 2. República – fundação. 3. Pensamento político. 4. Biografias de estadistas brasileiros. I. Título.

CDD 981.06

Índice para catálogo sistemático:

1. História do Brasil – República, 1889- – 981.06

Almedina Brasil é uma Editora do Grupo Editorial Alta Books

Produção Editorial: Grupo Editorial Alta Books
Diretor Editorial: Anderson Vieira
Vendas Governamentais: Cristiane Mutüs
Produtora Editorial: Luna Bolina

Revisão Gramatical: João Guterres
Diagramação: Roberto Maia
Capa: Diego Santos

ALTA BOOKS
GRUPO EDITORIAL

Rua Viúva Cláudio, 291 – Bairro Industrial do Jacaré
CEP: 20.970-031 – Rio de Janeiro (RJ)
Tels.: (21) 3278-8069 / 3278-8419
www.altabooks.com.br – altabooks@altabooks.com.br
Ouvidoria: ouvidoria@altabooks.com.br

Editora **afiliada à:**

ASSOCIADO

SUMÁRIO

A POLÍTICA E A VIRTUDE

Na manhã do dia 15 de novembro de 1889, uma rebelião militar terminou em golpe de Estado. O imperador D. Pedro II foi deposto e a República foi proclamada no Brasil. Começava, então, um novo regime de governo, que tinha tudo para dar errado. Os militares e os republicanos revolucionários que lideraram o golpe pretendiam criar um sistema republicano muito diferente do modelo idealizado por Thomas Jefferson, James Madison e Benjamim Franklin. O presidencialismo não encantou os revolucionários brasileiros por suas virtudes, mas pelos seus defeitos. Os homens que derrubaram a monarquia brasileira não se importavam com o equilíbrio constitucional entre os Três Poderes, com os princípios federativos e os valores democráticos. Queriam criar uma república "tropicalizada", em que as instituições servissem apenas para legitimar o mando do presidente da República.

Montesquieu, o filósofo iluminista do século XVIII, dizia que, na sociedade moderna, era preciso converter as virtudes pessoais em virtudes institucionais. Na Grécia antiga, a virtude de um líder político, como Péricles, era suficiente para imprimir o padrão moral, político e cívico na pequena cidade-Estado de Atenas. Mas, no mundo dominado pelo Estado-nação e pela sociedade de massa, as virtudes individuais dos grandes estadistas têm de ser institucionalizada.

A tese política de Montesquieu inspirou os *Founding Fathers* dos Estados Unidos a reunirem-se na Filadélfia, em 1787, para redigir a Constituição americana. Mas, a tarefa dos Pais da Constituição americana não se restringiu apenas à teoria. Depois de ter sido ratificada pelos estados e se tornado a Lei fundamental da nação, eles se voltaram para a arte de governar e praticar o que pregavam na Constituição. Os *Founding Fathers* tornaram-se presidentes da República, ministros de Estado e parlamentares, exercendo um papel decisivo na formação dos hábitos, das práticas políticas e de guardiões dos princípios republicanos.

O resultado deste árduo trabalho perdura até os nossos dias. Os americanos podem criticar o presidente da República, repudiar a política do governador ou detestar o deputado do seu distrito, mas os cidadãos têm enorme respeito e admiração pelas suas instituições. O Congresso, a Suprema Corte, a Presidência da República e a Constituição são veneradas e percebidas como os grandes alicerces que garantem os direitos individuais, a liberdade e a democracia. Nos Estados Unidos, a tese de Montesquieu triunfou magnificamente; as instituições são virtuosas porque foram criadas por homens virtuosos.

As instituições refletem o grau de maturidade política de uma nação. Quanto maior a consciência política das elites e da sociedade, maior será o seu grau de legitimidade, eficiência, transparência e liberdade das instituições. A fragilidade das instituições revela os sinais de um Estado que valoriza pouco a política, a liberdade e a concorrência. Ela revela um país que prefere a estabilidade à inovação, as relações pessoais às práticas institucionais, o mando à lei. Não há povos politicamente maduros que vivam sob o governo de déspotas e de caudilhos.

A proliferação dos líderes demagogos e dos governos autoritários só ocorre em países que não conseguiram criar instituições fortes e democráticas. Caudilhos detestam ver as instituições cumprindo o seu verdadeiro papel constitucional: o de limitar o poder do governo e de coibir os atos arbitrários dos governantes. Quanto mais frágeis forem as instituições, maior a liberdade dos caudilhos de exercer o seu poder arbitrário e personalista. Na visão política de Getúlio Vargas, Perón e Fidel Castro, a função das instituições é legalizar os atos arbitrários do governo.

Caudilhos exercem um fascínio irresistível nas sociedades latino-americanas. Eles colocam-se acima das instituições e se autodenominam "defensores" do povo. Encarnam a imagem de um chefe patriarcal que pune as elites, zela pelos interesses dos pobres e defendem a nação dos inimigos externos – geralmente inimigos imaginários, como os países ricos e "imperialistas". Não é à toa que os caudilhos são o câncer que corrói a legitimidade das instituições. Procuram minar a credibilidade das leis, enfraquecer os poderes constitucionais e reduzir as instituições a meros instrumentos de legitimação da política populista.

Não existem estadistas virtuosos que, na vida privada, são imorais, autoritários e corruptos e, na vida pública, pautam suas ações por nobres princípios. Esta dissonância é insustentável e, em algum momento, a hipocrisia é revelada. A máscara cai e o político, que parecia ser virtuoso, revela a gigantesca disparidade entre o seu discurso e a sua conduta. O desejo do Marechal Deodoro da Fonseca, de encabeçar a "revolução" de 1889 para construir uma república democrática, provou ser uma farsa. Logo depois de ter assumido a Presidência da República, se irritou com as críticas da oposição ao seu governo, interpretou liberdade de expressão como sinônimo de anarquia e resolveu decretar o estado de sítio e fechar o Congresso Nacional. A arbitrariedade do marechal estimulou a articulação de um golpe de Estado para depô-lo logo depois do seu ato despótico.

Apesar de ter liderado a Revolução de 1930 para destruir o mando da oligarquia e fundar uma "verdadeira" democracia, Getúlio Vargas acabou criando uma ditadura. Não era de se esperar outra coisa de um homem que nasceu numa família de gângsteres fronteiriços e acobertou os crimes de seus familiares. Viriato, irmão mais velho de Getúlio, assassinou um estudante quando jovem, mandou matar outro colega de escola e teve de refugiar-se no interior de São Paulo até a Justiça absolvê-lo. Beijo Vargas, o irmão caçula, comandou uma quadrilha de ladrões de carros quando Getúlio era presidente do Brasil e planejou o assassinato de Carlos Lacerda, o principal líder da oposição do governo Vargas.

Felizmente, o Brasil sempre teve uma minoria esclarecida que se rebelou contra o populismo e que lutou para construir instituições sólidas e governos democráticos. Esta minoria representa a elite virtuosa da nação. Seus membros dedicaram-se à vida política, à construção das instituições e à defesa dos governos democráticos. Foram os *Founding Fathers* da República e tornaram-se exemplos de conduta pública e de inspiração política para gerações de brasileiros que sabem que a democracia só funciona numa sociedade em que as instituições públicas são fortes, confiáveis e capazes de transformar princípios em resoluções de Estado e valores em decisões de governo.

Estadistas como Prudente de Moraes, Campos Sales e Rodrigues Alves defenderam os princípios republicanos, os valores democráticos e as instituições dos ataques sistemáticos dos caudilhos e dos demagogos. O primeiro capitaneou a batalha pela instauração da república constitucional; o segundo foi o pai do Estado liberal e do saneamento das finanças públicas; o terceiro soube cingir os princípios constitucionais e os valores liberais à eficácia administrativa, o que levou o país a um período de prosperidade econômica e liberdade política.

Os homens virtuosos são reconhecidos pelo seu caráter, pelo seu discurso e, principalmente pela sua ação. Há uma indissociável coerência entre os valores que balizam a sua vida privada e a sua atuação na vida pública. As dificuldades e as frustrações que são obrigados a enfrentar jamais os levam a se desviar dos princípios que defendem e que pautam suas ações. Após a conclusão do seu mandato, Prudente de Moraes, o primeiro presidente civil do Brasil, voltou para Piracicaba após a conclusão do seu mandato, retomou sua atividade de advogado e continuou a morar na mesma casa simples que vivera com sua mulher e filhos. Não quis mais saber da política partidária e voltou-se para a vida simples de homem do interior.

Campos Sales, o sucessor de Prudente na presidência da República, estava pobre e endividado quando deixou o poder. Além de comprometer o seu patrimônio pessoal e de ser obrigado a levantar empréstimos para pagar as suas despesas privadas enquanto exerceu a presidência da República, ele deixou o cargo vaiado pela população, que protestou contra o seu austero programa econômico. De volta à vida privada, foi reconstruindo lentamente o seu patrimônio pessoal e a popularidade. Com o passar do tempo, o mérito e o esforço de Campos Sales para sanar as finanças públicas foram reconhecidos pela nação; em 1909, ele foi eleito senador por São Paulo.

Os estadistas virtuosos entram na vida pública por uma questão de princípio, por um senso de missão e por um sentimento de dever. Eles não buscam adular o povo; fazem o que é certo e necessário para assegurar a defesa dos princípios democráticos, zelar pela credibilidade das instituições e garantir a administração de um Estado enxuto e eficaz. Para eles, a política jamais foi um instrumento de se fazer fortuna pessoal ou de se deliciar com os privilégios do poder. Ela é uma atividade que exige dedicação, coragem, perseverança e sacrifício.

A árdua tarefa desses estadistas no início da República consistiu em combater os caudilhos e lutar pela construção das instituições democráticas. Esta preocupação com as instituições e a determinação de defendê-las e de preservá-las foi um fenômeno exclusivamente brasileiro, na América Latina do início do século XX. A conscientização da importância das instituições começou a se manifestar no início do século XIX, quando a família real portuguesa se instalou no Rio de Janeiro e fundou o Império brasileiro. Enquanto a América Latina era um conglomerado de repúblicas governadas por caudilhos, o Brasil era uma monarquia constitucional. A Coroa, o Parlamento e a Justiça eram instituições sólidas e alicerçadas no Estado de Direito, nos princípios constitucionais e nas práticas democráticas. Quando o imperador D. Pedro I tentou agir como um caudilho latino-americano e subjugar as instituições, foi deposto em abril de 1831. Seu filho, D. Pedro II era mais sábio e virtuoso. Sempre prezou as instituições e trabalhou para fortalecê-las. Criou um sistema educacional exemplar, assegurou a liberdade da imprensa e os direitos individuais, estimulando o duelo político-partidário no Parlamento, agindo como um guardião das instituições e um fiel observador da Constituição.

Graças a esta experiência política vivida durante a monarquia, o Brasil conseguiu criar uma elite virtuosa, que soube valorizar os princípios democráticos, o governo constitucional e as instituições públicas. As conquistas políticas, econômicas e sociais do início do período republicano derivam da atuação política dos estadistas virtuosos que foram criados e formados no Império brasileiro. Eles lutaram pela abolição da escravidão, a adoção do federalismo e as reformas políticas que visavam reformar o sistema eleitoral. Essas bandeiras eram defendidas tanto pelos monarquistas liberais como pelos republicanos. A diferença é que os Liberais pensavam que poderiam realizá-la por meio da monarquia, e os republicanos acreditavam que era preciso mudar o regime político para implementá-las.

O nascimento da República no Brasil foi um período fascinante. Coincidiu com o ciclo da prosperidade do café, que impulsionou o nascimento da indústria nacional, o desenvolvimento sócioeconômico do país, a integração regional e a inserção do Brasil no mundo. Surgiram as estradas de ferro, os grandes portos e a urbanização de cidades; o Rio de Janeiro deixou de ser uma vila colonial para se transformar em uma metrópole pujante, civilizada e urbanizada. Foi uma época em que o Brasil se abriu para o mundo e atraiu a mão de obra imigrante que ajudou a construir uma nação moderna e democrática. Engenheiros ingleses construíram ferrovias e portos, professores franceses educaram a elite intelectual, imigrantes italianos contribuíram para a expansão da lavoura de café e para o desenvolvimento do comércio e da indústria nacional.

O Barão do Rio Branco apelidou a geração de estadistas que fez a transição da monarquia para a república (da qual ele fez parte) de "a república dos Conselheiros". O termo define bem o perfil dos fundadores do regime republicano. Os Conselheiros foram ministros, parlamentares e administradores públicos durante o reinado de D. Pedro II; na República, tornaram-se presidentes, governadores e ministros de Estado. Prudente de Moraes foi deputado pelo Partido Liberal no Império antes de se tornar presidente da República, em 1894; Rodrigues Alves foi parlamentar, presidente da província de São Paulo e membro do Conselho de Estado durante a monarquia. No período republicano, Rodrigues

Alves atingiu o apogeu político: foi senador, ministro da Fazenda, governador de São Paulo e presidente do Brasil.

Se no âmbito da política surgiram estadistas como Prudente de Moraes e Rodrigues Alves, na Administração Pública havia homens como Pereira Passos, Oswaldo Cruz e o Barão do Rio Branco. O primeiro comandou a urbanização do Rio de Janeiro; o segundo liderou uma verdadeira revolução na saúde pública. Combateu epidemias de febre amarela, varíola e peste bubônica no país, o que tornou o seu trabalho de sanitarista conhecido e reconhecido mundialmente. O Barão do Rio Branco foi o grande chanceler brasileiro. Ele foi responsável pela resolução pacífica das disputas fronteiriças do Brasil com os nossos vizinhos latino-americanos.

Além de se dedicarem à política e à Administração Pública, muitos desses homens virtuosos eram exímios intelectuais. Fundada em 1897, a Academia Brasileira de Letras tornou-se um colegiado de homens públicos. Machado de Assis, seu primeiro presidente, foi funcionário público; Joaquim Nabuco, Graça Aranha e Oliveira Lima, diplomatas. O Barão do Rio Branco era ministro das Relações Exteriores e Rui Barbosa, senador e ex-ministro da Fazenda. A diversidade de opiniões políticas e as divergências ideológicas entre os políticos-intelectuais enriqueceram as discussões e os debates sobre os rumos do país. O que os unia não era a crença em ideologias, mas em princípios: nos ideais democráticos, na importância das instituições e nos valores liberais. Esses homens tornaram-se uma espécie de arcabouço intelectual, moral e político da nação; eles formavam o núcleo da “república dos Conselheiros”.

Durante as duas primeiras décadas da República, os Conselheiros venceram a batalha contra os caudilhos e os revolucionários que ameaçaram a ordem institucional. Conseguiram combatê-los por meio do Estado de Direito e foram capazes de criar uma república civil, constitucional e liberal. É verdade que o êxito da política dos Conselheiros deveu-se ao fato de se restringir as principais decisões de Estado a uma pequena elite, que controlava os processo eleitoral e os principais cargos políticos da nação. Os Conselheiros acreditavam que a política era um assunto de gabinete, de um grupo restrito de homens que tinham visão e capacidade de controlar o processo político, frear os demagogos e conter os radicais militares; a sobrevivência da República dependia da preservação de uma discussão sensata dos rumos da nação e da condução da política pública. Esta maneira exclusivista de tratar as questões de Estado era típica do século XIX, mas se tornou insustentável no início do século XX.

A expansão da indústria e do comércio e o crescimento da população urbana estimularam o despertar da consciência política. As demandas políticas da classe média não podiam ser mais ignoradas. Elas tinham de ser incorporadas ao sistema político. Havia uma necessidade imperiosa de se reformar o Estado e de democratizar o processo de decisão política. Era preciso combater as fraudes eleitorais e transformar o voto popular num mecanismo legítimo de manifestação democrática da vontade da nação. Mas, a constante ameaça à ordem institucional advinda das revoltas militares e dos levantes insuflados pelos caudilhos retardou o processo de abertura política.

A República dos Conselheiros acabou com o malogro da campanha civilista. Este movimento surgiu durante a campanha presidencial de Rui Barbosa em 1909. Ele foi o último esforço da geração dos fundadores da República de renovar o sistema político por meio do voto democrático. A partir de 1910, o enrijecimento do sistema político e a sua incapacidade de se renovar levaram-no à atrofia e ao imobilismo. A República dos Conselheiros transformou-se na república dos oligarcas.

Seus dirigentes acreditavam que a preservação da ordem e da estabilidade das instituições era mais importante que a necessidade de se reformar o sistema político. Este é um erro fatal, que leva o governo à impotência e a nação à decadência. O desenvolvimento gradual das instituições é o único meio de fortalecer a democracia e preservar a liberdade. É uma ilusão acreditar que se pode garantir a ordem e a estabilidade política sufocando a liberdade. Não há estabilidade duradoura sem liberdade. A nação é um organismo vivo, que necessita ser lapidado pela inovação das idéias, pela concorrência econômica saudável, pelo estímulo às experiências e aos experimentos, pela renovação dos costumes e pelo fomento à criatividade. A liberdade ajuda a despertar a consciência cívica, a valorizar a democracia e a fortalecer o espírito de cidadania.

Ao ser incapaz de conciliar a estabilidade política com a capacidade de inovar, a República liberal pereceu. Ela foi dilacerada pelo espírito oligárquico, que temia o liberalismo, pela obstinação de manter o regime político fechado e pela perseguição de uma política econômica protecionista a partir de 1906. Mas, esta obra se concentra na ascensão e no apogeu da República dos Conselheiros, que compreende o período de 1890 a 1909.

Esta foi a época dos estadistas que tinham visão, determinação e coragem de implementar uma República liberal no Brasil. Acreditavam nos valores democráticos, nos princípios constitucionais, nas liberdades individuais e no liberalismo econômico. Lutaram pela criação das instituições democráticas e para livrar o país do poder arbitrário dos caudilhos e do mando absolutista inaugurado pelos Generais Deodoro da Fonseca e Floriano Peixoto. Não há risco maior para a democracia do que a ausência de estadistas virtuosos e de instituições sólidas que assegurem as liberdades individuais. Como dizia Tocqueville, que escreveu uma obra monumental sobre a democracia americana, "a ideia dos Direitos não é outra coisa senão a ideia da virtude introduzida no mundo político".

O GOLPE DO DIA 15

No dia 6 de novembro de 1889, Manoel de Campos Sales, chefe do Partido Republicano Paulista, recebeu uma carta que o deixou eufórico. Aristides Lobo, seu amigo e militante republicano, escreveu-lhe do Rio de Janeiro para contar que o Marechal Deodoro da Fonseca, líder supremo do Exército, havia aderido à conspiração para derrubar a monarquia. Os republicanos estavam tramando um golpe de Estado há alguns meses, mas, sem o respaldo dos militares, não teriam sucesso em tomar o poder. Com a adesão do Marechal Deodoro, ponderava o missivista, a 'revolução' republicana estava prestes a eclodir.

Aristides Lobo recomendava a Campos Sales que mobilizasse os republicanos paulistas e embarcasse imediatamente para o Rio de Janeiro. A presença do presidente do PRP – o Partido Republicano Paulista – no Rio de Janeiro era imprescindível no momento em que os principais líderes do levante articulavam os lances derradeiros do golpe republicano. Se Campos Sales não pudesse deixar São Paulo, deveria enviar à capital Francisco Glicério, outra figura notável do Partido Republicano Paulista.

Campos Sales leu e releu a carta de Aristides Lobo. O senso de urgência, o clamor para mobilizar os paulistas e a convocação para que partisse imediatamente para o Rio de Janeiro não deixavam dúvidas de que chegara o grande momento da sua vida. Ele pegou a carta, colocou-a no bolso e foi para o escritório de Rangel Pestana, diretor do jornal a *Província de São Paulo*. Além de ser um dos chefes mais influentes do PRP, Rangel Pestana comandava o principal jornal republicano de São Paulo. A carta não deixava dúvida: era preciso agir rápido. Campos Sales e Rangel Pestana resolveram despachar telegramas e mensagens, convocando os principais líderes do partido para uma reunião de emergência. Bernardino de Campos, o futuro ministro de Estado e governador de São Paulo, foi o primeiro a chegar na redação da *Província de São Paulo*, onde ouviu o relato da carta de Aristides Lobo.

A cúpula do Partido Republicano Paulista reuniu-se na casa do médico Luís Pereira Barreto no dia 6, à tarde. Além do anfitrião, encontrava-se Campos Sales, Rangel Pestana, Bernardino de Campos, Adolfo Gordo, Vitorino Camilo, João B. de Melo e Oliveira e M. Lopes Oliveira. Dois dos principais líderes republicanos não se encontravam na cidade; Francisco Glicério estava em Campinas e Prudente de Moraes, em Piracicaba. Ambos receberam o telegrama de Campos Sales, afirmando que "motivos urgentíssimos" exigiam a presença dos dois em São Paulo. Glicério chegou à noite na capital paulista e Prudente de Moraes, na manhã do dia 7 de novembro.

Reunidas todas as figuras proeminentes do partido na manhã do dia 7, Campos Sales, como presidente do PRP, não conteve o seu entusiasmo com as perspectivas da revolução; "coube-me fazer a exposição do movimento inicial da revolução e lembrar aos correligionários a conveniência de prepararmo-nos para todas as eventualidades dela"[1]. O momento exigia coragem, perseverança e determinação. Se os republicanos perdessem a batalha contra a monarquia, teriam de estar preparados para enfrentar o ostracismo, a prisão ou a própria morte. Por outro lado, se fossem vitoriosos, teriam de construir a república liberal e democrática, que prometia acelerar as reformas políticas, promover a democracia, assegurar a liberdade econômica e garantir a ordem institucional. O Brasil estava inaugurando um novo capítulo da sua história e eles eram responsáveis por escrevê-la.

As palavras de Campos Sales despertaram nos presentes uma mistura de excitação, nervosismo, apreensão e coragem. O único que parecia imune ao discurso empolgante de Campos Sales era Prudente de Moraes. Sentado numa poltrona, aquele homem alto e esguio, com sua barba comprida, olhar atento e semblante sereno, perscrutava as palavras e gestos de Campos Sales. Prudente de Moraes não se entusiasmava com revoluções; ele acreditava que as mudanças duradouras são lentas, graduais e moldadas pelo acúmulo dos erros e acertos que costumam esculpir a história dos povos e nações. Enquanto os revolucionários se entusiasmavam com a luta contra a monarquia, ele meditava sobre os desafios de implantar a república liberal no Brasil. Derrubar um regime lhe parecia fácil; o difícil era construir um novo sistema de governo que garantisse a ordem, a liberdade, a democracia e o livre comércio.

Os pensamentos de Prudente de Moraes foram interrompidos pelas palavras de Campos Sales, que anunciava o código secreto que serviria de senha para avisar aos republicanos paulistas que o golpe estava em marcha. Ficou decidido que Francisco Glicério

---

[1] Ribas, Antonio Joaquim. Perfil Biográfico do Dr. Manoel Ferraz de Campos Sales. Editora Universidade de Brasília, 1983. Página 82.

partiria para o Rio de Janeiro, juntar-se-ia aos líderes da revolução e utilizaria o código secreto para informar os republicanos paulistas sobre o desenrolar do golpe militar. Campos Sales disse a Glicério; "você embarca para o Rio e, de lá, nos telegrafará sobre o que se passa. Já se sabe: *transação* quer dizer revolução, *banco*, Exército; *penhor agrícola*, décimo regimento da cavalaria"[2].

Não havia tempo a perder. Francisco Glicério partiu para a Corte no mesmo dia, 7 de novembro. Quando chegou ao Rio de Janeiro, se encontrou imediatamente com os principais líderes do movimento revolucionário, Aristides Lobo, Quintino Bocaiúva e Benjamin Constant. Foram dias de confabulação, reuniões secretas, discursos nos clubes militares para mobilizar os soldados e encontros reservados na casa do Marechal Deodoro da Fonseca. No dia 12 de novembro, Glicério telegrafou a Campos Sales para lhe dar boas notícias; "*Banco* aceita a *transação*. Mande notícia *penhor agrícola*". A Revolução poderia eclodir a qualquer instante.

No Rio de Janeiro, Francisco Glicério viveu os oito dias mais intensos da sua vida. Quando chegou na capital e se encontrou com os principais líderes republicanos, Glicério descobriu que Aristides Lobo havia exagerado ao descrever em sua carta o entusiasmo do Marechal Deodoro da Fonseca pela Revolução. Glicério percebeu que Deodoro estava descontente com o governo, mas não com a monarquia. O marechal acreditava que o governo havia "ofendido e insultado" o Exército, mas D. Pedro II, o velho monarca que governava o Brasil desde 1841 e sacrificara a vida pela nação, era um homem de bem, a quem ele "devia favores". Além disso, disse o marechal, o imperador estava velho e doente, e não merecia ser deposto no fim da vida.

[2] Peixoto, Silveira. A Tormenta que Prudente de Moraes Venceu! Imprensa Oficial do Estado de São Paulo, 1990. Página 38.

O discurso de Deodoro deixou os republicanos desesperados. Sem o apoio do Exército, eles jamais chegariam ao poder. A República era defendida por uma minoria de profissionais liberais, soldados e oficiais de baixa patente. A idéia de substituir a monarquia pela República não contava com o apoio da população. Os republicanos foram incapazes de se transformar numa força política expressiva. Eles conseguiram eleger representantes para as câmaras municipais e provinciais, mas nunca elegeram mais de cinco deputados para o Parlamento nacional. A causa republicana tampouco atraiu uma fatia significativa da elite política, econômica e social. Não havia grandes homens de negócios, estadistas e generais se alistando nos partidos republicanos.

A República estava associada à abolição da escravidão. Os movimentos republicanos cresceram nas províncias explorando a imagem de que monarquia e escravidão eram sinônimos. A Coroa não sobreviveria sem o trabalho servil e, portanto, para erradicar a escravidão, era preciso acabar com a monarquia. Os fatos, porém, provaram o contrário. A abolição deixou de ser uma bandeira exclusivamente republicana e tornou-se uma causa nacional a partir de 1880, quando a imigração de trabalhadores europeus provou ser uma alternativa concreta ao trabalho escravo. A campanha abolicionista rompeu as divisões partidárias, unindo republicanos e vários monarquistas dos dois grandes partidos do Império – Conservador e Liberal – na luta contra a escravidão. Em maio de 1888, o governo conservador, liderado por João Alfredo, proclamou a Lei Áurea, que aboliu a escravidão do Brasil.

Com o fim do trabalho escravo, os republicanos perderam a sua grande bandeira política. Corriam risco de serem dizimados nas eleições de 1889, se não reinventassem rapidamente o seu discurso e redefinissem a sua plataforma política. Os partidos monarquistas aproveitariam a vitória da abolição para acelerar as reformas políticas. A maioria das propostas republicanas foi incorporada pelos partidos conservadores e liberais. Desde a abolição da escravidão, muitos monarquistas acreditavam que chegara a hora de alargar o direito do voto, transferir mais poder e autonomia política aos governos provinciais e promover uma série de reformas civis, como a liberdade ao culto religioso, separação da Igreja e Estado e a legalização do casamento civil. As teses republicanas, que pareciam radicais em 1870, tornaram-se palatáveis e aceitáveis pela maioria dos monarquistas em 1889.

Os piores temores dos republicanos se confirmaram em 1889. Em maio, a convenção do Partido Liberal acabou com as esperanças da maioria dos republicanos de chegar ao poder pelos meios democráticos. Os principais líderes do Partido Liberal resolveram elaborar um programa de governo que contemplasse as principais reformas políticas defendidas pelos republicanos, como a reforma eleitoral e a descentralização do poder, o que transferiria maior autonomia política às províncias. Na convenção do Partido Liberal, Rui Barbosa defendeu a tese de que a melhor maneira de derrotar definitivamente os republicanos era implementar o federalismo. A abolição da escravidão e o federalismo eram as duas principais bandeiras republicanas. A primeira já havia sido implementada pelos Conservadores; a segunda deveria ser instaurada pelos Liberais.

A proposta de Rui Barbosa foi votada em separado e contou com 18 votos, dentre eles, alguns de "elevada significação, como os de Souza Dantas, Cesário Alvim e Manoel Vitorino"[3]. Mas, a proposição federalista de Rui foi derrotada na convenção. A idéia da autonomia das províncias parecia mais aceitável para a maioria dos liberais. Tinha um significado mais abrangente e tolerável, portanto mais suscetível ao debate político, às opiniões diversas e às acomodações necessárias para produzir uma decisão consensual entre os partidos e o imperador. O federalismo parecia uma provocação à Coroa; o termo estava atrelado ao radicalismo

[3] Moraes, Evaristo. Da Monarquia para a República. Editora Universidade de Brasília, 1985. Página,65.

republicano e, portanto, teria maior dificuldade de ser aprovado pelo Parlamento. Em contrapartida, o conceito de autonomia poderia ser moldado pelo debate político e refinado pelos acordos entre a coroa e o parlamento e se transformar numa proposta federalista.

D. Pedro II não só aprovou o programa reformista dos liberais como convidou o visconde de Ouro Preto, chefe do Partido Liberal, para formar o novo ministério. Ouro Preto assumiu o poder com o propósito de implementar as reformas políticas acordadas na convenção do partido. Rui Barbosa foi escalado para fazer parte do novo gabinete, mas recusou o convite. Ele não assimilara a derrota da proposta federalista na convenção do partido e resolveu romper com os Liberais. Ele acreditava que havia momentos em que era preciso ousadia e determinação política para apressar a marcha lenta e gradual da História. Os liberais tinham de aproveitar o período pós-abolição para acelerar o ritmo das reformas políticas que fortalecesse a monarquia constitucional.

Ouro Preto optou pelo gradualismo, Rui Barbosa pelo radicalismo. O embate entre eles não se daria no Parlamento, nem no governo, mas na imprensa. No jornal *Diário de Notícias*, Rui começou uma campanha implacável contra o governo. Seus artigos eram mais violentos que as matérias publicadas n'O *País*, o jornal republicano comandado por Quintino Bocaiúva. Eles usavam os jornais para publicar artigos violentos contra o governo, acusando-o de querer desmantelar o Exército. A monarquia queria destruir o Exército e os republicanos queriam salvar a honra das Forças Armadas. No jornal *Diário de Notícias*, Rui Barbosa acusou o governo de tramar um "Plano Contra a Pátria". No artigo, ele afirmava que o Exército "não é áulico, nem político. Não pertence à dinastia, nem às facções. É nacional e constitucional. É a guarda das instituições contra a desordem e a tirania. Com o instinto de missão nacional, o Exército não pode subscrever a sua própria extinção, e muito menos o aniquilamento pela desonra, pela calúnia, pela ilegalidade, pela prescrição, essa espécie de morte moral, a que parecem quererem condená-lo antes de dissolvê-lo"[4]. No dia 10 de novembro, Quintino Bocaiúva escreveu n'O *País*; "consta-nos que será apresentado ao Parlamento, pelo Governo Imperial, um plano de desorganização do Exército, concebido nos seguintes termos: o Exército será disseminado pela vasta superfície do Império, em contingentes pequenos, distribuindo-se, para esse fim, os batalhões pelas províncias, de modo a ficar na capital de cada uma delas uma ala do batalhão, no máximo"[5].

O objetivo dessas matérias jornalísticas era provocar indignação nos soldados, criar agitação nas ruas e incitar os oficiais nos clubes militares a aderirem à causa republicana. A insatisfação do Exército com o governo eram insufladas pelos artigos na imprensa. A intenção dos republicanos era transformar o descontentamento das tropas com o governo em motim nos quartéis, o que lhes serviria de munição para convencer o alto comando das Forças Armadas a se engajar na luta contra a monarquia. Desde outubro de 1889, os oficiais republicanos tentavam convencer o Marechal Deodoro da Fonseca a apoiar o golpe e "vingar as afrontas e vexames" que o Exército vinha sofrendo por parte do governo. Este foi o argumento usado pelo capitão da cavalaria, Antônio Mena Barreto quando foi visitar Deodoro em sua casa. O marechal se solidarizou com as queixas de Mena Barreto, mas recusou-se a participar de um golpe de Estado. Instigados por Quintino Bocaiúva e Benjamim Constant, começou uma romaria de oficiais, que iam diariamente visitar Deodoro, para tentar convencê-lo a aderir à conspiração republicana. Mena Barreto e o tenente Sebastião Bandeira voltaram a visitar o marechal e queixaram-se dos planos do governo para desmembrar o Exército. No dia seguinte, foi a vez da visita dos oficiais do 1º e 9º regimentos da cavalaria e do 2º regimento da artilharia. Finalmente,

---

[4] Moraes, Evaristo. Opus cit, página 57.
[5] Moraes, Evaristo. Opus cit, página 57.

no início de novembro, Deodoro pronunciou-se favoravelmente ao golpe para derrubar o governo durante uma visita de oficiais em sua casa. O marechal ainda não estava convencido de que era preciso depor o imperador, "de quem era amigo".

Aristides Lobo, Benjamim Constant e Quintino Bocaiúva aproveitaram a adesão de Deodoro ao golpe contra o governo para agir rapidamente e transformá-lo num levante contra a monarquia. Enquanto Benjamin e Quintino mobilizavam os soldados e os republicanos do Rio de Janeiro, Aristides escrevia a Campos Sales convocando-o a viajar rapidamente para a capital. O marechal não parecia muito disposto a confabular com os republicanos civis. Ele comandava homens fardados, e não senhores de casaca. Mas Benjamin Constant, que era vice-presidente do Clube Militar e contava com o respeito do marechal, persuadiu Deodoro de que o apoio dos republicanos civis era essencial para o êxito do golpe.

Benjamim Constant estava certo. Sem o apoio do PRP, o golpe seria um levante de aventureiros que não tinham experiência de governar nem capacidade de criar um regime republicano. No Rio de Janeiro, os republicanos pareciam uma agremiação estudantil. Jornalistas, soldados e radicais se reuniam nos clubes militares e nas redações de alguns jornais para escrever artigos inflamados contra o governo, pronunciar discursos veementes contra a monarquia e instigar os soldados do Exército a aderirem à causa republicana. Era um movimento capaz de fazer baderna, mas incapaz de governar.

Em São Paulo entretanto, o Partido Republicano Paulista era forte, coeso e bem organizado. Desde a sua fundação em 1870, os republicanos paulistas organizaram-se para disputar eleições, fundar jornais, apoiar candidatos e mobilizar a opinião pública. Em quase vinte anos de atuação, o PRP foi capaz de eleger vereadores em vários municípios, deputados para a Assembleia provincial e dois deputados para o Parlamento nacional em 1885, Prudente de Moraes e Campos Sales. Benjamim Constant sabia que, depois do golpe, era preciso formar o novo governo e institucionalizar a república; duas tarefas que só poderiam ser implementadas com a participação dos republicanos paulistas.

A presença de Francisco Glicério no Rio de Janeiro representava o aval do PRP ao levante. No dia 11 de novembro, à noite, reuniram-se na casa do Marechal Deodoro da Fonseca as principais lideranças civis e militares. Estavam presentes Aristides Lobo, Rui Barbosa, Benjamim Constant, o Coronel Solon Ribeiro, Francisco Glicério e Quintino Bocaiúva. A reunião não foi conclusiva. Debates, discussões, indignação contra o governo, mas nada de plano estratégico para derrubar a monarquia. Havia muita agitação nos quartéis, artigos na imprensa, reuniões com oficiais do exército, mas faltava um plano de ação para derrubar o governo, depor o imperador, tomar o poder e instaurar a República.

A ambiguidade do marechal gerou uma silenciosa e angustiante indagação que nenhum dos líderes republicanos ousou expressá-la claramente: Deodoro aderiu ao golpe para derrubar o governo ou a monarquia? Ele externava sua indignação com o governo Ouro Preto, mas recusava-se a fazer comentários hostis contra a monarquia ou o imperador. Quando os republicanos atacavam a Coroa, Deodoro mergulhava num silêncio constrangedor. A tensão nos quartéis, porém, era real e perigosa. Faltava apenas uma faísca para incendiar as tropas.

O estopim do levante partiu de uma ação isolada de um dos participantes da reunião na casa de Deodoro. No dia 13 de novembro, começou a circular um boato nos quartéis que o governo mandou prender Deodoro da Fonseca, Benjamim Constant e o Major Solon Ribeiro. O autor da história inverídica foi o próprio major que, para dar um tom de veracidade à encenação, resolveu ir "à paisana para o centro da cidade, fez circular esse boato, depois de transmiti-lo a companheiros, que foram espalhar nos quartéis de São Cristóvão e nas casas de alguns camaradas"[6]. Os boatos provocaram o efeito desejado. Revoltadas, as tropas se amotinaram nos quartéis.

O governo suspeitava de que algo estranho acontecia nos quartéis. Floriano Peixoto, ajudante-general do Exército, escreveu uma carta ao Ministro da Justiça, Cândido Oliveira no dia 13 de novembro para tranquilizá-lo sobre a situação nos quartéis e pedi-lhe um favor: a liberação de uma verba para seu afilhado, Fonseca e Silva.

" Rio 13-11-89.

Exmo. amigo Sr. Conselheiro. A esta hora deve V. Exª. ter conhecimento de que tramam por aí além; não dê importância, tanto quanto seria preciso, confie na lealdade dos chefes, que já estão alertas. Agradeço, ainda uma vez, os favores que se tem dignado a dispensar-me.

O meu afilhado, isso é, afilhado dos liberais do Rio Grande do Norte, Fonseca e Silva, esteve aqui em comissão, percebendo vencimentos da comissão ativa; não é de justiça que vá para aquela província com prejuízo, razão por que peço despacho favorável à nota junta, que V. Exª devolverá com a data do dia 11. Sou de V. Exª menor criado, amigo, obrigado. Floriano Peixoto"[7]

A lealdade do "menor criado e amigo" Floriano Peixoto não durou 48 horas. No dia 14, o Visconde de Ouro Preto comunicou ao imperador, que estava em Petrópolis, sobre o motim nos quartéis e lhe assegurou que o governo "tomou as providências necessárias para conter os insubordinados e fazer respeitar a lei. Acho-me no Arsenal da Marinha com meus colegas da Justiça e Marinha". Mas, antes das 10:00 horas da manhã, Ouro Preto foi para o quartel-general, "onde se encontravam Floriano Peixoto, e

[6] Moraes, Evaristo. Opus cit, página 77.

[7] Moraes, Evaristo. Opus cit, página 81.

os Brigadeiros Almeida Barreto, Rio Apa e Antônio José do Amaral. No pátio daquele quartel estavam o 1°, o 7°, e o 10° batalhões de Infantaria e o Corpo de Polícia"[8].

À tarde do dia 14, Ouro Preto percebeu que a maioria dos chefes militares do Exército havia aderido ao golpe. Reunido com os principais membros do seu gabinete no quartel-general do Exército, Ouro Preto despachava ordens que não eram obedecidas. Primeiro, mandou interpelar o Marechal Deodoro e não foi atendido. Depois, Deodoro enviou um emissário a Floriano, que ignorou Ouro Preto. Ofendido pela provocação de Deodoro, Ouro Preto ordenou que o emissário se retirasse imediatamente do quartel-general. O porta-voz do marechal não só ignorou a ameaça do chefe do governo como foi obrigado a "ouvir impertinente ponderação do Tenente Filipe Câmara, filho do Visconde de Pelotas"[9].

A impertinência do emissário era mais uma prova de que os rebeldes estavam preparados para o confronto. Ouro Preto ordenou a mobilização das tropas leais ao governo, mas Floriano recusou-se a obedecer à sua ordem. O general disse que não havia hipótese dos seus soldados investirem contra soldados brasileiros; "Ouro Preto realizou que estava perdido". E estava mesmo. Ao reconhecer que não seria capaz de sufocar a rebelião, escreveu para D. Pedro II para dizer-lhe que não havia "possibilidade de resistir com eficácia"[10].

No dia 14 à noite, Ouro Preto sabia que estava derrotado, mas uma revolução precisa de encenação e ninguém melhor para representar o papel principal do que Benjamim Constant. Quando o Major Solon contou-lhe sobre o motim das tropas, Benjamim dirigiu-se imediatamente para o quartel de São Cristóvão. Ele chegou fardado e pronto para liderar a revolução. Na madrugada

[8] Moraes, Evaristo. Opus cit, página 83.
[9] Idem.
[10] Moraes, Evaristo. Opus citados, páginas 83-84.

do dia 14 para 15, ele dirigiu-se às tropas, conclamando os soldados como um verdadeiro líder revolucionário: "estou no meio dos meus amigos. Chegou o momento de vermos quem sabe morrer pela pátria. Se formos vencidos, guardemos a última bala para que nos salvemos da vergonha do aprisionamento"[11]. Não haveria nem primeira nem última bala; o governo já havia capitulado.

Às 9:30hs da manhã do dia 15, o Marechal Deodoro da Fonseca e o Visconde de Ouro Preto se encontraram no quartel-general. Deodoro fez questão de dizer a Ouro Preto que o levante militar tinha a intenção de "vingar injustiças e ofensas feitas ao Exército". O marechal comunicou a Ouro Preto a deposição do ministério e disse que iria "entender-se com o imperador, deu quem era amigo e devia favores".

Os republicanos temiam que Deodoro da Fonseca fosse se "entender com o imperador" e saísse do palácio imperial com a missão de formar o novo governo. Se Deodoro aceitasse o cargo, seria a morte da república. Por isso, era fundamental agir rápido. Em vez de se dirigir ao Palácio Imperial, o marechal voltou para a casa, porque não se sentia bem. Estava doente e o eventos da manhã no quartel-general o deixaram cansado. Enquanto descansava em casa, os republicanos foram para a Câmara municipal às 3 horas da tarde. Ali, proclamaram a república e hastearam uma bandeira emprestada do clube Lopes Trovão. Às 7 horas da noite, anunciaram que o governo provisório republicano assumiu o poder da nação. Deodoro da Fonseca foi nomeado chefe do governo provisório.

O golpe republicano não contou com o apoio do povo. Aristides Lobo, um dos líderes da conspiração, relatou o espanto e apreensão da população carioca que "assistia a tudo bestializada". A monarquia não era execrada pelo povo, como os republicanos

[11] Moraes, Evaristo. Opus cit, página 78.

afirmavam; ao contrário, havia uma mistura de carinho e respeito popular por D. Pedro II, o símbolo vivo da monarquia.

O imperador não tinha mais forças e condições de liderar um movimento para depor os usurpadores do poder. Ele perdera o dinamismo, a memória e o vigor que pautara a sua vida pública. O Conde d´Eu, seu genro, notava no monarca "o enfraquecimento da memória no tocante aos fatos em curso, irresolução nas decisões, tardança na palavra". D. Pedro foi aconselhado pelos médicos a se tratar na Europa. Em maio de 1888, ele "lutava contra a morte" em Milão quando a sua filha, a princesa Isabel, proclamava a Lei Áurea no Rio de Janeiro. A luta contra a doença o distanciava da realidade e da política. De volta ao Brasil, o Visconde de Taunay esteve com D. Pedro em abril de 1889 e ficou impressionado com o estado de saúde do monarca. Taunay registrou no seu diário: "o imperador está cada vez mais esquecido das coisas presentes e alheio aos assuntos políticos"[12].

Esse diagnóstico era traumático para um monarca que tinha de exercer com extrema habilidade política o poder moderador. Ele era o fiel da balança do poder constitucional, o árbitro das disputas partidárias e o regente que conduzia com maestria o revezamento dos partidos na conduta do governo. Doente e distante do jogo político, o imperador estava mais preocupado com a sua saúde do que com a saúde do império. Ele estava repousando em Petrópolis quando soube do golpe republicano, na manhã do dia 15 de novembro. O imperador ignorou o fato. Ele pensava que se tratava de mais uma rebelião militar, por isso não alterou a sua rotina; "foi fazer sua ducha medicinal, depois assistiu a missa", às 11:00 horas da manhã[13]. À tarde, recebeu o telegrama de Ouro Preto relatando o golpe e renunciando ao comando do governo.

[12] Moraes, Evaristo. Opus cit, página 67.

[13] Caldeira, Jorge. Viagem pela História do Brasil. (versão CD-ROM). Companhia das Letras, 1997. São Paulo.

A notícia levou o imperador a voltar ao Rio de Janeiro. D. Pedro ignorou o conselho da princesa Isabel para permanecer em Petrópolis e comandar a luta contra o levante republicano. Ela estava preocupada com a situação política, mas o imperador considerava o motim republicano como "fogo de palha". D. Pedro sufocaria a rebelião com duas medidas políticas: dissolveria o Exército e formaria um novo governo. Durante quase meio século de reinado, o imperador enfrentou inúmeras rebeliões militares e revoltas provinciais. O levante do dia 15 de novembro lhe parecia mais uma quartelada.

Se o imperador pensava que ainda controlava o jogo político, os republicanos sentia-se inseguros com o poder que acabaram de conquistar. D.Pedro II contava com a simpatia e o afeto dos seus súditos e os republicanos temiam que o povo pudesse rebelar-se contra os líderes do golpe e rechaçar a recém proclamada República.

No dia 16 de novembro, o governo provisório decretou a expulsão da família realdo Brasil. Foi dado um prazo de 24 horas para o imperador deixar o país. D.Pedro II, velho e doente, aceitou o ultimato com serenidade e desprendimento. O governo republicano estabeleceu que o embarque da comitiva imperial para a Europa deveria ocorrer no dia 17, logo após a missa das 11:00hs da manhã. Mas, o temor de que a população saísse às ruas para aclamar o imperador a caminho da igreja obrigou o governo a mudar a hora da viagem para a madrugada do dia 17. Enquanto o povo dormia, o governo republicano embarcava a família imperial para o exílio europeu às pressas. Ao deixar o país, D.Pedro II deixou uma carta na qual dizia:

"À vista da representação escrita que me foi entregue, hoje (16 de novembro), às 3 horas da tarde, resolvo, cedendo ao império das circunstâncias, partir, com toda a minha família, para a Europa amanhã, deixando esta Pátria, de nós estremecida, à qual me esforcei por dar constantes testemunhas de entranhado amor e dedicação, durante quase meio século, em que desempenhei o cargo de Chefe do Estado. Ausentando-me pois eu com todas as pessoas de minha família conservarei do Brasil a mais saudosa lembrança, fazendo ardentes votos por sua grandeza e prosperidade.

Rio de Janeiro, 16 de novembro de 1889.
D. Pedro de Alcântara".

A notícia da proclamação da República chegou em São Paulo no dia 15, à tarde. Os boatos de que os republicanos haviam tomado o poder no Rio de Janeiro circulavam pela cidade desde cedo, mas Campos Sales só recebeu a confirmação do êxito do golpe quando chegou o telegrama de Silva Teles, às 15:00hs; "consta tudo feito na Corte de modo completo e definitivo. Telégrafo não aceita notícias mais desenvolvidas". Os principais líderes do PRP – Campos Sales, Prudente de Moraes, Rangel Pestana e Bernardino de Campos – reuniram-se imediatamente no escritório de Campos Sales, para organizar o primeiro governo republicano de São Paulo.

Havia um enorme contraste entre e os revolucionários do Rio de Janeiro e os republicanos paulistas Os primeiros queriam derrubar a monarquia, mas não tinham experiência política nem capacidade de construir uma república democrática. A maioria dos revolucionários não tinha noção do que era governar. Já os republicanos paulistas eram políticos experientes, que haviam construído uma sólida reputação na política paulista como vereadores, deputados provinciais e parlamentares na Corte. A vida pública lhes ensinou a serem pragmáticos, objetivos e realistas. Eles aprenderam a se unir para enfrentar as adversidades em torno dos seus propósitos políticos. Em São Paulo, o movimento abolicionista só se tornou uma poderosa bandeira política quando os republicanos e monarquistas progressistas formaram uma poderosa aliança, capaz de vencer os antiabolicionistas nas urnas, no debate na imprensa, no parlamento e no governo. Foi assim que o conselheiro Antônio Prado, monarquista, abolicionista e chefe do Partido Conservador em São Paulo, teve o apoio e votos dos republicanos para sua eleição parlamentar no auge da campanha abolicionista.

Se no Rio de Janeiro, o jacobinismo republicano estava presente nos decretos que expulsavam a família real do país e perseguiam políticos e jornais monarquistas, em São Paulo, a prudência e a conciliação ditaram os primeiros atos do governo republicano. Prudente de Moraes, Rangel Pestana e Bernardino de Campos resolveram formar um governo provisório, em que os monarquistas paulistas também seriam convidados a participar. Campos Sales e Prudente de Moraes pretendiam ressuscitar a aliança dos republicanos e monarquistas que triunfou na luta contra a escravidão. A idéia de convidá-los a participar da nova administração era a "primeira prova de tolerância e conciliação que davam os homens da revolução, promovendo o congraçamento de todos os elementos políticos"[14].

Campos Sales procurou o conselheiro Antônio Prado e ofereceu-lhe um dos três cargos do triunvirato do governo provisório. Antônio recusou o convite, mas disse que daria "todo o apoio do meu prestígio à nova ordem de coisas, porque considero dever de patriotismo concorrer agora, para que se firme a ordem e garanta a paz pública, dando condições de estabilidade e de confiança às novas instituições"[15]. A demonstração de magnanimidade do conselheiro foi seguida pelos outros monarquistas convidados a fazer parte do governo republicano: recusaram a gentileza dos líderes do PRP e reafirmaram o seu apoio ao novo regime.

[14] Ribas, Antônio. Opus cit, página 84.
[15] Idem.

No dia 16 de novembro, a cúpula do Partido Republicano Paulista elegeu os três membros do governo provisório. Eram eles, Prudente de Moraes, Rangel Pestana e o Tenente Joaquim Mursa. De manhã, os republicanos proclamaram o novo regime e o novo governo na Câmara municipal. Em seguida, dirigiram-se para o palácio do governo do Estado, onde o último presidente monarquista da província, José Couto de Magalhães, passou o poder aos membros do triunvirato e partiu para sua chácara. Na capital paulista, não houve prisão nem perseguição aos monarquistas. A transição do poder ocorreu de forma tranquila e serena.

Triunviratos não costumam durar muito. Governar é assumir responsabilidades, estabelecer diretrizes, tomar decisões, manter a ordem, assegurar a paz, preservar a liberdade, fomentar o progresso e zelar pelo bem-estar da comunidade. A divisão do comando tende a gerar governos fracos, indecisos e incapazes de estabelecer um rumo claro. Os republicanos paulistas perceberam rapidamente que o malogro do governo provisório poderia comprometer a credibilidade da República. O triunvirato formado por Prudente de Moraes, Rangel Pestana e Joaquim Mursa durou apenas 17 dias. No início de dezembro, Prudente de Moraes assumiu o comando do governo e foi nomeado o primeiro governador de São Paulo. Começava, então, a ascensão política de um dos maiores estadistas da história do Brasil.

A LUTA CONTRA OS DÉSPOTAS DA REPÚBLICA

"Prudente pelo nome, prudente por princípios e prudente por hábito"; assim Prudente de Moraes descrevia a si mesmo. Homem de hábitos austeros, fala pausada, gestos comedidos e semblante sério. Possuía uma "serenidade patriarcal" e emanava uma "estranha sobriedade" que o distanciavam da maioria das pessoas. A firmeza com que falava e a clareza da sua argumentação emanavam confiança, sabedoria e convicção, mas não transmitiam a empolgação que costuma encantar as massas. Prudente não era um líder carismático. Preferia a companhia dos livros à dos homens, o silêncio e a solidão à multidão e à balburdia das ruas.

A descoberta dos livros e a educação de Prudente foram conduzidas por sua mãe, Catarina Moraes Barros. Além de zelar pela formação dos filhos, D.Catarina teve de assumir o comando da família depois da morte do seu marido em 1844. O pai de Prudente, José Marcelino de Barros, era tropeiro e tinha uma pequena fazenda em Itu, onde morava com a família. José Marcelino transportava animais que vinham do sul do país e os vendia em Sorocaba, o maior centro comercial de tropas do Brasil. Numa dessas viagens, ele foi assassinado por um dos seus escravos num lugar histórico: a colina do Ipiranga, local onde D. Pedro I proclamou a Independência do Brasil. A notícia sobre o assassinato de José Marcelino foi levada a D. Catarina pelo chefe de polícia de Itu. O delegado foi à fazenda dos Moraes Barros e relatou a D. Catarina e seus filhos o trágico acontecimento, mas garantiu-lhes que o escravo assassino já fora preso e seria condenado "à pena última".O escravo assassino foi enforcado na praça da Liberdade, em São Paulo; ele teria sido o último criminoso enforcado na cidade, "enquanto José Marcelino foi também o último paulista a ser enterrado na igreja da praça João Mendes"[1].

Prudente de Moraes tinha apenas três anos de idade quando soube da notícia do assassinato do seu pai; "junto à mãe e aos irmãos, sempre retraído, metido numa camisola humilde, Prudente ouviu o que estavam dizendo. Pela primeira vez, experimentou o amargor de um grande sofrimento"[2]. A maioria das pessoas se surpreende com a sua capacidade de superar dor e sofrimento que parecem insuperáveis nos momentos de paz e tranquilidade. Depois da morte de José Marcelino, D. Catarina conseguiu cuidar dos filhos e manter a família unida, casou-se novamente com o Major José Gomes Carneiro e mudou-se da fazenda para a cidade de Itu. Ao deixar a fazenda, Prudente levava consigo a memória do lugar onde nasceu, em 4 de outubro de 1841, das brincadeiras de criança e do aconchego familiar. A mudança para Itu marcava

[1] *"Prudente de Moraes – O Pacificador".* Jornal A Manhã, 4/10/1941.

[2] Peixoto, Silveira. A Tormenta que Prudente de Moraes Venceu! Imprensa Oficial do Estado de São Paulo. São Paulo, 1990. Página 12.

o fim da sua infância. Iniciava-se a juventude; período onde ele descobriu o prazer da leitura e dos estudos.

Aos 14 anos de idade, Prudente foi enviado à escola em Itu. Tinha vontade de aprender, curiosidade pelas coisas e a inquietação intelectual dos pensadores que sabem fazer as perguntas certas e só conseguem paz de espírito depois de terem encontrado uma explicação convincente, uma resposta plausível ou o significado das coisas. Na escola, ele descobriu a sua paixão pelo saber. Prudente terminou os estudos preparatórios em São Paulo e ingressou na faculdade de Direito em 1859. Destacava-se pela seriedade nos estudos, por sua inteligência e pelo seu jeito metódico, organizado e disciplinado. Ele não fazia sucesso nos esportes, no teatro ou nas festas estudantis; mesmo assim, era querido pelos amigos. Seus companheiros de faculdade foram os fundadores da república no Brasil. Campos Sales, Rangel Pestana e Bernardino de Campos formaram-se na mesma turma de Prudente, em 1863.

Quando terminou a faculdade de Direito, Prudente decidiu morar em Piracicaba, no interior de São Paulo. Escolheu a cidade – que na época se chamava Constituição – porque ali vivia Manoel de Moraes Barros, seu irmão, que o convidou para ser sócio do seu pequeno escritório de advocacia. Prudente associou-se ao irmão e transformou-se rapidamente num dos advogados mais requisitados da cidade: "sua habilidade de interrogar testemunhas, sua palavra serena, sua firmeza no argumentar, a lógica que caracteriza suas defesas" constituíam a marca e o estilo de Prudente nos tribunais. Antes de discursar, levantava-se vagarosamente, fitava silenciosamente os seus interlocutores com um olhar penetrante que causava desconforto. Ele só falava depois de "uma demorada reflexão". Suas frases eram bem construídas e sua capacidade de persuasão, extraordinária.

A sua capacidade de dissecar os fatos e desenvolver uma argumentação sólida, objetiva e convincente nos tribunais, abriu também o caminho para a política. Prudente foi eleito vereador Pelo partido Liberal em 1865; ele foi o candidato mais votado do pleito municipal, o que lhe rendeu a presidência da Câmara de Piracicaba. O jovem vereador tinha apenas 24 anos. Na Câmara municipal, agia com o mesmo rigor e firmeza que demonstrara nos tribunais. Percorria "estradas e fazendas" do município para apurar os fatos, examinar as circunstâncias, conversar com fazendeiros, trabalhadores e escravos. A constatação dos problemas que afligiam os munícipes servia-lhe de material para os seus projetos de lei, proposições e discursos. Quando se manifestava no plenário da câmara, estava sempre munido de provas e dados, que sustentavam a sua tese, reforçavam os seus argumentos e lhe davam respaldo para defender a sua causa. Prudente limitava-se a debater propostas e idéias; ele jamais apelava para o ataque pessoal e para a desqualificação dos seus adversários políticos. Considerava-os um artifício nefasto da retórica demagógica, um subterfúgio populista para encobrir a fragilidade da argumentação e a ausência de uma tese bem elaborada e defendida.

A atuação de Prudente na Câmara de Piracicaba chamou a atenção dos líderes do Partido Liberal. Em 1868, ele foi um dos candidatos escolhidos para disputar uma vaga na Assembleia provincial. Eleito deputado, Prudente sofreu o seu primeiro revés político. Mal havia ocupado a sua cadeira na assembléia paulista quando o governo Liberal perdera o poder no Parlamento nacional. A Guerra do Paraguai havia aumento a tensão política entre o governo liberal de Zacarias de Góes e Vasconcelos e o Marquês de Caxias, o general que comandava o Exército brasileiro no Paraguai. A rivalidade entre os dois era antiga. Em 1861, Caxias presidia o gabinete Conservador, mas os ataques de Zacarias, o principal líder da oposição na Câmara dos Deputados, forçaram-no a renunciar no ano seguinte. Caxias nunca perdoou Zacarias por ter derrubado o seu governo. A oportunidade de vingar a derrota de 1862 surgiu em 1868.

Zacarias estava no comando do governo há dois anos, mas a Guerra do Paraguai corroeu rapidamente a credibilidade do ministério Liberal. O custo da guerra arruinou as finanças públicas e obrigou o governo a restituir o método brutal de recrutamento de soldados. Os jovens eram frequentemente alistados à força no Exército; em alguns casos, os soldados aproveitavam as festas populares nas ruas e praças para encurralar os jovens, capturá-los e transformá-los em recrutas para a guerra.

Essas medidas drásticas não foram compensadas por grandes vitórias militares. O confronto tornou-se impopular e a situação política se deteriorou, enfraquecendo o ministério de Zacarias. Caxias aproveitou a fragilidade política do governo e a iminência de liderar uma das maiores ofensivas militares da guerra, em Humaitá, para pressionar o imperador a demitir o gabinete Liberal. O imperador hesitou por uns dias, mas rendeu-se ao ultimato de Caxias e substituiu Zacarias pelo ministério Conservador, liderado pelo Visconde de Itaboraí. Os conservadores estrearam no governo celebrando a grande vitória de Caxias em Humaitá. O general, que era marquês, foi agraciado com o título de duque.

Começava o longo reinado dos conservadores. Durante dez anos (1868-78), governaram o Brasil, venceram as principais eleições e destronaram os liberais no Parlamento e na maioria das províncias e municípios. Prudente de Moraes também foi varrido da Assembleia paulista e da Câmara Municipal de Piracicaba pelo furacão Conservador. Mas, afastar-se do poder não o deprimia. A política não era um fim, mas um meio de contribuir para o avanço da liberdade, do progresso econômico e da melhoria da sociedade. Quando estava longe do poder, voltava alegremente à vida de advogado, homem de família e cidadão piracicabano.

Gostava da vida pacata do interior, tinha orgulho da sua carreira de advogado em Piracicaba, adorava ficar em casa, com sua mulher e seus sete filhos. Depois de ter casado com D. Adelaide da Silva Gordo, em 1866, comprou uma casa de "seis janelas", na rua Santo Antônio, onde morou a vida inteira. Era uma casa térrea e simples. Tinha um escritório e biblioteca, onde Prudente preparava a defesa de seus casos, estudava e recebia seus clientes. Sua biblioteca tinha 514 livros, sendo que 300 eram de direito. Outro local que Prudente gostava de ficar era no quintal de jabuticabeiras, no fundo da casa. À noite, gostava de sentar-se silenciosamente na sua poltrona e escutar o barulho da água que caía no salto do rio Piracicaba.

Prudente gostava de intercalar o seu papel de figura pública com a sua atuação de homem privado. Ele permaneceu nove anos sem ocupar cargos públicos. Durante este interregno, aconteceu uma importante transformação na sua vida política; resolveu abandonar o Partido Liberal e filiar-se ao Partido Republicano. Deixou de ser um político do *establishment* para militar numa agremiação que propunha mudanças radicais no sistema de governo. Quando um homem sensato resolve optar pelo radicalismo político é porque se esgotaram as tentativas de reformar o seu partido e de prepará-lo para liderar as mudanças graduais que a nação demanda.

Um político da estirpe de Prudente de Moraes não se encanta com modismos. O surgimento dos partidos republicanos no início de 1870 foi inspirado pela queda de Napoleão III e a instauração da república na França. Os republicanos brasileiros convenceram-se de que chegara a hora de se organizarem politicamente. O Império representava o passado; a República, o futuro. Em dezembro de 1870, criaram um partido político no Rio de Janeiro que impulsionou a formação de outros partidos republicanos em São Paulo, Minas Gerais e Rio Grande do Sul.

O Partido Republicano Paulista – conhecido como PRP – foi criado na convenção de Itu, interior de São Paulo, em 1872. A maioria dos republicanos paulistas advinha de uma ala dissidente do Partido Liberal que resolveu formar o Partido Republicano. Muitos dos amigos de Prudente de Moraes, inclusive seu irmão, Manoel, participaram entusiasticamente da convenção de Itu e da fundação do PRP. Prudente, entretanto, recebeu a notícia do nascimento do Partido Republicano com "reservada e comedida expectativa". Considerava uma verdadeira fuga do debate político trocar o Partido Liberal por uma agremiação recém-fundada e inexpressiva, do ponto de vista político. Mudar de partido parecia-lhe a alternativa simples e cômoda. Prudente não queria encastelar-se na periferia do poder e pregar teses radicais sem ter meios e condições reais de implementá-las. Ele preferia o caminho árduo e difícil, que consistia em permanecer no Partido Liberal e tentar reformá-lo.

Prudente acreditava que muitas idéias defendidas pelos republicanos – como a abolição da escravidão, a reforma eleitoral e o federalismo – poderiam ser incorporadas pelo Partido Liberal. Desde a derrota dos liberais em 1868, ele lutou para persuadir o partido a aceitar essas teses e tornar-se o partido das reformas e do progresso. Os liberais tinham de defender propostas objetivas e projetos ousados que ajudassem o Brasil a livrar-se da escravidão, estimular a expansão da indústria, o crescimento do mercado interno e a diversificação do crédito por meio de políticas liberais e fortalecer a democracia, aumentando a base de eleitores e delegando mais poderes e recursos para os governos provinciais. Ao assumir esta agenda política com firmeza e convicção, o Partido Liberal se distanciava dos conservadores, atrairia o apoio dos republicanos e seria uma alternativa concreta de poder. Mas, o alerta e a insistência de Prudente foram menosprezados pelos liberais.

As frustrações de Prudente com o partido aumentavam conforme os liberais relutavam em aceitar as reformas políticas. No início de 1870, havia sinais claros de que o caminho político para erradicar a escravidão estava aberto. A substituição paulatina do trabalho escravo pela mão de obra imigrante nas fazendas paulistas provou ser uma alternativa economicamente viável. Era possível acabar com a escravidão sem destruir as fazendas de café, a principal fonte da riqueza nacional. Enquanto os liberais debatiam a questão da abolição, os conservadores aprovavam no Parlamento a lei do Ventre Livre. Com a promulgação da lei, os filhos de escravos que nascessem a partir de 1871, seriam livres. A abolição da escravidão, que deveria ser uma das bandeiras políticas dos liberais, passou a ser defendida pelos conservadores.

Assim como na questão da abolição, a hesitação do partido Liberal em assumir a reforma eleitoral e a descentralização do poder enfraqueceu-o perante os seus simpatizantes. O partido temia que o alargamento da base eleitoral e o voto direto poderiam desestruturar o controle dos partidos sobre sua base eleitoral. A autonomia das províncias era uma reivindicação paulista que estava mais associada às questões econômicas do que motivações políticas. Os paulistas queixavam-se de que "pagavam muitos impostos ao Rio de Janeiro e pouco recebiam em troca. Queriam que uma fatia maior do dinheiro ficasse em São Paulo"[3]. De fato, era difícil discernir entre o programa dos liberais e as propostas dos conservadores. Ambos resistiam lutar por mudanças profundas que o país demandava. Era necessário muito esforço político para que o Parlamento aprovasse reformas tímidas e paliativas.

Para Prudente de Moraes, a atrofia do seu partido refletia o distanciamento dos liberais das reformas políticas e econômicas, a falta de convicção nos princípios do liberalismo e o desejo velado de exercer o poder para defender privilégios e interesses próprios. A criação do Partido Republicano Paulista deveria ter servido de alerta para os liberais. O PRP expandiu sua base, conquistou novos adeptos, fundou jornais e alastrou o número de simpatizantes porque assumiu com clareza e firmeza seus propósitos, propostas

[3] Caldeira, Jorge. Viagem pela História do Brasil (versão CD Rom). Companhia das Letras. São Paulo, 1997.

e projetos. Quando Prudente certificou-se de que não seria capaz de convencer o Partido Liberal a abandonar a postura cômoda e tímida em relação às reformas políticas, ele resolveu deixar os liberais e filiar-se ao Partido Republicano Paulista. Prudente ingressou no PRP em 1876; no ano seguinte, elegeu-se novamente vereador por Piracicaba. Voltava à vida pública pelo mesmo cargo que o levou à política em 1865.

Prudente de Moraes mal havia retornado à Câmara municipal quando os liberais reconquistaram o governo, depois de 10 anos na oposição. Em 1878, D. Pedro II convidou Cansanção de Sinimbu para formar o novo ministério liberal. Como não havia grandes diferenças políticas entre conservadores e liberais, Sinimbu voltou sua atenção para a arte de fazer política. Queria garantir a maioria no Parlamento e nas províncias, por isso esforçava-se para mostrar que estava disposto a lutar por algumas reformas. Sinimbu pretendia seduzir os liberais progressistas com o seu discurso reformista e convencê-los a abandonar a causa republicana. Ele prometia cargos, nomeações e favores aos renegados que retornassem ao Partido Liberal.

O assédio de Sinimbu causou preocupação no movimento republicano. Vários liberais recém-convertidos ao Partido Republicano sentiram-se tentados pelas ofertas de Sinimbu. Lafayette Rodrigues Pereira, um dos fundadores do Partido Republicano e uma de suas figuras mais ilustres, aceitou o convite do governo liberal para ocupar o Ministério da Justiça. Sinimbu comemorou o ingresso de Lafayette no ministério como um grande trunfo; ele conseguiu "desfalcar os republicanos de tão valioso elemento" e estava certo de que outros republicanos seguiriam o exemplo de Lafayette.

Prudente de Moraes foi um dos assediados. Foi-lhe oferecida a presidência de uma província no nordeste, mas ele foi enfático e firme ao rechaçar a proposta. Preferia ficar no limbo político com seus companheiros republicanos do que voltar para um partido que não tinha convicção, coragem e vontade de lutar pelas reformas que o país necessitava. O compromisso dos liberais era com a preservação do poder e não com as aspirações da nação. Prudente não estava na política pelo amor ao poder. Era movido pelo senso de dever e de missão de servir o país. Sabia eleger suas prioridades e fazer suas escolhas de forma criteriosa. Encarava a vida como "uma permanente renovação de compromissos a serem cumpridos"[4].

Em 1878, Prudente voltou à Assembleia provincial como deputado republicano. Durante três legislaturas, a bancada republicana formada por Campos Sales, Gabriel Piza, Rangel Pestana, Martinho Prado Júnior e Muniz de Souza começou a atuar de maneira coesa, organizada e unida. Uniram-se aos abolicionistas monarquistas, defendiam suas causas no Parlamento e na imprensa, organizaram os clubes republicanos em várias cidades. A atuação de Prudente de Moraes na Assembleia conquistou a admiração dos aliados e respeito dos adversários; "é um parlamentar à britânica: analista, calmo, porém severo dos fatos que ocorrem. Não excede no ataque, mas não transige com o adversário, nem lhe oferece tréguas... o que lhe interessa é o fato, é a tese, é a causa que defende"[5].

Na eleição de 1885, os republicanos paulistas conseguiram um feito extraordinário. Dois candidatos do PRP furaram o bloqueio da máquina eleitoral controlada pelos Partidos Liberal e Conservador e se elegeram deputados nacionais. Prudente de Moraes e Campos Sales venceram nas urnas e tornaram-se os primeiros parlamentares republicanos a ingressar na Câmara dos Deputados. A estréia de Prudente no Parlamento causou uma profunda impressão em Joaquim Nabuco, o célebre estadista abolicionista,

---

4 Mota Filho, Cândido. Coletânea "Homens de São Paulo". Livraria Martins Editora. São Paulo, 1955. Página 269.

5 Peixoto, Silveira. Opus cit. Página 17.

liberal e monarquista. A atuação de Prudente no plenário era tão assertiva que Nabuco o considerava o mais poderoso adversário da monarquia. O deputado paulista era "ponderado e resoluto, em nada se assemelhava ao demônio da rebeldia. Representava um ideal político, com sobriedade e segurança. Não era um rebelde incompreendido no seio da legalidade, mas o convicto de uma nova ordem"[6].

Prudente estreou no Parlamento defendendo a abolição da escravidão; uma causa que ganhava adeptos tanto no Partido Liberal como no Conservador. Mas, a reputação que criara entre seus colegas na Câmara dos Deputados não era suficiente para garantir o seu mandato. Sabia que pertencia a um partido pequeno e inexpressivo, o que transformava o seu desafio nas urnas numa luta permanente contra as leis da probabilidade. Na eleição de 1886, os republicanos não conseguiram eleger nenhum deputado geral. A pequena bancada na Câmara dos Deputados foi reduzida a pó. É verdade que os candidatos monarquistas só derrotaram Prudente de Moraes porque os candidatos liberais e conservadores se uniram no segundo turno das eleições parlamentares. Prudente obteve 551 votos e o visconde de Pinhal, 661 votos. Para Prudente, a derrota e a vitória eram as duas faces da mesma moeda. Ambas o ajudavam a refletir sobre os erros e acertos das suas ações, aprimorar as suas escolhas, refinar a sua estratégia, redefinir os seus objetivos e renovar a sua determinação e perseverança de enfrentar os novos obstáculos.

Os desafios eram imensos para um líder republicano. Prudente retornou a sua atenção e energia para a política municipal e provincial. Reelegeu-se vereador em Piracicaba, participava dos debates e organizações que lutavam pela abolição da escravidão, ajudava a mobilizar os seus correligionários no interior de São Paulo e ainda encontrava tempo para dedicar-se ao seu escritório

[6] Mota Filho, Cândido. Opus cit. Página 277.

de advocacia e a seus clientes. Prudente nunca reclamava que lhe faltava tempo para tratar das questões políticas, dos negócios privados e dos assuntos familiares. Era extremamente organizado, disciplinado, metódico e perseverante; sabia eleger suas prioridades, administrar seus afazeres e não deixava se abalar pelas dificuldades, derrotas e vitórias momentâneas.

Este era o perfil do homem que assumiu o governo de São Paulo logo após a proclamação da República, em novembro de 1889. Escolheram-no para o cargo por ser um dos principais líderes republicanos e um dos políticos mais preparados, ponderados e moderados do PRP. Cometem um erro crasso de julgamento aqueles que confundem ponderação e moderação com fraqueza. O primeiro presidente da República, Marechal Deodoro da Fonseca, foi um dos que interpretaram o espírito ponderado de Prudente como sinônimo de um sujeito que não resiste à pressão. Este foi o primeiro de muitos erros de julgamento do presidente Deodoro em relação ao governador de São Paulo.

O jeito cordato e franco de Prudente podia dar a impressão de que estava sempre disposto a contemporizar e conciliar os mais diversos interesses e pretensões. Mas aqueles que o conheciam sabiam que era intransigente quando se tratava de valores, princípios e obrigação. Nesses temas, era firme, inflexível e radical; jamais abria mão das questões essenciais para atender aos desejos do partido ou do presidente da República. Deodoro pôde conhecer melhor a personalidade do governador de São Paulo num pequeno episódio. Um dos seus ministros de Estado enviou um emissário a Prudente com a missão de reivindicar a nomeação do chefe da polícia de São Paulo. O coronel enviado pelo presidente da República era o candidato do governo federal ao cargo na polícia paulista. Prudente recebeu o coronel, que lhe entregou a carta de um Ministro de Estado sem sequer cumprimentar o governador de São Paulo. A descortesia e atitude ríspida do coronel eram propositais; uma forma de intimidar o governador e reiterar que a carta não se tratava de um pedido, mas de uma ordem. Com o olhar firme e a fala pausada, Prudente leu a carta, se voltou para o candidato ao cargo e lhe disse: "o coronel vai fazer-me o obséquio de voltar para o Rio e dizer ao ministro que eu já escolhi o comandante da polícia de São Paulo". Constrangido, o coronel "não conseguiu dissimular o seu espanto. Fez meia-volta e retirou-se, como havia entrado: sem uma saudação ao chefe do governo paulista"[7].

Este era o estilo Prudente de governar. Não fazia concessões à política de apadrinhamento, não participava de barganha de cargos e não tolerava que a escolha de seus auxiliares fosse ditada por pedidos pessoais. Ao recusar o coronel indicado pelo presidente da República, Prudente deixou claro que não aceitaria os demais pedidos de favores e concessões. O governo de São Paulo não seria cabide de emprego nem um reduto político para acomodar o apetite de nomeações do governo federal.

A visão liberal de Prudente estava estampada em todas as ações do seu governo. Priorizou os investimentos em obras públicas, que ajudaram a impulsionar a economia paulista, como melhoria na educação, transporte e a criação da rede de esgoto e abastecimento na capital. O governador determinou que os investimentos públicos não poderiam exceder a receita do Estado. Ele acreditava que todo governante responsável tem a obrigação de zelar pelo equilíbrio do orçamento público. Discordava da política inflacionária do Governo Federal, que era conduzida pelo Ministro da Fazenda, Rui Barbosa. A política do "encilhamento" gerou especulação financeira, crise cambial e queda abrupta dos títulos brasileiros no mercado internacional.

As atitudes de Prudente refletiam a determinação do governador paulista em lutar pelos valores liberais. No Rio de Janeiro, o presidente da República tolerava abusos, perseguições e prisões

---

[7] Peixoto, Silveira. Opus cit. Página 45.

dos monarquistas e opositores do governo, mas em São Paulo não houve nenhum ato arbitrário da Administração estadual. Prudente procurou o apoio político de monarquistas e republicanos, pois queria garantir a ordem, manter a paz e assegurar à população de que não haveria confisco de bens ou perseguição aos paulistas que apoiaram a monarquia. Em São Paulo, Prudente procurava legitimar a República por meio da busca do consenso, da preservação das liberdades individuais e do respeito às leis. No Rio de Janeiro, o Governo Federal era corroído por uma luta interna entre o autoritarismo militar e o constitucionalismo civil.

A primeira crise ministerial surgiu quando os militares invadiram a redação do jornal a *Tribuna*, do monarquista Eduardo Prado. O jornal havia publicado um artigo "com acerbos comentários e veementes inventivas à individualidade de Deodoro". O presidente da República ficou "excessivamente irritado" e ordenou ao chefe da polícia interditar a *Tribuna*. Campos Sales, o Ministro da Justiça, procurou imediatamente o presidente para persuadi-lo a anular o decreto que assinara suspendendo a liberdade da imprensa. Campos Sales argumentava que "incumbia ao governo dar exemplo de respeito e acatamento aos seus próprios atos com a força da lei". O presidente da República, entretanto, insistia no cumprimento do decreto; o diálogo entre Deodoro e Campos Sales representava o discurso da arbitrariedade versus a voz da legalidade e do respeito à liberdade.

– "Alguns batalhões do Exército estão dispostos a desafrontar-me e projetam um assalto à *Tribuna*.

– Mas V. Excelência consentirá nisso?

– Eu já disse que, se eles o fizerem, estarei dormindo, para não ver nada".

Campos Sales continuou a criticar a ilegalidade do ato do governo e ficou contente quando o presidente rendeu-se aos seus argumentos e "acabou por autorizar-me a dar contraordem ao chefe da polícia, assegurando-me ao mesmo tempo que procuraria evitar qualquer ato de violência contra a *Tribuna*"[8].

A promessa do presidente da República não durou 24 horas. No dia seguinte, às 20:30 horas, Campos Sales recebeu um telefonema que confirmava o assalto dos militares à *Tribuna*. O Ministro da Justiça partiu "imediatamente para ali, mas, ao chegar ao edifício em que funcionavam as oficinas da *Tribuna*, estava tudo consumado". Indignado com o episódio, Campos Sales convocou uma reunião de todos os ministros e convenceu-os a renunciarem coletivamente os seus cargos. Em seguida, enviou uma carta ao presidente da República, comunicando a renúncia do ministério; "Generalíssimo. Não tendo conseguido obstar o lamentável sucesso da noite de ontem com relação à *Tribuna*, venho apresentar a V. Exª. a minha demissão do cargo de Ministro da Justiça. Os meus colegas presentes declararam-se solidários comigo e opinaram pela retirada coletiva do Ministério". Deodoro não aceitou o pedido de demissão dos seus ministros e "insistiu na permanência de todos os ministros para evitar mais graves complicações"[9].

O conflito de visões entre Deodoro e Campos Sales refletia a divisão dos republicanos desde o momento em que assumiram o poder, em novembro de 1889. De um lado, estava os militares e os positivistas, que queriam instaurar um regime autoritário e centralizador, onde o poder do presidente da República fosse preponderante e absolutista. Alguns membros deste grupo não escondiam a intenção de preservar a ditadura que se instalara no Brasil. Queriam que Deodoro mantivesse o estado de sítio, continuasse a indicar os governadores dos estados e mantivesse o parlamento fechado.

A outra facção era formada pelos defensores da República civil, liberal e constitucional. Exigiam a suspensão do estado de

[8] Campos Salles, Manuel. Da Propaganda à Presidência. A Editora. Lisboa, Portugal, 1908. Página 55.
[9] Campos Salles, Manuel. Opus cit. páginas 57-58.

sítio, eleições para o Congresso Nacional e a promulgação de uma constituição liberal e democrática. A República tinha de emergir da ilegalidade e firmar-se como um regime estável e constitucional. Este grupo não suportava mais os atos arbitrários do governo, os abusos de poder e a falta de critério de Deodoro para nomear militares para ocupar a maioria dos cargos políticos nos estados e na Administração federal.

O confronto entre duas facções era inevitável. O presidente Deodoro aliou-se temporariamente ao grupo dos constitucionalistas porque o país precisava de financiamento internacional. A estabilidade institucional era vital para que o Brasil voltasse a resgatar as suas linhas de crédito no exterior. Ao ceder ao apelo dos defensores da legalidade, o marechal pretendia converter as aspirações democráticas da nação em crédito externo. Deodoro convocou eleições parlamentares para setembro de 1890 e designou ao Congresso que seria eleito a tarefa de redigir a primeira Constituição republicana do Brasil.

Prudente não pretendia assistir passivamente da província paulista a criação da Constituição republicana. Queria participar da formulação do texto constitucional e, portanto, resolveu trocar o governo de São Paulo por uma cadeira no parlamento. No pleito de 1890, elegeu-se senador por São Paulo e transferiu o governo paulista para Jorge Tibiriçá. Prudente partiu para o Rio de Janeiro, para assumir o seu papel de senador constituinte. O Congresso constitucional tomou posse em novembro de 1890, mas o seu mandato foi imediatamente ameaçado pela crise política causada pela invasão do jornal *A Tribuna*.

O Ministério, por meio de Campos Sales, apresentara a sua renúncia coletiva. Os militares mais próximos de Deodoro, como Tasso Fragoso e Nelson de Almeida, tentaram convencer o marechal a aproveitar a crise política e acabar de uma vez por todas com a Assembleia Constituinte e assumir o poder ditatorial.

Deodoro sabia que não dava mais para recuar sem criar uma crise institucional. O fechamento do Congresso Constituinte levaria o país a uma guerra civil. Deodoro era incompetente, mas não louco.

Além de ter de enfrentar a rebelião dos seus ministros e a pressão dos militares deodoristas, o marechal teve de digerir outra má notícia: a eleição de Prudente de Moraes para presidir a Assembléia Constituinte. Havia uma enorme distância de caráter e de objetivos entre os dois homens.O presidente da República conhecia o caráter impoluto e a firmeza de propósito do presidente do Congresso nacional. A obsessão de Prudente com a legalidade, a intransigência que demonstrara no combate às arbitrariedades do governo e a sua determinação em entregar ao país uma Constituição liberal e democrática, confrontavam com as aspirações absolutistas dos positivistas e militares deodoristas.

Prudente representava a oposição aos ideais militaristas e às ambições positivistas. Deodoro estava preocupado com o poder; Prudente, com a legalidade. O presidente da República queria usar a força e a arbitrariedade para impor a ordem republicana. O presidente do Congresso acreditava que a República tinha de deixar de ser um movimento revolucionário para se tornar um regime democrático e constitucional. Deodoro era militar; acreditava no comando centralizado, no cumprimento de ordens e na fidelidade incondicional de seus subordinados. Prudente era um líder civil; confiava na criação das instituições democráticas, na defesa da liberdade e na preservação do estado de Direito. Numa carta enviada a Bernardino de Campos, Prudente sintetizou a sua missão na presidência da Assembleia Constituinte; "soltar o demônio da revolução é fácil. O difícil é recolhê-lo. É o que fazemos agora, cumprindo o nosso dever".

Para recolher o demônio da revolução, o presidente do Congresso tinha de instituir a legalidade e a constitucionalidade do regime republicano. Prudente sabia que tinha uma árdua missão na presidência da constituinte. A república era um movimento revolucionário, sustentado por governos provisórios e leis de exceção. Não havia regras estáveis, instituições permanentes e garantias de que o país tinha uma ordem institucional sólida e confiável. Prudente acreditava que somente a democracia constitucional e liberal seria capaz de legitimar a República, os governos e os mandatos.

A Constituição dos Estados Unidos serviu de modelo para os defensores dos princípios democráticos. Rui Barbosa, um dos membros mais influentes na elaboração da Constituição de 1891 escreveu; "nossa lâmpada de segurança será o Direito americano, suas antecedências, suas decisões, seus mestres. A Constituição brasileira é filha dela e a própria lei nos pôs nas mãos esse foco luminoso"[10]. Ela deveria ser breve, enxuta, clara, objetiva e restringir-se aos temas vitais da república presidencialista: a separação dos Poderes Executivo, Legislativo e Judiciário, a implantação do federalismo e a garantia dos direitos e liberdades individuais.

A legitimidade da república requer a aceitação voluntária das leis, princípios e valores que regem o sistema político. A Constituição brasileira tinha de contemplar as aspirações republicanas. A separação dos Poderes Executivo, Legislativo e Judiciário foi assegurada de modo que o presidente da República não exercesse o papel dominante idealizado pelos positivistas. A ditadura de Deodoro dera a Prudente de Moraes argumentos suficientes para persuadir os congressistas a limitar o poder do presidente da República. Além do exemplo do governo do marechal, as ditaduras latino-americanas forneciam outra prova cabal do fracasso do autoritarismo republicano. Esses países viviam à mercê de caudilhos e generais porque desconfiavam do poder das leis, das instituições e dos princípios democráticos. Consideravam o

[10] D'Avila. Luiz Felipe. As Constituições Brasileiras. Editora Brasiliense. São Paulo, 1993. Página 15.

absolutismo presidencial como o melhor escudo contra a desordem política e a anarquia civil. A suspeita de que a liberdade e a democracia eram princípios estrangeiros à realidade latino-americana, semeou o caudilhismo e as ditaduras que infestaram a região e retardaram o amadurecimento do espírito democrático.

A Constituição republicana de 1891 mudou radicalmente a equação do poder político. O modelo federativo transferiu para os estados uma parcela significativa das atribuições reservadas ao Governo Federal. Cada estado teria a sua própria Constituição, administraria seu Código de Processo, se responsabilizaria pelo seu sistema educacional, segurança e finanças públicas, podendo contrair empréstimos internacionais sem o aval do Governo Federal. Os estados ganharam autonomia e poder como nunca tiveram, mas nem todos tinham capacidade de absorver todas esses direitos e responsabilidades. Os republicanos paulistas pensavam que a descentralização ajudaria a fortalecer o espírito cívico, a responsabilidade dos estados e os princípios democráticos. A realidade, entretanto, mostrará ao longo da Primeira República que a transferência abrupta de poder para os estados fortaleceu as oligarquias regionais e enfraqueceu a democracia.

Apesar de servir de modelo para o Brasil, a Constituição americana espelhava uma realidade histórica completamente diferente da nossa. Nos Estados Unidos, o poder político estava nas mãos dos estados. O federalismo surgiu como uma solução constitucional, onde os estados resolveram transferir parte do seu poder e soberania para o Governo Federal. No Brasil, a situação era inversa. A monarquia criou um estado unitário; o poder político residia no governo central e no imperador. As províncias eram governadas por homens indicados pelo monarca. Os presidentes provinciais respondiam ao imperador, e não ao eleitorado ou à Assembleia local. Como Prudente lembrou aos eleitores de Piracicaba na sua eleição de 1876, as Assembleias provinciais tinham uma função meramente administrativa; elas não gozavam de autonomia política.

Um país que pretende substituir as lições da história por utopias está fadado a viver sob o solavanco de crises políticas. O passado não pode ser erradicado; ele faz parte da memória de um povo, da história de uma raça e do longo tear dos costumes e tradições de uma nação. O modelo presidencialista americano poderia servir de inspiração, mas não de cópia para o Brasil. Tocqueville já alertara para os perigos de se importar um sistema de governo que não corresponde à realidade histórica de um país; "la constitution des États-Unis ressemble à ces belles creations de l'industrie humaine qui comble de gloire et des biens ceux qui les inventent, mais qui restent stériles en d'autres mains"[11]. As conseqüências nefastas da institucionalização de um sistema de governo que não corresponde à realidade histórica brasileira colaboraram para retardar o avanço da democracia e fortalecer o poder das oligarquias regionais. Mas, esses dissabores só surgiram depois da promulgação da Constituição.

A reputação e o prestígio de Prudente de Moraes cresceram vertiginosamente durante os trabalhos da Assembleia Constituinte. Ele conduzia os debates com imparcialidade, assegurava o cumprimento dos prazos, supervisionava o trabalho das comissões e analisava cuidadosamente o texto final de cada proposta; "observava à risca o regimento interno. Conhecia todas as emendas, a conexão ou contradição entre elas. Colocava-as com método na ordem do dia e rejeitava com razões breves e claras as prejudicadas"[12]. Os comentários de Prudente ajudavam a dar foco nas discussões; ele não se cansava de lembrar aos parlamentares da necessidade de ser objetivo, conciso e direto na proposição das emendas constitucionais. Mas, Prudente não impunha

---

[11] Tocqueville, Alexis de. De La Democratie en Amerique. Éditons Robert Laffont, S.A., Paris, França, 1986. Página 171.

[12] Aureliano Leite. *"O pacificador lutou até a morte"*. Mensário do Jornal do Comércio. São Paulo, 5 de outubro de 1941.

sua vontade aos seus pares. Sabia construir maiorias no Congresso com grande habilidade política. Lia todas as propostas, recebia todos os congressistas que o procuravam e escutava pacientemente os intermináveis discursos dos parlamentares, "tolerando-lhe as mortificantes tiradas de efeito, formando pouco a pouco uma convicção para votar e para influir no voto de muitos congressistas que votavam cegamente com ele"[13].

Prudente considerava o Parlamento a Casa da democracia, do pluralismo das opiniões e do fórum dos discursos que reverberam as preocupações nacionais e os anseios regionais. Era o local para dar vazão à "inesgotável veia oratória do brasileiro" e aos congressistas desconhecidos, mas "sôfregos de celebrizar-se". Ele aproveitava os discursos para compreender melhor cada parlamentar e conhecer a personalidade de cada um. As divagações políticas e os longos discursos ajudavam o presidente da Assembleia a concentrar sua atenção nos argumentos necessários para persuadir seus pares a votar as emendas constitucionais. Mas Prudente não permitia que o proselitismo político dominasse os debates importantes. Uma vez, não hesitou em cassar a palavra do seu irmão: "o deputado Moraes Barros pediu a palavra pela ordem para fazer desordem". A palavra foi cassada, a ordem, restabelecida e a votação da emenda constitucional prosseguiu normalmente.

A autoridade moral, a imparcialidade, a firmeza, a objetividade, o foco e a disciplina com que Prudente conduziu os trabalhos no Congresso transformaram-no na "figura central do regime. A história do país se fazia através de seus gestos e suas atitudes". Ele era a "aspiração do poder civil; não era filho das circunstâncias, mas uma experiência vitoriosa"[14]. Este sentimento unânime suscitava ciúmes, inveja e intrigas nos adversários políticos de Prudente, especialmente nos deodoristas sitiados no

[13] *"Prudente de Moraes".* Jornal O Estado de São Paulo, 4/12/1902.
[14] Mota Filho, Cândido. Opus cit. Página 281.

Poder Executivo. A facção militarista e positivista, que defendia a ditadura, não se conformava com a idéia de respeitar uma Constituição que limitava o poder do presidente da República. Os deodoristas acreditavam que o discurso democrático dos constitucionalistas consistia em uma perigosa armadilha: a divisão das responsabilidades constitucionais entre os estados e o Governo Federal e a fragmentação do poder político entre o Executivo, Legislativo e Judiciário, tinham o intuito de enfraquecer o presidente da República.

Como Deodoro se recusava a dissolver a Assembleia Constituinte, os deodoristas optaram por um golpe branco. Garantiriam a eleição de Deodoro à presidência da República no Congresso e continuariam a governar o país sem se importar com os limites constitucionais. Acreditavam que o presidente, assim como o imperador na monarquia brasileira, estava acima da Constituição. A facção antidemocrática que cercava o Marechal Deodoro nunca escondeu o seu menosprezo pela democracia e pelo governo constitucional. Por isso, ela já tramava meios de violar a Constituição antes da sua promulgação. Mas, havia um obstáculo no caminho dos deodoristas: esta barreira chamava-se Prudente de Moraes.

O presidente do Congresso tornou-se um dos políticos mais influentes e respeitados do país. Era um forte candidato à Presidência da República e o maior adversário político do Marechal Deodoro. Na disputa presidencial, Prudente levava uma grande vantagem sobre o marechal. A Constituição estabeleceu que o presidente da República seria eleito pelo voto direto, mas o primeiro presidente constitucional o seria pelo Congresso Nacional. Era preciso instituir rapidamente a legalidade, dissolver o governo provisório e instaurar o regime constitucional. Prorrogar o mandato do governo Deodoro e o regime de exceção poderiam comprometer a criação do Estado de Direito e o futuro da democracia no Brasil.

Para o desespero dos deodoristas, a eleição presidencial seria realizada no Congresso Nacional logo após a promulgação da Constituição. Prudente estaria no apogeu do seu poder e prestígio. Seria aclamado como o grande responsável pela democracia constitucional. A candidatura de Prudente parecia imbatível. O presidente do Legislativo era o melhor candidato para assumir o primeiro governo constitucional do Brasil. Personificava a garantia da democracia, o respeito à Constituição e a defesa das liberdades individuais. Não havia estadista mais qualificado para inaugurar a república democrática e enterrar a ditadura deodorista. Prudente representava a ascensão do poder civil e o fim do governo de exceção.

Não é à toa que a tensão política assumiu proporções alarmantes em janeiro de 1891. A promulgação da Constituição no Congresso estava marcada para o dia 24 de fevereiro. Os deodoristas tinham pouco mais de um mês para reverter a provável derrota do marechal na eleição presidencial. Começou, então, uma verdadeira batalha nos bastidores entre os defensores da candidatura de Deodoro e de Prudente de Moraes. Os partidários do presidente da República ameaçavam dissolver a Assembleia Constituinte, mobilizar as tropas e dar um golpe de Estado se Deodoro não vencesse a eleição presidencial. Os democratas, que apoiavam a candidatura de Prudente, prometiam resistir à força a truculência do governo. Lutariam pela defesa da Constituição, da república democrática e da liberdade. Afinal, derrubaram a monarquia porque acreditavam nesses ideais e, portanto, seria inaceitável a idéia de ver o sonho da liberdade republicana se transformar numa ditadura militar.

Bernardino de Campos tentava articular a candidatura de Prudente à presidência e a do General Floriano Peixoto à vice-presidência. Floriano declinou do apoio à candidatura de Deodoro. O general defendia a legalidade e a constitucionalidade, o que demonstrava a divisão das Forças Armadas entre *legalistas* e *golpistas*. A chapa Prudente-Floriano era uma maneira de unir os republicanos históricos e os militares legalistas em torno de uma candidatura que asseguraria o cumprimento da promessa de se criar uma república democrática e um governo constitucional no país. Os defensores da candidatura de Prudente temiam que, se ele vencesse a eleição presidencial, os deodoristas mobilizariam suas tropas e não deixariam Prudente assumir o poder. Mas, os legalistas também tinham os seus soldados; Floriano garantiu que as suas tropas garantiriam a posse de Prudente de Moraes, se ele vencesse as eleições presidenciais. A república democrática estava prestes a nascer sob a ameaça de um golpe de Estado e de uma guerra civil.

Apesar da crise política que se avizinhava, Prudente permanecia impávido na presidência da Constituinte. Estava preocupado com a conclusão do texto constitucional, e não com a eleição presidencial. A instauração do regime legal e democrático era mais importante do que a conquista do poder. Enquanto o Marechal Deodoro dedicava o seu tempo às manobras políticas para garantir a sua permanência na presidência da República, Prudente de Moraes permanecia focado na implementação do regime constitucional. Ele "sabia que se a legalidade republicana fracassasse em sua fonte soberana, estava fracassada a República, que só ficaria na história como uma triste prova de desbragamento político"[15].

Nada como uma crise ou um momento de extrema tensão para testar a crença dos homens nos princípios e valores que dizem acreditar. No início de janeiro de 1891, os republicanos históricos afirmavam que lutariam até a morte para defender a Constituição, a legalidade e a democracia. Os discursos no Parlamento, os artigos nos jornais e os entendimentos políticos entre militares e líderes civis legalistas, revelavam a resiliência, a coragem

[15] Mota Filho,Cândido. Opus cit. Página 280.

e a determinação de salvaguardar as instituições e impedir que os deodoristas instalassem uma ditadura no Brasil. Campos Sales, Floriano Peixoto e o General José Simeão selaram um pacto pelo qual se comprometeriam a mobilizar as tropas legalistas e as principais lideranças civis para assegurar a defesa da ordem constitucional. Os três líderes "reuniram-se secretamente e articularam a tática a ser usada no caso da vitória de Prudente: este seria investido no cargo e imediatamente se desencadearia um contra-ataque às tropas governantes"[16]. Mas, conforme a tensão política escalava e aproximava-se a data das eleições presidenciais, os valores e princípios que os legalistas defendiam com veemência foram substituídos pela busca de soluções "realistas" para o impasse político.

No início de janeiro, a disputa entre legalistas e golpistas tornou-se preocupante. O Brasil corria o risco de mergulhar numa crise institucional antes da promulgação da Constituição. Ministros, parlamentares e as principais lideranças políticas e militares tentavam articular pactos, acordos e soluções para evitar que a eleição do presidente da República terminasse em confronto armado e banho de sangue. Havia muita inquietação nos quartéis e nervosismo no Parlamento. A pressão do Executivo, o temor de golpe de Estado e o receio da dissolução da Constituinte foram suficientes para fazer alguns parlamentares que apoiavam a candidatura de Prudente à Presidência da República a mudar de voto e optar pela eleição de Deodoro. Esses parlamentares alegavam que preferiam eleger o marechal a votar em Prudente e tornaram-se cúmplices de uma guerra civil entre *legalistas* e *deodoristas*.

Campos Sales foi o exemplo mais evidente dessa metamorfose política. O defensor irredutível dos valores e princípios que representavam a candidatura de Prudente de Moraes transformou-se no líder da acomodação e do entendimento com os deodoristas.

---

[16] Carone, Edgard. A República Velha. Difel, Difusão Editorial. São Paulo, 1983. Volume II, página 52.

Em nome do realismo político, ele acreditava que era mais importante salvar as instituições do que pôr em risco a República. O barão de Lucena, "reconhecidamente a influência preponderante nos conselhos do governo Deodoro", foi rápido ao perceber que o realismo político de Campos Sales poderia ser o cavalo de Tróia que ele procurava para assaltar a fortaleza dos constitucionalistas.

A tentativa de aproximação dos legalistas e deodoristas partiu do barão de Lucena. No dia 22 de janeiro, ele procurou Campos Sales para saber como os republicanos paulistas reagiriam ao governo Deodoro. O líder da oposição recebeu Lucena e lhe disse, com toda franqueza, que "os paulistas não faziam política de acesso ao governo, mas de princípios". Campos Sales reiterou que a oposição se comportaria de forma responsável: "jamais seríamos um embaraço ao governo, desde que este não tentasse impedir a consagração dos nossos princípios na Constituição". A defesa do federalismo era outro princípio sagrado para os paulistas: "iríamos até a separação, se houvesse um governo que tentasse fundar uma República unitária"[17]. Campos Sales ficou contente quando o barão "disse que aceitava, sem reservas, as minhas idéias"; era uma prova de que havia disposição do governo de retomar o caminho da legalidade e de abandonar a alternativa golpista. O líder paulista mal tinha assimilado a concordância peremptória de Lucena quando o barão voltou a surpreendê-lo. Disse que gostaria de ter Campos Sales novamente no governo e no Ministério da Justiça, para que pudesse dar continuidade às reformas legais que iniciara na sua gestão; " V. Exª. será Ministro da Justiça, com faculdade para dar execução às reformas que realizou nesta pasta. Quanto aos negócios de São Paulo, V. Exª; será o Ministro de todas as pastas". O anfitrião sorriu e agradeceu as considerações generosas de Lucena. Ao despedirem-se, Campos Sales ficou "com a impressão de que a nova situação devia inspirar-nos inteira confiança". Campos Sales acreditou

[17] Campos Salles, Manuel. Opus cit. Página 61.

que convencera o homem mais influente do governo Deodoro de que o entendimento político com a oposição só seria possível se os princípios constitucionais fossem respeitados. Campos Sales resolveu dar um voto de confiança ao barão e pediu aos legalistas que diminuíssem o tom das críticas ao governo, "visto que o momento se afigurava de maior gravidade para a República"[18].

A atuação do Barão de Lucena é uma verdadeira aula de *realpolitik*. O barão não convocou Campos Sales para uma reunião no Ministério; ele foi, pessoalmente, visitar o líder paulista. Era um sinal de deferência e de disposição de buscar, no âmbito privado, o diálogo franco, aberto e pessoal com Campos Sales. Lucena fez questão de frisar na conversa que, embora estivessem em lados opostos na política, eles prezavam as mesmas coisas: a Constituição, as instituições e o Estado de Direito. Por isso, precisavam unir forças e coibir a vitória dos golpistas que almejavam a crise institucional para instaurar a ditadura no Brasil. As palavras calculadas e os gestos comedidos do barão tinham dois propósitos. O primeiro, desarticular a candidatura de Prudente de Moraes; o segundo, mostrar que a defesa da constitucionalidade e das instituições dependia da aliança entre os dois homens moderados – ele, Lucena, e Campos Sales. A paz da nação e o triunfo da legalidade exigiam sacrifícios de ambas as partes. Campos Sales garantiria o apoio dos paulistas a Deodoro e conteria os constitucionalistas radicais que defendiam a candidatura de Prudente de Moraes. Em contrapartida, o Barão de Lucena utilizaria o aval dos paulistas ao marechal para desarticular os golpistas da ala governista e fortalecer a corrente constitucionalista no ministério.

O Barão de Lucena conseguiu, pela diplomacia, o que os radicais deodoristas não obtiveram por meio das ameaças e do confronto. No dia 26 de janeiro, Campos Sales reuniu-se com as principias lideranças paulistas "a fim de tomarmos, na questão

[18] Campos Salles, Manuel. Opus cit. Páginas 61-62.

presidencial, uma atitude consoante ao nosso ponto de vista político". Campos Sales relatou a conversa com o Barão de Lucena e propôs apoiar a eleição do Marechal Deodoro; "ali, ficou assentado que sustentaríamos a candidatura de Deodoro para a Presidência da República". Em seguida, Campos Sales nos lembrou de um detalhe importante; "a esta reunião não esteve presente o dr. Prudente de Moraes"[19].

Apesar de ter acertado com a cúpula paulista o apoio a Deodoro, Campos Sales não conseguiu controlar todas as variáveis do jogo político. O apoio à candidatura de Prudente crescia, a despeito dos acordos da cúpula paulista. Muitos constitucionalistas, como Demétrio Ribeiro – que foi Ministro de Deodoro –, o General José Simeão e o Almirante Custódio de Mello, se recusaram a endossar a candidatura do marechal. Eles não se sensibilizaram com os argumentos de Campos Sales nem com as promessas do Barão de Lucena, de respeitar a Constituição e restringir o ímpeto absolutista de Deodoro. Os três constitucionalistas não duvidavam que, na primeira derrota do governo no Congresso, os deodoristas inventariam um pretexto para fechar o Congresso e ignorar a Constituição.

Quando Campos Sales descobriu que não seria capaz de convencer a maioria dos constitucionalistas a apoiar a candidatura de Deodoro, ele resolveu apelar pessoalmente para Prudente de Moraes. Quatro dias antes da realização das eleições presidenciais, Campos Sales e Bernardino de Campos foram conversar com Prudente no hotel Lisboa, no bairro de Santa Teresa, onde o presidente da Constituinte estava hospedado. Campos Sales resolveu ir direto ao ponto. Disse que Prudente deveria renunciar à sua candidatura à Presidência da República e enumerou os argumentos que o levaram a pedir que abandonasse a disputa presidencial. Segundo Campos Sales, a candidatura de Prudente

[19] Campos Salles, Manuel. Opus cit. Página 63.

tornou-se "um estratagema de guerra contra Deodoro", o que a transformou numa ameaça à ordem constitucional. Os deodoristas se revoltariam contra a vitória de Prudente e certamente o impediriam de tomar posse do cargo, "proclamando a ditadura do vencido". Além disso, a tensão política não se dissiparia depois das eleições. O candidato que vencesse a eleição presidencial teria muita dificuldade de governar um país dividido entre constitucionalistas e deodoristas. A nação mergulharia num período de "profunda agitação interna, que viria perturbar o país, e impedindo a organização dos estados". No caso da vitória de Deodoro, argumentava Campos Sales, os paulistas deveriam se preparar para a vingança e a retaliação do marechal-presidente: "o seu governo não deixaria de adotar contra nós uma política de reação, afastando da direção do nosso estado, como nos outros, o elemento republicano". Deodoro não hesitaria em substituir os defensores da democracia e da Constituição pelos áulicos fiéis ao presidente e simpatizantes da ditadura.

Com uma mistura de ironia e firmeza, Prudente escutava pacientemente os seus companheiros e "limitava-se a dizer que não era candidato e que os outros é que tinham pensado em apresentá-lo". Depois de cinco horas de conversa, ele permanecia irredutível e irônico; "quem sou eu para bater-me contra o Generalíssimo!?", disse Prudente aos seus companheiros de partido. Quando Campos Sales e Bernardino de Campos deixaram o hotel, eles tinham certeza de que "Prudente mantinha de pé a sua candidatura"[20].

O diálogo entre Prudente e Campos Sales demonstra as visões divergentes das duas figuras proeminentes do Partido Republicano Paulista. Prudente acreditava que a sua candidatura representava a defesa do regime constitucional, da democracia e das instituições republicanas. Campos Sales também defendia

[20] Campos Salles, Manuel. Opus Cit. Páginas 68-70.

os mesmos ideais, porém argumentava que o momento político exigia pragmatismo e determinação na busca de um acordo com os deodoristas, para evitar "as mais funestas conseqüências e até a guerra civil". Prudente suspeitava que o acordo que Campos Sales buscava com os deodoristas era a primeira concessão de muitas outras que arruinariam a Constituição e corroeriam a credibilidade das instituições. Ao começar cedendo na essência dos princípios e valores constitucionais, a república nascia fraca e debilitada.

Quando o realismo político está dissociado da defesa intransigente dos princípios, o estadista costuma produzir erros crassos de julgamento. Os princípios dão o norte, balizam os propósitos e definem claramente o escopo da ação política. Eles ajudam o estadista a renovar a fé na sua visão de longo prazo e evitar que se perca num emaranhado de problemas de curto prazo. Campos Sales tinha razão quanto ao diagnóstico político que fizera na conversa com Prudente de Moraes, mas ele estava completamente errado na solução que propunha. Não há como buscar acordos duradouros quando existe uma profunda divergência de princípios entre as partes. Deodoro e o Barão de Lucena jamais respeitariam as limitações constitucionais e os princípios democráticos. Campos Sales pensou que com gestos conciliatórios, pudesse convertê-los ao evangelho da democracia e do governo constitucional.

Prudente reagiu às ponderações de Campos Sales com um sorriso irônico: para o presidente do Congresso Constituinte, os princípios são inegociáveis. Se tivesse de enfrentar uma guerra civil para salvar a Constituição e a democracia das garras de Deodoro, ele seria o primeiro a empunhar as armas e a liderar o ataque. Prudente não estava disposto a negociar a soberania do Congresso, nem os princípios constitucionais, para evitar o confronto com os deodoristas. Para ele, o conflito de princípios pode ser postergado, mas jamais evitado. Por isso, manteria a sua candidatura à Presidência da República.

A atitude irredutível de Prudente provocou uma reviravolta na cena política.Campos Sales reuniu-se com os parlamentares constitucionalistas e constatou que a maioria continuava firme e disposta a lutar pela eleição de Prudente de Moraes. Diante da assertividade dos políticos paulistas, Campos Sales disse que também apoiaria a candidatura do presidente da Constituinte, embora acreditasse que embarcavam numa causa perdida; "vamos praticar o nosso maior erro político. Eu vou arrastado". Deodoro venceria a eleição presidencial e os paulistas tinham de estar preparados para aceitar as conseqüências políticas da sua decisão. O marechal interpretaria o voto em Prudente como uma declaração de guerra. Se Deodoro vencesse a eleição presidencial – o que parecia óbvio para Campos Sales –, o marechal mobilizaria os seus aliados para desmantelar o Partido Republicano Paulista e remover os constitucionalistas dos governos estaduais. Deodoro não hesitaria em usar todos os meios para desferir um ataque fulminante aos políticos que apoiassem Prudente de Moraes.

Esses argumentos não demoveram os democratas do seu propósito: manteriam-se fiéis a Prudente até o fim. Diante do fato consumado, Campos Sales mandou avisar ao Marechal Deodoro que os paulistas votariam em Prudente de Moraes. Faltavam 48 horas para a eleição presidencial.

A notícia deixou Deodoro furioso. Além de perder a maioria dos votos da bancada paulista, Deodoro teve de assistir a um dos momentos triunfais da carreira política de Prudente de Moraes. Na manhã do dia 24 de fevereiro de 1891, o Congresso reuniu-se, em sessão solene, para proclamar a nova Constituição do Brasil. O plenário estava repleto e as galerias, lotadas. Todos os presentes – parlamentares e populares – fitavam atentamente o presidente do Congresso. Prudente era o herói do dia; a personificação da disposição irresoluta da luta pela Constituição, pela democracia e pelo Estado de Direito. Ele liderou a Constituinte com firmeza, imparcialidade e objetividade, entregando ao país uma nova Constituição, a despeito das crises políticas e ameaças de fechamento do Congresso.

Prudente estava muito emocionado. Sentado na sua cadeira de presidente da Assembléia Constituinte, ele observava o plenário do Congresso lotado e as galerias repletas de convidados e populares. Sentia a perna fraca e trêmula, mas levantou-se vagarosamente para recuperar a sua firmeza habitual e proferir um discurso de estadista. Começou por elogiar o empenho e a dedicação dos parlamentares que concluíram a tarefa de redigir a nova Constituição no prazo determinado: "cumprimos o nosso dever; o Congresso pode retirar-se satisfeito." Lembrou que, quando a Assembleia Constituinte foi convocada, ela foi "recebida com desfavor pela opinião pública", mas, agora que o país tinha uma nova Constituição, o Congresso "ganhou prestígio e confiança na estima pública que o rodeia ao terminar os seus trabalhos". Os aplausos calorosos interromperam o discurso de Prudente.

Os aplausos eram merecidos. Durante os três meses em que a Assembleia Constituinte esteve reunida, Prudente conquistou a admiração dos parlamentares e o Congresso, a estima do povo. O Legislativo tornou-se o baluarte da defesa da legalidade e das instituições democráticas. Resistiu à pressão dos golpistas que apoiavam o presidente da República e evitou que se instalasse uma ditadura no país. O Congresso evitou que o Brasil se tornasse uma república de caudilhos. Às vezes, Prudente teve de ser duro e firme com seus colegas de Constituinte. Como presidente, tinha o dever e a obrigação de zelar pelo conteúdo das propostas, pela qualidade das discussões no Parlamento e pela objetividade da redação do texto constitucional. Ele não permitiu que a dispersão do debate, as considerações irrelevantes e a demagogia política pautassem os projetos e as emendas constitucionais; "se usei de alguma frase um pouco enérgica ou impertinente, desculpai-me; ela tinha por mover o fiel cumprimento do dever, tinha por único fim fazer com que o Congresso não se afastasse de sua linha de conduta, para chegar no resultado que chegou"[21]. Prudente foi, novamente, interrompido e ovacionado.

O presidente do Congresso esperou os aplausos cessarem e retomou o discurso. Sua voz anunciava o fim do regime de exceção e o início da República Democrática e Constitucional; "está proclamada a Constituição dos Estados Unidos do Brasil. Após quinze meses de um governo revolucionário, entra desde este momento no regime da legalidade. O Brasil, nossa pátria, de hoje em diante, tem uma Constituição livre e democrática, com um regime da mais larga federação, único capaz de mantê-la unida, de fazer com que possa desenvolver-se. Saudemos, meus concidadãos, ao Brasil e a República brasileira!" Uma explosão de "estrepitosas e demoradas salvas de palmas" tomou conta do Congresso. Prudente observava, emocionado, a platéia de parlamentares e populares, de pé, aplaudindo-o incessantemente e gritando, "viva o presidente do Congresso! Viva o doutor Prudente de Moraes!"[22].

No dia seguinte, 25 de fevereiro, o Congresso Constituinte cumpriu o seu último dever antes de dissolver-se: eleger o presidente da República. Prudente de Moraes anunciou, da sua cadeira de presidente do Parlamento, a votação tão esperada; "vai proceder à eleição de presidente e vice-presidente da República. Em atenção à importância desta eleição, a mesa do Congresso, para obviar qualquer irregularidade que porventura se possa dar, estabeleceu o seguinte processo: será feita a eleição mediante chamada nominal; cada um dos membros do Congresso terá o trabalho de vir à mesa depositar a cédula na urna, entrando pela direita e saindo pela esquerda"[23]. Nas galerias, os militares

[21] Peixoto, Silveira. Opus cit. Página 70.

[22] *"Prudente de Moraes"*. Jornal O Estado de São Paulo, 4/12/1902.

[23] Peixoto, Silveira. Opus cit. Página 63.

deodoristas acompanhavam a votação, vestidos em uniforme de guerra. Evidentemente, os trajes militares era uma provocação ao Congresso; uma maneira de lembrar os deputados e senadores das drásticas conseqüências da uma eventual derrota do marechal Deodoro.

A votação começou. Um a um, os 234 parlamentares dirigiram-se à urna para depositar o seu voto. Apenas 30 congressistas não comparecem à sessão. No término da votação, a urna foi aberta e iniciou-se imediatamente a apuração. O Marechal Deodoro recebeu 129 votos, Prudente 97, Floriano 3, Saldanha Marinho 2, José Higino 1 e tiveram dois votos em branco. Prudente anunciou a vitória do Marechal Deodoro e a eleição de Floriano Peixoto para vice-presidente. No seu último pronunciamento como presidente do Congresso Constituinte, Prudente relembrou os seus colegas de que a promulgação da Constituição inaugurava o Estado de Direito, mas a defesa das instituições era uma batalha permanente. O Congresso tinha de ser o eterno vigilante do cumprimento da Constituição; era "preciso que todos os Poderes estabelecidos pela Constituição, que o Congresso promulgou, coloquem-se à altura de seus deveres e procurem ser cumpridos fiel e religiosamente". A mensagem foi claramente endereçada aos deodoristas, que ameaçavam violar a Constituição. Os aplausos e aclamações calorosas dos parlamentares mostravam não só o respeito e apreço por Prudente como a determinação de defenderem a Constituição. O Congresso continuaria a ser a fortaleza da democracia e da legalidade.

Como Campos Sales havia previsto, o ressentimento de Deodoro transformou-se em política de Estado. A retaliação do governo começou por um ataque ao epicentro da resistência paulista: o Governo do Estado de São Paulo, sede do PRP, o Partido Republicano Paulista. Os deodoristas escolheram o momento certo para o confronto. Havia um hiato entre a implantação do regime constitucional no âmbito federal e a organização jurídico-constitucional nos estados que possibilitou o uso do poder discricionário do presidente da República sem violar a Constituição. Enquanto os estados não promulgassem as suas constituições, o Governo Federal poderia agir e interferir na política regional. Na prática, isto significava que o presidente da República tinha o poder de demitir e indicar os governadores. O Chefe do Executivo estadual era um cargo de confiança do chefe da nação. Na avaliação de Campos Sales, "permanecia, na sua plenitude, o regime ditatorial nas relações entre a União e os estados".

O presidente Deodoro aproveitou essa brecha constitucional para interferir no governo paulista. No dia 7 de março, ele removeu o governador Jorge Tibiriçá e o substituiu por Américo Brasiliense; um aliado dos deodoristas. Prudente de Moraes estava descansando numa estação de águas, em Lambari quando soube da demissão de Tibiriçá, um defensor da república democrática e um aliado da causa constitucionalista. Prudente enviou-lhe um telegrama, em que dizia; "caiu convosco o Partido Republicano. Acompanham-vos aplausos de toda opinião desinteressada". Prudente interpretou o ato de Deodoro como uma violação à Constituição recém-proclamada e à indisposição do governo de cumpri-la e de respeitá-la.

Prudente estava certo. Logo depois da deposição do governador Jorge Tibiriçá, "reproduziu-se, em todo o país, com a mesma prepotência, com o mesmo espírito de desforra, as famosas cenas de derrubadas que sucediam nos tempos do Império"[24]. A atitude do governo colaborou para acirrar o confronto entre o PRP e revelar a incapacidade do presidente da República de respeitar os limites constitucionais. Foi neste ambiente de tensão política que o país elegeu o novo Congresso Nacional.

Os parlamentares tomaram posse no dia 15 de junho e deixaram claro que o Legislativo não se curvaria aos desejos do

[24] Peixoto, Silveira. Opus Cit. Página 73.

poder Executivo. De fato, o primeiro ato dos parlamentares foi reconduzir Prudente de Moraes ao comando do Congresso. Ele foi eleito vice-presidente do Senado, pois a presidência cabia ao vice-presidente da República, Floriano Peixoto. Assim como na Constituição americana, o verdadeiro poder de conduzir o Congresso reside no vice-presidente do Senado. Floriano Peixoto compreendia o espírito da Constituição e não pretendia usar o seu cargo simbólico de presidente do Senado para interferir no comando do Legislativo. Por isso, ele fazia questão de não aparecer nas sessões parlamentares, para permitir que Prudente de Moraes comandasse o Congresso.

Os deodoristas ficaram furiosos com a escolha do principal líder da oposição para presidir o Legislativo. Na Câmara dos Deputados, Campos Sales foi eleito líder da oposição e Bernardino de Campos – candidato do PRP e de Prudente – perdeu a eleição para a presidência da Câmara por apenas três votos. O candidato do governo, deputado Mata Machado venceu a disputa, porém provou ser incapaz de conter a avalanche de projetos e votações que desagradavam o presidente da República. Sob o comando de Prudente e da maioria constitucionalista, o Congresso tornou-se a trincheira da democracia e da legalidade contra as investidas absolutistas do governo.

A disputa acirrada entre o Executivo e Legislativo fez ressurgir o temor de uma crise institucional e reacendeu os boatos de que o governo fecharia o Congresso Nacional. Entrava novamente em cena o dois grandes articuladores da política de conciliação, o Barão de Lucena e Campos Sales. O barão procurou o líder da oposição para propor um acordo que soava como música para o espírito conciliador e pragmático de Campos Sales. Queria uma trégua da oposição no Congresso, que bombardeava ininterruptamente os atos e as propostas do governo. Em contrapartida, o barão convidava o PRP para assumir cargos ministeriais. Campos Sales gostou da proposta; "das palavras e das explicações que ouvi, ficou-me a impressão de que estava tratando com um cavalheiro digno, leal e bem intencionado. Era patente a sinceridade do desejo que ele nutria de reconciliar o governo com o Congresso". Campos Sales pediu ao barão três Ministérios; julgava que, assim, o governo receberia um apoio mais forte da oposição e "ao mesmo tempo dávamos ao país uma demonstração prática da elevação dos nossos intuitos"[25]. Lucena ofereceu-lhe dois Ministérios, mas prometia indicar um terceiro Ministro do PRP quando abrisse uma vaga no gabinete. Os dois "despediram-se afetuosamente" e Campos Sales foi se encontrar com os líderes do PRP no dia seguinte.

O encontro da cúpula do PRP ocorreu na casa do deputado paulista Alfredo Ellis. Além do anfitrião e de Campos Sales, estavam presentes Quintino Bocaiuva, Bernardino de Campos, Aristides Lobo, Francisco Glicério, Ubaldino do Amaral, Leopoldo Bulhões e Prudente de Moraes. Campos Sales narrou a conversa com o Barão de Lucena e defendeu o acordo que contemplava a entrada do PRP no Ministério. O primeiro a reagir à proposta foi Glicério. Ele acreditava que os dois Ministros indicados pelo PRP não teriam poder de mudar o rumo do governo. O partido corria o risco de se tornar refém do governo e cúmplice dos atos de Deodoro. O PRP deveria preservar a sua independência em relação ao governo e não aceitar os cargos ministeriais. Apoiaria os projetos do governo que lhe parecessem benéficos à nação, mas teria a liberdade de retirar o seu apoio quando considerasse necessário.

Campos Sales defendeu a entrada do PRP no Ministério. Considerava importante a presença dos republicanos históricos no gabinete. Sua participação no comando do governo serviria não só para o partido ocupar cargos importantes que estavam nas mãos de "espíritos não preparados para a verdadeira compreensão e

[25] Campos Salles, Manuel. Opus cit. Página 85.

aplicação das novas instituições", como também para defender os princípios democráticos e exercer uma "influência vigilante, em bem da República". Campos Sales concluiu afirmando que Ubaldino do Amaral e Bernardino de Campos deveriam ser os dois ministros do PRP no governo.

Quintino Bocaiuva rendeu-se aos argumentos do líder paulista e deu seu voto favorável ao acordo com o governo. Ubaldino do Amaral e Bernardino de Campos também aprovaram a proposta, mas disseram que não queriam ser indicados para o Ministério. Aristides Lobo seguiu o voto dos seus colegas.

Prudente permanecera quieto, ouvindo atentamente os seus companheiros. Era o último a manifestar o seu voto e foi enfático ao rechaçar o acordo proposto por Campos Sales. Considerava inaceitável qualquer entendimento com o governo; "não se pode confiar na sinceridade do Barão de Lucena, a quem sempre caberá exercer influência preponderante e maléfica no governo. Estou certo de que os nossos amigos, porventura designados para tomar parte do governo, serão ingloriamente sacrificados. Não tardarão a forçá-los a saírem do governo".

O voto contrário de Prudente despertou os paulistas do seu estado de transe. O pragmatismo de Campos Sales era calcado numa premissa ingênua, que supunha que o Barão de Lucena era um "cavalheiro digno, leal e bem intencionado". O barão não estava preocupado com a defesa dos princípios democráticos; ele era um hábil manipulador político, que pretendia enfraquecer a oposição, dividir o PRP e forçar o Congresso a se curvar aos desejos do Executivo. Lucena queria preservar a fachada democrática do regime, mas aspirava governar o país de acordo com os métodos absolutistas dos deodoristas. Prudente era contra o acordo, porque não havia nenhuma intenção da parte de Lucena de cumpri-lo. Na primeira oportunidade que lhe conviesse, Lucena romperia o pacto e sacrificaria os membros do PRP. O governo de Deodoro era uma ameaça à democracia, às instituições e à Constituição. Cabia aos paulistas e aos republicanos históricos manterem-se firmemente na oposição e do lado dos verdadeiros defensores dos princípios democráticos.

Campos Sales tentou reagir aos argumentos de Prudente. Como o voto de Prudente era o único contrário ao acordo, os paulistas deveriam acatar ao desejo da maioria e sancionar o pacto com o Barão de Lucena. Entretanto, Quintino Bocaiúva refutou o argumento de Campos Sales; "não participo da mesma opinião, senhores. É dissidente o voto de um chefe de alta autoridade. Os espíritos mais exaltados, na Câmara, não deixarão de apoiar-se no prestígio desse voto para recusar a sua obediência às nossas deliberações. Criar-se-iam sérios obstáculos à execução do acordo que resolvemos firmar. O mais acertado, pois, é tê-lo por não aceito". A fala de Quintino Bocaiúva foi decisiva. Os paulistas rechaçaram o entendimento com o governo e mantiveram-se firmes na oposição.

Com a rejeição do acordo, a disputa entre governo e oposição acirrou-se. O presidente Deodoro interpretava as derrotas do governo no Congresso como uma ofensa pessoal. Prudente encarava a reação de Deodoro como mais uma prova de que o presidente da República não aceitava as limitações constitucionais nem a divisão dos poderes entre o Executivo, Legislativo e Judiciário.

No fim de outubro, Deodoro contraiu uma forte gripe e foi obrigado a descansar por alguns dias. De fato, o marechal estava cansado de ser presidente da República. Ele era um militar e estava acostumado a comandar soldados obedientes e tropas disciplinadas. Não agüentava mais o convívio com parlamentares rebeldes, partidos insubordinados e as manobras do jogo político. Na política, o cenário era sempre complexo e nebuloso. Os inimigos de hoje são os aliados de amanhã e a lealdade dos seus fiéis subordinados costumam produzir decisões políticas desastrosas. Esse foi o caso do Barão de Lucena.

Quando Deodoro viu os seus projetos derrotados no Congresso, o Barão de Lucena apresentou ao presidente a sua carta de renúncia ao cargo ministerial. O restante do gabinete repetiu o gesto do barão. O presidente recusou a demissão coletiva do seu Ministério e disse que não aceitaria a renúncia dos seus homens de confiança. Ele não estava disposto a abrir mão dos seus verdadeiros aliados e submeter-se à pressão do Congresso. Os Ministros eram pessoas de confiança do presidente da República e, portanto, não se sujeitaria a "aceitar um Ministério imposto pelos senhores Glicério e Prudente de Moraes". Logo após vetar as medidas do Congresso e rejeitar a demissão dos seus Ministros, Deodoro adoeceu. O vice-presidente da República, Floriano Peixoto, também ficou doente e se afastou de suas funções públicas por alguns dias.

Na ausência momentânea do presidente e do vice-presidente, o Barão de Lucena assumiu o comando do governo. Além de ser o Ministro mais influente do gabinete, era o homem de confiança de Deodoro. O barão aproveitou a enfermidade do presidente para vingar as derrotas que Deodoro sofrera no Congresso. Lucena estava convicto de que a oposição usou todos os artifícios democráticos para minar o poder e o prestígio do governo. O Parlamento transformou-se numa fortaleza da oposição e todas as tentativas de se chegar a um entendimento com o Congresso foram minadas pelos adversários do presidente Deodoro. Na visão do barão de Lucena, só havia uma alternativa: fechar o Congresso e concentrar o poder nas mãos de um presidente forte e autoritário.

O despotismo presidencial lhe parecia necessário até o Congresso e a sociedade adquirirem um grau de maturidade política que lhes permitissem viver sob um regime democrático. No dia 3 de novembro de 1891, as tropas do governo invadiram o Parlamento e o fecharam. Numa carta escrita ao governador de Minas Gerais, Cesário Alvim, o barão afirmou que foi obrigado a fechar o Congresso porque era impossível governar o país com um Parlamento que não respeitava a harmonia entre os Poderes. Se havia uma pessoa que deveria ser culpada pelo confronto entre o Legislativo e o Executivo, este indivíduo era Prudente de Moraes; "fiz tudo quanto pude para conjurar o emprego desta medida extrema, pela qual é principalmente responsável o sr. Prudente de Moraes, que nada tem de prudente quando o ódio ou o interesse pessoal o inspiram"[26].

Além de fechar o Congresso e decretar o estado de sítio, Lucena começou a distribuir crédito público e facilidades financeiras para empresas e instituições. A Companhia Geral das Estradas de Ferro, "empresa sem nenhuma solidez, recebeu empréstimos infindáveis do governo". Lucena ordenou também a "venda dos estoques-ouro do Governo, acumulados devido à taxa-ouro instituída por Rui Barbosa", o que beneficiava apenas os "especuladores"[27]. A tentativa de Lucena comprar apoio político por meio de farta distribuição de favores e recursos públicos não surtiu efeito.

A reação ao "golpe Lucena" foi imediata. Os senadores e deputados depostos pelo governo voltaram aos seus estados e começaram a organizar o contra-golpe. Em São Paulo, o governador Américo Brasiliense, aliado de Deodoro, apoiou o golpe, mas Campos Sales, Prudente de Moraes e os parlamentares paulistas divulgaram, pelo jornal *Correio Paulistano*, um manifesto à nação, repudiando o fechamento do Parlamento; "nós, membros do Congresso, dirigimo-nos altivamente aos nossos concidadãos, a fim de dizer-lhes que não reconhecemos de modo algum o atentado que acaba de ser praticado contra os seus direitos soberanos

[26] Peixoto, Silveira. Opus cit. Página 77.
[27] Carone, Edgard. Opus cit. Página 62.

e que, se pudesse consumar-se à face do país e do mundo, seria o perpétuo opróbio desta nação. Nenhum povo conquista e mantém a liberdade sem grande sacrifício"[28].

A resistência nos estados transformou-se em conspiração aberta contra o governo. No Rio de Janeiro, o próprio vice-presidente da República, Floriano Peixoto, juntou-se à conspiração dos paulistas. O contra-almirante, Custódio de Melo também repudiou o golpe. Partindo imediatamente para a ação, ele foi o responsável pelo desfecho final do contragolpe. Custódio de Melo mobilizou os seus navios e enviou um ultimato ao Marechal Deodoro: se não renunciasse ao cargo de presidente da República "romper-se-ão hostilidades". Deodoro, doente e cansado, renunciou na manhã de 23 de novembro. O marechal percebeu que estava numa encruzilhada. Se assumisse a ditadura, teria de enfrentar inúmeros focos de resistência nos estados e o país mergulharia numa guerra civil; se recuasse e voltasse a abrir o Congresso, perderia o apoio dos seus aliados e não conseguiria governar sem uma base de sustentação política. A alternativa que lhe restou foi a renúncia. Na manhã de 23 de novembro, Deodoro deixou a presidência da República e passou o cargo ao vice-presidente, Floriano Peixoto "que permaneceu de pijama em sua casa, como se o país não estivesse passando por nenhuma crise"[29].

De fato, a crise institucional gerada pelo golpe do Barão de Lucena se desfez com a ascensão de Floriano à Presidência da República. O primeiro ato do novo governo foi cancelar o fechamento do Congresso, restabelecer os direitos constitucionais e prometer "a mais serena economia e a maior fiscalização no emprego da renda do Estado". O Parlamento voltou a funcionar e a primeira sessão legislativa ocorreu no dia 3 de dezembro. A legalidade fora restaurada, mas os governantes ainda não sabiam conviver com as regras constitucionais do sistema presidencialista.

---

[28] Peixoto, Silveira. Opus cit. Páginas 81-82.
[29] Carone, Edgard. Opus cit. Página 68.

O presidencialismo, idealizado pelos americanos e copiado pelos brasileiros, baseava-se num preceito constitucional de fundamental importância para o bom funcionamento do regime: a criação de um sistema eleitoral que delegasse apenas uma parcela do poder ao partido que vencesse as eleições. James Madison, um dos *Founding Fathers*, dizia que o voto não podia se transformar num instrumento da "tirana da maioria". Ele argumentava que o povo votava pensando nos seus interesses imediatistas, e que esse não era o melhor critério para delegar o poder absoluto a um partido ou candidato. A manutenção do equilibro constitucional entre o Legislativo e o Executivo e a preservação do federalismo – que garantia a divisão dos Poderes entre os estados e o Governo Federal – dependia da criação de um sistema eleitoral assegurasse a renovação parcial dessas esferas de poder. Para evitar a armadilha da "tirania da maioria", Madison lutou pela criação de um sistema eleitoral que delegasse o poder parcial ao vencedor do pleito. Nos Estados Unidos, os deputados são eleitos a cada dois anos; o presidente da República e os governadores, a cada quatro; e os senadores, a cada seis (sendo um terço do Senado renovado a cada dois anos). Como os mandatos eletivos têm duração distinta, o eleitorado precisa votar durante seis anos consecutivos no mesmo partido, para que ele possa dominar o Congresso, o Poder Executivo e os governos estaduais. Madison considerava esta possibilidade remota.

O temor de Madison e dos *Founding Fathers* americanos foi ignorado no Brasil. A República brasileira manteve os fundamentos do sistema eleitoral parlamentarista que vigorou no Império. O partido que vencia a eleição conquistava o poder absoluto. Formava o governo e o ministério, garantia a maioria no Parlamento e controlava os governos estaduais. Este "despotismo do partido vencedor" violava dois princípios básicos do presidencialismo: a autonomia dos estados – garantida pelo federalismo – e o equilíbrio constitucional entre o Executivo e o Legislativo.

No Brasil, a harmonia entre os Três Poderes foi substituída pela preponderância do Poder Executivo sobre o Legislativo e o Judiciário e também do Governo Federal sobre os governos estaduais.

Floriano Peixoto assumiu a presidência da República e agiu como os chefes de governo do Brasil monárquico. Repetiu a clássica derrubada dos governantes identificados com o partido derrotado nas urnas. Ele "incentivou secretamente alguns movimentos revolucionários nos estados e dizia que nada podia fazer contra os movimentos populares"[30]. Em São Paulo, os principais líderes do PRP – Campos Sales, Bernardino de Campos e Prudente de Moraes – planejaram a deposição do governador Américo Brasiliense, que permanecera fiel ao presidente Deodoro. Américo foi substituído pelo vice-governador, José Alves Cerqueira César, um dos principais políticos do PRP e membro da facção constitucionalista.

O exemplo paulista se proliferou para os outros estados e, em pouco tempo, todos os governadores nomeados por Deodoro que apoiaram o golpe de Lucena foram removidos do cargo. A única exceção foi o governador do Pará, Lauro Sodré. Apesar de ter sido escolhido por Deodoro, ele foi o único governante a condenar o golpe de Estado e o fechamento do Congresso. A sua atitude corajosa de não apoiar a ditadura deodorista foi reconhecida por Floriano, e Lauro Sodré permaneceu à frente do governo do Pará.

O PRP de Campos Sales e de Prudente de Moraes não só endossou os expurgos do governo como também considerou-os necessários para o restabelecimento da ordem política. Os líderes paulistas acreditavam que a destituição dos governadores que apoiaram o golpe de Deodoro fazia parte do processo de restituição do estado de Direito e do regime constitucional. No Congresso, os atos políticos de Floriano receberam o respaldo da maioria

[30] Carone, Edgard. Opus cit. Página 72.

parlamentar. O PRP tornou-se o principal partido governista, dominando a agenda legislativa e costurando o apoio político ao governo. Além disso, a presidência das duas casas do Congresso estavam nas mãos do perrepistas; Bernardino de Campos presidia a Câmara dos Deputados e Prudente de Moraes comandava o Senado. Mas nem os expurgos do governo Floriano, nem o fato de o presidente da República contar com a maioria no Congresso, foram suficientes para sufocar as revoltas locais e o descontentamento com o novo governo.

Os expurgos florianistas foram condenados no Parlamento pela oposição, e também por alguns aliados do governo. No Senado, Rui Barbosa, um dos mais respeitados constitucionalistas e membro da bancada governista, foi o primeiro a acusar o governo de ter recorrido aos métodos absolutistas empregados pelo Marechal Deodoro. Para Rui, houve apenas uma mudança de estilo de ditadura; Deodoro "dissolveu o Congresso Federal, apoiando-se na fraqueza dos governos locais", e Floriano "dissolveu os governos locais, apoiando-se no Congresso restabelecido". Em ambos os casos, "não há progresso apreciável"[31]. Na Câmara, o deputado oposicionista e deodorista Epitácio Pessoa desferiu um ataque violento contra os governistas; "o Marechal Deodoro deu um golpe de Estado; vós tendes dissolvido do Congresso em quase todos os estados, tão indissolúveis quanto este. O Marechal Deodoro fê-lo pela porta larga da franqueza e da hombridade; vós tendes feito pela porta escusa da dissimulação e do disfarce. O Marechal Deodoro parou aí; vós tendes ido muito além, tendes demitido magistrados vitalícios, tendes suprimidos todos os poderes estaduais, tendes inundado de sangue o território da pátria"[32].

A tensão entre deodoristas e florianistas chegou a tal ponto que Campos Sales recorreu a uma manobra parlamentar para estancar

[31] Carone, Edgard. Opus cit, página 73.
[32] Carone, Edgard. Opus cit. Página 85.

a onda de insatisfação política com os atos do governo Floriano. Campos Sales apresentou um requerimento, pedindo o encerramento da sessão extraordinária do Congresso, a fim de permitir ao governo "agir sozinho, sem os embaraços parlamentares e na plenitude de suas prerrogativas, tanto em bem da manutenção da ordem, como de repressão aos elementos perturbadores."[33] Os deputados e senadores aprovaram a moção de Campos Sales e, no fim de janeiro de 1892, iniciou-se o recesso parlamentar.

Com o Congresso em férias, o presidente da República pôde utilizar todos os meios para sufocar as revoltas militares e interferir nas disputas estaduais, onde as oligarquias regionais aproveitavam a mudança de governo para engajar-se numa luta aberta pelo poder local. Floriano aproveitou o manifesto de um grupo de generais deodoristas para decretar o estado de sítio, prender militares e civis oposicionistas e fechar os jornais que criticavam o governo. Os expurgos nos estados garantiram ao presidente da República o apoio político dos novos governadores e o respaldo da maioria do Congresso Nacional.

Quando o recesso parlamentar terminou, em maio, Floriano sentiu-se suficientemente seguro no seu papel de presidente da República. A ordem fora restabelecida e havia relativa paz nos estados. A reabertura dos trabalhos no Congresso e a melhoria do clima político encorajaram os parlamentares a pedir ao presidente Floriano que promulgasse uma anistia geral e perdoasse os rebeldes deodoristas. O presidente resolveu atender o pedido dos deputados e senadores, promulgando uma anistia geral no início de junho.

A novidade no Congresso foi o surgimento de um novo partido político, o PRF – Partido Republicano Federal. O PRF pretendia reunir membros dos partidos republicanos regionais sob uma legenda nacional. Francisco Glicério, um dos principais líderes do

[33] Campos Salles, Manuel. Opus Cit. Página 103.

Partido Republicano Paulista, tornou-se o grande arquiteto do PRF. Ele acreditava que a criação de um partido nacional ajudaria a unificar a ação política no âmbito federal e a centralizar a atuação do partido no Congresso. No dia 30 de julho, o PRF "lançou o seu programa e afirmou a defesa da Constituição, das liberdades constitucionais, do crédito público e da autonomia dos estados"[34]. Glicério conseguiu assegurar o apoio do presidente da República à nova agremiação.

Se Glicério via o PRF como um meio de nacionalizar o debate no Parlamento, Floriano encarava o novo partido como um instrumento político para assegurar a maioria governista no Congresso. O PRF, entretanto, mostrou rapidamente a sua independência em relação ao Poder Executivo. Em setembro, o partido realizou a sua convenção nacional para escolher o seu candidato à sucessão presidencial. Prudente de Moraes foi aclamado como o candidato do partido à presidência da República e Manoel Vitorino, para vice.

A ambigüidade e a dissimulação pautavam a atuação política de Floriano. Mudava de idéia, fomentava intrigas e gostava de administrar por meio de confronto. Quando começou a discussão sobre a sucessão presidencial, Floriano afirmou que não pretendia interferir no debate sucessório. Disse que aceitaria o candidato escolhido pelo PRF, mas no momento em que Glicério lhe informou que Prudente de Moraes seria tal candidato, o presidente mostrou-se preocupado. Floriano alegava que, "devido ao caráter e passado de Prudente, previa perseguições aos nossos amigos". Enquanto fingia aceitar a candidatura de Prudente, articulava, nos bastidores, a candidatura de Rangel Pestana.

A escolha de Rangel Pestana foi estratégica. A intenção de Floriano era dividir o PRP e a bancada paulista. Rangel era governador de São Paulo, amigo de Prudente e uma das figuras mais

[34] Carone, Edgard. Opus cit. Página146;

prestigiadas do PRP. Tinha projeção nacional e era um dos grandes defensores do regime constitucional e do federalismo; duas bandeiras defendidas com ardor por Prudente de Moraes. A tática de Floriano não funcionou. Os paulistas e o partido mantiveram-se fieis à candidatura de Prudente. O presidente tentou uma última cartada. Reuniu alguns de seus seguidores e lançou o nome do governador do Pará, Lauro Sodré, como uma alternativa ao nome de Prudente. A tentativa fracassou novamente.

As manobras de Floriano não dissimulavam o seu desejo de continuar na presidência da República. Ele procurava enfraquecer os partidos e as instituições que pretendessem contrabalançar o poder absolutista do presidente. Floriano não estava interessado na criação de uma "estrutura de poder concorrente ao Exército, como forma de sustentação de poder"[35]. Queria controlar o Congresso, manipular os partidos e contar com a fidelidade absoluta dos governadores. As instituições serviam como mero mecanismo formal de legitimação da ação política do Poder Executivo.

Floriano inaugurou o caudilhismo presidencial. Ele representava o "nacionalismo exacerbado, o autoritarismo de espada à cinta". Recorreu ao estado de sítio, ao regime de exceção e à suspensão dos direitos constitucionais para impor a vontade presidencial à força. A brutalidade pode estancar momentaneamente os focos de resistência, mas ela não legitima o poder. Na democracia, a legitimidade só se conquista por meio do consenso e da aceitação voluntária dos valores e princípios que sustentam o regime político; "persistia a ausência de um sistema estável para marcar os limites e as regras do jogo de poder. As Forças Armadas continuavam dividias, as dissidências brotavam e a Constituição era ainda apenas papel"[36].

---

[35] Holanda, Sérgio Buarque. História Geral da Civilização Brasileira. Difel, Difusão Editorial. São Paulo, 1976. Volume 8, página 46.

[36] Holanda, Sergio Buarque. Opus cit. Página 43.

A paz e a ordem que Floriano pensou que havia assegurado depois de ter substituído os governadores deodoristas provou ser uma ilusão. A repressão do Governo Federal nos estados formou vários blocos dissidentes. Militares descontentes, oligarcas ressentidos e deodoristas dispostos a reconduzir o ex-presidente Deodoro ao poder uniram-se contra o presidente Floriano. As disputas políticas desestabilizaram as instituições, a ordem constitucional e a democracia. O voto democrático deixou de ser um mecanismo saudável que pautava o revezamento dos partidos no poder. A oposição transformou-se numa ameaça à estabilidade do regime. Ao expurgar a oposição dos governos estaduais e das Assembleias Legislativas, Floriano praticamente fechou as portas da legalidade e das instituições representativas para a oposição. A revolta armada tornou-se o principal recurso para a oposição chegar ao poder.

A rebelião contra o governo começou a germinar nos estados. No Rio Grande do Sul, a disputa entre dois grandes oligarcas gaúchos, Júlio de Castilhos e Gaspar Silveira Martins, pelo controle do governo estadual, terminou em guerra civil. Júlio de Castilhos foi empossado como governador por Floriano Peixoto, o que provocou um êxodo em massa dos oposicionistas para o Uruguai. Silveira Martins tentou evitar o confronto, mas foi incapaz de controlar os rebeldes que queriam depor Júlio de Castilhos. Comandados por Gumercindo Saraiva, os rebeldes gaúchos refugiados no Uruguai atravessaram a fronteira e invadiram o Rio Grande do Sul, em fevereiro de 1893. Em pouco tempo, a aventura militar dos rebeldes transformou-se numa séria ameaça ao governo gaúcho. Conforme os revoltosos derrotavam as tropas governistas e conquistavam cidades, a popularidade dos rebeldes aumentava. A adesão dos militares e oficiais insatisfeitos com o Governo Federal à rebelião ajudou a agravar a situação no estado. A incapacidade de Julio de Castilhos de conter o avanço dos rebeldes o obrigou a pedir ajuda ao governo federal.

Floriano atendeu o pedido do governo gaúcho prontamente. O presidente não queria saber de acordos diplomáticos com os revoltosos. Ele pretendia derrotar os rebeldes, puni-los e impor a ordem e o seu governador à força. Exigia dos seus generais uma vitória esmagadora, pois queria transformar a aniquilação dos revoltosos numa vitória política. O sucesso da campanha militar no Sul serviria de lição para os radicais que desejassem pegar em armas e se levantar contra o Governo Federal. Mas, a política da "mão de ferro" do presidente não produziu o resultado esperado. As tropas federais foram derrotadas pelos rebeldes, impossibilitando a pacificação do estado e o restabelecimento da ordem. Floriano, entretanto, insistia em escalar o confronto, enviando mais tropas para o Rio Grande do Sul e rechaçando qualquer alternativa de conciliação e entendimento político com os rebeldes.

O conflito já durava seis meses e a oposição à conduta da guerra começava a crescer nas Forças Armadas e no Congresso. Além do desgaste político das derrotas das tropas federais, os gastos militares do governo para sufocar as rebeliões colaboraram para a rápida deterioração das finanças do Estado. As contas públicas, que até então, estavam equilibradas, começaram a registrar déficits significativos. Na Marinha, onde concentrava-se os principais oposicionistas do governo, a insatisfação atingiu níveis alarmantes. Floriano interpretou os protestos do Contra-Almirante Eduardo Wandenkolk ao seu governo como um insulto ao presidente da República, e mandou prendê-lo. Os oficiais da Marinha ficaram enfurecidos com a atitude arbitrária de Floriano e, em setembro, os espíritos mais exaltados da Esquadra arquitetarem um levante contra o presidente. Os rebeldes da Marinha ganharam o apoio dos deodoristas e dos monarquistas. Ambos desejavam depor o presidente da República. Os deodoristas almejavam voltar ao poder; os monarquistas contavam com a simpatia do principal chefe da rebelião na Marinha, Saldanha da Gama, que manifestara o seu apoio à ideia da restauração do Império. Mas, o estopim da revolta foi comandada por um ex-aliado de Floriano e um dos homens mais poderosos do primeiro Ministério florianista: o Contra-Almirante, Custódio de Melo.

No dia 5 de dezembro de 1893, Custódio e Melo, acompanhado por oficiais da Marinha e de parlamentares oposicionistas ligados ao Marechal Deodoro, embarcaram no encouraçado *Aquidabã*, de onde pretendiam comandar a revolta contra o presidente. A Revolta da Armada iniciou-se com o envio de um ultimato a Floriano no dia seguinte. Custódio de Melo disse que recorria à revolução para resguardar a Constituição, a liberdade e a democracia que estavam ameaçadas pelo absolutismo presidencial; "ainda uma vez vou achar-me no campo da ação revolucionária, para dar combate aos demolidores da Constituição e restaurar o regime da lei, da ordem e da paz". Os parlamentares que acompanharam Custódio de Mello no *Aquibadã* também divulgaram o seu manifesto; "diante da atitude francamente ditatorial assumida pelo Sr. Vice-Presidente da República que, levado ao poder em nome da Restauração da Constituição, a tem calcado os pés, sem o menor escrúpulo, já anulando afrontosamente a autonomia dos estados, os princípios federativos... só tínhamos um caminho a seguir; a resistência, que é um sagrado direito dos povos livres, à opressão, desde que foram esgotados os meios constitucionais e legais"[37].

A reação do presidente à tentativa de golpe foi imediata. Floriano reuniu o seu Ministério, convocou os principais oficiais das Forças Armadas e certificou-se de que contava com o aval do Congresso para combater os rebeldes da Marinha. O presidente recebeu o apoio incondicional de todos os seus aliados. O exército se mobilizou para tomar os fortes e os pontos estratégicos, a fim de isolar os rebeldes no encouraçado e impedir que se comunicassem com os outros membros da oposição. O Ministério

[37] Carone, Edgard. Opus cit. Página 123.

manteve-se unido em torno do presidente e o Congresso, preocupado com as consequências nefastas de mais um levante, reiterou o apoio à Floriano; o Congresso, "assegurando o seu franco apoio ao Poder Executivo na defesa da República e da ordem social, perturbada pela revolta de uma parte da esquadra, resolve: art. 1º – Fica o Poder Executivo autorizado a decretar o estado de sítio em qualquer ponto da República"[38].

Apesar de contar com o respaldo das instituições, a República fracassara no seu propósito de construir uma democracia constitucional no Brasil. De 1889 a 1894, a triste história do regime republicano pode ser resumida em dois ingredientes: presidentes autoritários e regime exceção. O governo só conseguia reafirmar a sua autoridade apelando para o uso de medidas inconstitucionais. A decadência de um regime começa pela descrença nos valores que os rege. A democracia baseia-se na crença no Estado de Direito, no respeito às leis e nas instituições, na defesa da liberdade, do livre arbítrio e da propriedade privada. Não há como enraizar o regime democrático num país onde os princípios constitucionais são sistematicamente violados pelos guardiões das instituições e pelos seus representantes legítimos.

A democracia brasileira estava prestes a ser extinta pelos atos arbitrários do Poder Executivo, pela incapacidade do Poder Legislativo de defender os princípios constitucionais e pela inabilidade do Poder Judiciário de assegurar o cumprimento das leis e dos direitos. O equilíbrio constitucional entre os Três Poderes, a supremacia do Estado de Direito, o sistema constitucional de "checks and balances" e os fundamentos do federalismo foram ignorados, suspensos e ultrajados, em nome da defesa da ordem e da paz interna.

Durante as lutas armadas contra a revolta da Armada e os rebeldes do Sul, Floriano encontrou tempo para postergar as

---

[38] Carone, Edgard. Opus cit. Página 124.

eleições presidenciais e tentar minar a candidatura de Prudente de Moraes. Assim como em 1891, circulavam boatos de que Floriano não deixaria Prudente assumir a Presidência da República, se fosse eleito. A antipatia do presidente pelo candidato paulista refletia a intransigência de Prudente em relação à defesa da democracia e dos princípios constitucionais. Assim como na época de Deodoro, Prudente retirou o seu apoio a Floriano quando o presidente revelou sua vocação de déspota e seu menosprezo pelos valores democráticos.

Apesar do confronto no Sul e do clima de incerteza quanto ao destino da democracia, o país realizou a sua primeira eleição direta para presidente da República. No dia 1º de março de 1894, os eleitores foram às urnas eleger não só o presidente do Brasil como também os senadores e deputados federais. Prudente de Moraes foi o grande vitorioso. Ele recebeu 280.883 votos e tornou-se o primeiro presidente eleito pelo povo e o primeiro civil a ocupar a Presidência da República. A apuração dos votos demorou 3 meses e o resultado oficial só foi proclamado em junho. A posse do novo presidente só ocorreu no dia 15 de novembro.

PRESIDENTE E CIDADÃO

O trem que trazia o recém-eleito presidente da República de São Paulo chegou ao Rio de Janeiro na manhã de 2 de novembro. Não havia nenhum membro do governo, banda de música ou guarda de honra para recepcionar Prudente de Moraes na estação ferroviária. Restava apenas um coreto vazio e algumas flores murchas, que haviam enfeitado o local para a receber uma comitiva de generais uruguaios que visitavam o Rio de Janeiro. A ausência das autoridades governamentais era proposital; um sinal de hostilidade declarada ao presidente da República que tomaria posse em duas semanas. Floriano queria continuar no poder. Considerava-se mais preparado e competente para sufocar as rebeliões no Rio Grande do Sul e restabelecer a ordem; condição primordial, na visão do marechal, para entregar o poder a um presidente civil. Mas, os rituais da democracia impediram que a lógica do marechal prevalecesse. Prudente vencera a eleição e estava desembarcando no Rio de Janeiro para tomar posse da presidência da República.

Prudente de Moraes desceu do vagão com sua mulher e filhos e foi saudado por uma única pessoa, Francisco Glicério, seu amigo e aliado político. Glicério o recebeu com um largo sorriso e uma pequena surpresa: "mandei preparar o almoço no Hotel dos Estrangeiros. Mas você é quem vai pagar a despesa!" Prudente sorriu e foi caminhando até a porta principal da estação, onde pegou um trólei alugado e partiu em direção ao Hotel dos Estrangeiros[1].

Durante duas semanas, Prudente dedicou-se à organização do seu Ministério. As dificuldades de formar um gabinete que contemplasse homens competentes, interesses estaduais e acordos partidários provaram ser extremamente desafiadores. Prudente tinha de ser cauteloso, para não formar um Ministério hostil aos florianistas. Qualquer sinal de provocação política poderia agravar a tensão entre civis e militares e desencadear um golpe contra o presidente eleito. Numa carta que escreveu ao seu amigo Bernardino de Campos, governador de São Paulo, Prudente narrou-lhe as dificuldades que enfrentava para escolher os seus ministros; "estou encontrando embaraços para combinar um Ministério de pessoal competente e que não signifique hostilidade ao marechal (Floriano), que continua irascível".

O presidente confessou a Bernardino de Campos que já escolhera o Ministro responsável pela gestão da economia; "terei necessidade de impor ao Rodrigues Alves o sacrifício da pasta da Fazenda, por ser o homem que inspira confiança a todos, a mim mais do que aos outros – e até é muito considerado pelo marechal". Rodrigues Alves era o único paulista no Ministério. Tinha uma missão dificílima na Fazenda, que consistia em restaurar as finanças públicas que se encontravam num estado caótico por

[1] Peixoto, Silveira. Opus cit, página 128.

causa dos enormes gastos do governo Floriano com a guerra civil no Rio Grande do Sul.

Prudente fez questão de criar um gabinete de homens competentes, que refletissem o peso político dos principais estados da Federação. Carlos de Carvalho foi escolhido para a pasta das Relações Exteriores; Antônio Olynto, para o Ministério da Indústria, Viação e Obras Públicas; Gonçalves Ferreira, para a Justiça e Interior. Para as duas pastas militares, foram indicados o Almirante Elizário Barbosa e o General Bernardo Vasquez.

O anúncio do Ministério não ajudou a diminuir a tensão política. Floriano continuava a hostilizar o presidente eleito. O marechal recusou-se a aceitar o pedido de audiência que Prudente havia requerido. Os dois não trocaram uma palavra, gesto ou gentileza. A descortesia de Floriano foi cuidadosamente cultivada até o seu último ato na Presidência da República.

No dia da posse presidencial, o governo não enviou sequer um carro para buscar Prudente de Moraes no hotel. Na manhã de 15 de novembro, ele tomou café no hotel dos Estrangeiros, alugou um "fiacre em péssimo estado e um cocheiro mal enjambrado" e foi para o Senado, onde foi investido no cargo presidencial. Prudente ainda teve de alugar dois "*coupés* para as pessoas de sua família. Pelo três carros, ele pagou, do seu bolso, a quantia de cento e cinqüenta mil réis"[2]. No Senado, Prudente jurou respeitar a Constituição e foi muito aplaudido pelos parlamentares, convidados e populares, quando disse que pretendia restaurar a normalidade política. Emocionado, ele sentia-se em casa naquele recinto tão familiar. Foi no Senado que presidira a Assembleia Constituinte, promulgara a Constituição e comandara o Congresso durante o período conturbado da presidência dos dois marechais, Deodoro da Fonseca e Floriano Peixoto. Prudente sabia que os aplausos que recebera no Senado e os "vivas" exclamados

[2] Peixoto, Silveira. Opus cit, página 131.

pelo povo nas ruas simbolizavam a esperança da nação com o futuro da democracia. O mandato de Prudente representava um marco na história republicana: o fim do regime de exceção e o triunfo da legalidade e do governo constitucional.

A recepção calorosa no Senado contrastava com a frieza da transmissão do cargo presidencial no Palácio do Itamaraty, sede do Governo Federal. O embaixador inglês, que presenciou a cerimônia no Senado, ofereceu a Prudente a sua "esplêndida carruagem", para levá-lo ao Palácio. Floriano preparou para o seu sucessor o último desaforo público. O marechal inventou uma desculpa e não compareceu à cerimônia, enviando o seu Ministro da Justiça, Cassiano do Nascimento, para representá-lo. Constrangido, Cassiano transmitiu o governo à Prudente e saiu às pressas do Palácio.

Prudente se deu conta de que o Palácio estava abandonado. Parecia uma casa mal-assombrada; "há poeira sobre os móveis. Há lixo nos cantos. Há papéis rasgados pelo chão. Pior que isso: os estofos de alguns móveis que guarnecem os salões foram rasgados à ponta de baionetas!" O novo presidente transformou o descalabro de Floriano num ato público. Mandou abrir as portas do Palácio para a multidão; "em pouco, todos os salões fervilhavam de gente. E fervilhavam, também, os comentários em torno dos jornais, das garrafas vazias (de cerveja) e dos estofos rasgados à ponta de baioneta"[3].

O Palácio do Itamaraty tornou-se o símbolo do desgoverno florianista. A sede do governo parecia um campo de batalha devastado depois de uma fragosa derrota em que o Exército foi obrigado a improvisar uma rápida retirada antes que fosse dizimado pelo adversário. Floriano governou o país com a ponta das baionetas, menosprezando a democracia, a lei e a Constituição. Usou a força, declarou o estado de sítio, promoveu expurgos,

[3] Peixoto, Silveira. Opus cit, página 132.

decretou prisões e exílios, mas foi incapaz de manter a ordem e a normalidade democrática.

O governo do Marechal Floriano representava o fracasso da força e da truculência. A guerra no Rio Grande do Sul ainda oferecia uma séria ameaça à unidade da Federação e a paz interna. O gasto com o confronto exauriu os cofres públicos, levando o país à primeira grande crise financeira da República e afugentando o crédito internacional. A Revolta da Armada deixara fissuras traumáticas no seio das Forças Armadas. Prudente era a antítese de Floriano; o anticaudilho, o defensor da lei e das instituições, o representante do poder civil e democrático, ao invés da força e do voluntarismo pessoal, o governo das leis e do respeito às instituições. Assim que assumiu a Presidência da República, Prudente escrevera que "era necessário fazer funcionar todo o mecanismo da Administração, com a regularidade, a ordem, a firmeza que a lei, somente a lei, bem aplicada, pode executar"[4].

Os militares florianistas não se conformavam com a idéia de um presidente civil no comando do país, nem compartilhavam a idéia de se construir instituições sólidas e democráticas. Esperavam um deslize ou descuido de Prudente para criar um pretexto que justificasse um golpe de Estado e aclamar Floriano ditador; "o grande inconveniente para a aceitação da ditadura militar e a continuação de Floriano eram as condições precárias da sua saúde"[5]. Os florianistas acreditavam que o restabelecimento da ordem antevia a implantação da democracia. Ao fechar as portas do diálogo com a oposição e optar pela escalada do confronto armado, Floriano acirrou a radicalização do movimento revolucionário no sul. O marechal prometia castigar os rebeldes e puni-los severamente com prisões, deportações e execuções (a pena de morte fora reinstituída). Os rebeldes não tinham outra alternativa senão lutar até a morte.

---

[4] Mota Filho, Cândido. Opus cit, pág 284.

[5] Silva, Hélio. História da República Brasileira. Editora Três. São Paulo, 1998. Volume 2. Página 42.

Neste clima de incerteza e de confronto velado com os florianistas, Prudente inaugurou o seu mandato demonstrando firmeza na defesa dos princípios democráticos. No manifesto que divulgou à nação, o presidente prometeu que governaria respeitando o "regime livre e democrático firmado pela Constituição, mantendo escrupulosamente a autonomia dos estados em harmonia com a soberania da União e a independência e mútuo respeito dos poderes instituídos como órgãos dessa soberania". A despeito da guerra civil no Rio Grande do Sul, da calamidade das finanças públicas e dos militares insatisfeitos com o governo civil, Prudente se comprometera a resolver as crises políticas pelos meios democráticos. O presidente suspendeu imediatamente o estado de sítio, restaurou a liberdade da imprensa e as garantias constitucionais. Três dias depois de assumir o cargo, escreveu ao seu amigo, Bernardino de Campos; "a nova situação inaugura-se sob bons auspícios. Recebi felicitações e adesões de toda a parte e de todas as classes, inclusive militares daqui e de outros Estados. As nuvens vão desaparecendo e tornando claro o horizonte".

As tempestades estavam longe de se dissipar. A máquina estatal estava infestada de florianistas. O marechal distribuiu cargos públicos e empregos estatais para apaziguar seus opositores e remunerar seus aliados até o último instante do seu mandato. Prudente cancelou algumas das nomeações que Floriano fizera na véspera de deixar a Presidência da República, mas não conseguiu desmantelar a teia florianista no governo. A facção florianista tornou-se um poderoso bloco de resistência armada, capaz de desafiar os fundamentos da democracia e a legitimidade do governo. Prudente encontrou um poderoso foco de resistência política nas principais artérias do Estado; "Exército, funcionalismo público e governadores mantêm-se como focos de oposição ao novo governo, constituindo os núcleos reestruturados durante o período Floriano e ocupados por elementos fiéis a ele"[6]. O presidente

[6] Carone, Edgard. Opus cit. República Velha, tomo II. Página, 153.

não tardou a descobrir que enfrentaria enormes resistências nos órgãos federais e nos Estados para implementar as decisões políticas do seu governo.

Apesar de compreender a importância de desmantelar a trincheira florianista, Prudente elegeu a pacificação do Rio Grande do Sul como o objetivo primordial do seu governo. O presidente pretendia restaurar a ordem e inaugurar a República Democrática e Constitucional. Ao mesmo tempo que enviou uma nova expedição militar sob o comando do General Inocêncio Galvão para o Rio Grande do Sul, o presidente assinou, em janeiro de 1895, um decreto anistiando os militares revoltosos. Ele acreditava que a anistia levaria a maioria dos rebeldes a depor as armas e a voltar ao seio da legalidade. O objetivo do governo não era castigar os militares que optaram pela Revolução, mas restaurar o Estado de Direito, garantir os fundamentos da democracia e assegurar a estabilidade política. Entretanto, o decreto presidencial dividiu os revolucionários, a imprensa e a opinião pública.

Uns viam no ato do presidente uma vontade genuína de perdoar os revolucionários, restabelecer a paz e instaurar o regime democrático; outros interpretaram o gesto presidencial como mais uma manobra para dividir e enfraquecer os revoltosos antes da nova investida das tropas governistas. Ambos estavam certos. Prudente queria anistiar os revolucionários porque muitos deles resolveram combater as arbitrariedades do governo Floriano e defender a Constituição democrática. O presidente simpatizava com a causa democrática, por isso desejava perdoá-los e tê-los ao seu lado na construção de tal ordem. Por outro lado, é óbvio que Prudente sabia que, ao dividir os constitucionalistas e os oligarcas rebeldes, pretendia provocar discórdia e dissidência no movimento revolucionário, o que ajudaria a enfraquecê-los antes da investida das tropas governistas.

Um pouco antes da reabertura da sessão legislativa, em maio de 1895, Campos Sales já trabalhava num projeto de lei que pretendia apresentar na Câmara dos Deputados, no qual estendia a anistia a todos os revoltosos, civis e militares que participaram da Revolta Federalista. Ao tomar conhecimento do projeto da anistia geral, Prudente convocou Campos Sales para uma conversa reservada no Palácio Itamaraty. O presidente não só aprovou a idéia da anistia geral como pediu a Campos Sales para que a proposta fosse encaminhada prontamente ao Congresso. O projeto contaria com o apoio do governo e o empenho pessoal do presidente da República. Mas a conversa reservada com Campos Sales excluiu um aliado vital para a aprovação da matéria no Congresso: Francisco Glicério, o principal líder do governo no Senado. Este erro fatal do presidente custou-lhe a derrota do projeto da anistia geral no Congresso.

O encontro com Campos Sales no palácio presidencial gerou ciúme e discórdia na bancada governista. Francisco Glicério, considerado o homem forte do governo, não gostou de saber que o presidente resolveu apoiar o projeto de anistia sem consultá-lo. Sentiu-se desprestigiado e estava determinado a usar sua força política para vetar a proposta. Prudente pressentiu que o projeto corria risco de ser derrotado no Congresso, por causa da disputa política entre Glicério e Campos Sales. O presidente resolveu isentar-se do debate e disse a Campos Sales que não apoiaria explicitamente a anistia geral no Congresso, para não acirrar a divisão na base governista. Campos Sales ficou furioso com a atitude de Prudente. Considerou um sinal constrangedor de hesitação e fraqueza política do presidente, o que confirmava a anedota das revistas ilustradas que "pintavam-no conduzido pela mão do senhor Glicério, na atitude automática do cego que obedece ao seu guia". Glicério mobilizou o Congresso e derrotou o projeto da anistia geral.

Na sessão do dia 25 de setembro de 1895, ele foi à tribuna do Senado e torpedeou a proposta de Campos Sales aprovada na Câmara; "a anistia incondicional é um grave erro político nas circunstâncias atuais em que se acha o país... a anistia reconduz os criminosos ao seu estado antigo, a anistia é o apagamento dos ódios, o esquecimento da culpa. As repressões devem ser proporcionais às culpas, quanto às compensações não podem exceder de nenhum modo à medida da Justiça e do Direito... Peço aos meus amigos a rejeição da emenda do Senado". A maioria dos senadores entendeu que o projeto de anistia geral era excessivamente liberal e votou contra, seguindo a recomendação de Francisco Glicério. Perdoar os revoltosos era inadmissível para os florianistas. Glicério aproveitou o ressentimento dos militares com o projeto de anistia para voltar a se aproximar da facção florianista.

A derrota do projeto de anistia marcou o início da cisão da base governista no Congresso. Glicério distanciou-se paulatinamente do governo e transformou-se num poderoso líder da oposição. O Partido Republicano Federal dividiu-se entre governistas e gliceristas. O primeiro bloco compreendia o grupo formado pelos republicanos históricos e constitucionalistas. Seus principais interlocutores eram os políticos paulistas, como Campos Sales e Bernardino de Campos, que garantiam a maioria dos votos e o apoio ao presidente Prudente de Moraes. A ala glicerista, entretanto, compunha uma poderosa minoria no partido governista e reunia os alijados do poder, como os defensores do florianismo, antigos deodoristas e líderes civis identificados com o positivismo, como Quintino Bocaiúva e o próprio vice-presidente da República, Manoel Vitorino.

Glicério, considerado o "braço direito" do presidente, sentiu-se traído ao ser excluído da conversa reservada sobre o projeto da anistia geral e usou o episódio como pretexto para ensaiar a sua caminhada em direção à oposição ao governo. Ele percebeu que Prudente não se submeteria à tutela do chefe do Partido

Republicano Federal. O presidente sabia separar os interesses da nação dos do partido. Glicério compreendia que os interesses da nação e do partido estavam intrinsecamente unidos, por isso interpretou a "independência" do presidente de discutir o projeto de anistia sem a sua participação como um ato de divórcio. O partido continuaria a zelar pelo interesse nacional enquanto o presidente preocupava-se com os interesses do governo.

A divisão da base governista no Congresso e os desafios políticos e militares no Rio Grande do Sul representavam o primeiro grande teste político de Prudente na Presidência da República. Campos Sales exasperava-se com o estilo comedido, conciliador e reservado de Prudente. O momento exigia firmeza, coragem e capacidade de confrontar de peito aberto os rebeldes no sul, enfrentar a sublevação dos gliceristas na base governista e desarticular os florianistas que procuravam boicotar as decisões governamentais nos estados, na burocracia e no Exército. Mas no Palácio do Itamaraty, Prudente fazia questão de examinar calmamente as suas escolhas, ponderar sobre as conseqüências das suas decisões e optar por uma alternativa que permitisse os seus adversários recuarem e retomarem o caminho do diálogo e do entendimento.

Campos Sales interpretou o estilo de governar de Prudente como um sério sinal de fraqueza e hesitação política do presidente. O clima de otimismo, que existira logo após a eleição de Prudente, fora substituído por um amargo ceticismo. Campos Sales resumiu a atmosfera desalentadora na capital federal; "a nossa política carece de firmeza e orientação clara, e isso vai-nos enfraquecendo e perturbando a nossa marcha. Os elementos agitadores, que se aninham em nosso seio, comprometem-nos, pois que a sombra da nossa condescendência, vão acarretando a nossa responsabilidade na sua ação anarquizadora. Isto nos enfraquece, porque nos desacredita, apresentando-nos como incapazes para o governo. Basta de Câmaras agitadoras. Precisamos de ordem para governar bem"[7]. O General Inocêncio Galvão, que recebeu do presidente a incumbência de sufocar a revolta no Rio Grande do Sul, preferiu "ocultar inteiramente o plano de pacificação ao sr. Presidente da República". O general confidenciou que partiu para a campanha militar no Sul "sem levar instruções nenhuma do presidente da República"[8]. O depoimento do General Galvão reforçava a tese de que a vitória na província rebelde só ocorreu porque não houve intromissão presidencial nas decisões militares.

As inquietações de Campos Sales e do General Galvão dão a impressão de que Prudente tornou-se rapidamente um presidente fraco e se deixou levar pela opinião dos outros – especialmente de Francisco Glicério. Para os seus aliados, o presidente aparentava hesitar, tergiversar e vacilar na hora de tomar as suas decisões. Campos Sales estava decepcionado com o desempenho do presidente; achava o governo fraco e confuso.

Quando chegou à Presidência da República, Prudente parecia ter perdido as virtudes que o transformaram num estadista de renome. Era conhecido por sua firmeza e inflexibilidade, quando se tratava da defesa dos princípios democráticos. Tinha a reputação de ser um exímio negociador, porque possuía uma visão clara dos objetivos políticos, o que lhe permitia chegar a um entendimento sem renunciar à essência da proposta que defendia. Seu ar distante e estilo comedido no emprego das palavras reforçavam a fama de político sábio e imparcial. Essas virtudes o transformaram no líder absoluto da Assembleia Constituinte em 1890, no defensor implacável do governo republicano e constitucional e no principal adversário dos dois marechais – Deodoro e Floriano – quando tentaram subjugar as instituições democráticas. Mas, agora que se elegera presidente da República e encontrava-se no ápice da sua carreira política, Prudente parecia ter perdido as

[7] Campos Sales, Manuel. Opus cit, pág 137.
[8] Campos Sales, Manuel. Opus cit, pag 134

suas características de estadista. Mas, na política, as aparências frequentemente nos levam a cometer erros crassos de julgamento.

Prudente descobriu rapidamente que não podia contar com seus principais aliados para tomar as decisões de Estado. Herdara muitas crises, como a Revolta Federalista, e um gigantesco déficit público; surgiram também outras ameaças, como a dificuldade dos florianistas de aceitar um presidente civil no comando da nação. Uma escolha errada, uma decisão intempestiva, poderia pôr em risco a chance de se criar um regime democrático. Talvez, por ter consciência do tamanho do desafio político que tinha de enfrentar, tornou-se mais cauteloso e prudente. Seus aliados agiam e raciocinavam de acordo com seus interesses específicos. Glicério pensava no partido; Campos Sales, nos interesses de São Paulo; e o General Galvão, nas suas campanhas militares no Rio Grande do Sul. Não há como satisfazer amigos e aliados quando se toma uma decisão de Estado. O presidente da República tem de olhar o todo, zelar pelo interesse nacional e agir como o guardião da nação. A decisão de Estado é uma escolha solitária, cuja responsabilidade cabe exclusivamente ao presidente da República. Ela sempre deixará um grupo de amigos e aliados descontentes.

Com os seus principais aliados insatisfeitos, Prudente dava a impressão de estar isolado, sem rumo nem aliados que compreendessem os seus propósitos e os seus objetivos na presidência da República. Apesar da aparente fragilidade do presidente, ele nunca perdera de vista a sua missão na conduta da nação. Prudente estava determinado a fortalecer as instituições democráticas e manter o país unido em torno dos ideais republicanos. Pretendia assegurar a implantação do federalismo, desmantelar a república autoritária de Deodoro e Floriano e lutar pela implementação do regime constitucional. Os confrontos políticos tinham de ser resolvidos por meio das instituições e não apelando para os militares para intervir na política e servir como poder mediador.

Campos Sales e Glicério compartilhavam esses ideais, mas entendiam que a política era a arte de resolver os problemas prementes e manter o foco e a atenção nas questões imediatas e urgentes que ameaçavam a República. Campos Sales pensava e agia de acordo com os resultados imediatos da ação política. Preocupava-se com a defesa dos interesses de São Paulo, o fortalecimento do Partido Republicano Paulista e a luta pelos pedidos e favores dos seus correligionários. Por isso, exasperava-se com a aparente tranqüilidade do presidente, quando tinha de lhe dar com a insubordinação dos florianistas nos quartéis e nos estados e com os rebeldes no Sul.

Ao contrário de Campos Sales, o presidente não se deixava contaminar pelos problemas de curto prazo. Prudente tinha a capacidade de se distanciar dos fatos e evitar que o seu raciocínio político fosse contaminado pelas opiniões imediatistas e pelos julgamentos apressados dos seus aliados e adversários. Por mais urgente, grave e premente que fosse o tema, ele se recusava a tomar decisões afoitas. Ponderava sobre os acontecimentos e procurava agir como se fosse o guardião das instituições, o fiel cumpridor da Constituição e principal defensor do regime democrático. Quando tomava uma decisão de governo, não se preocupava em satisfazer partidos políticos, interesses eleitorais ou pedidos particulares dos seus correligionários. Pensava no país, nas instituições e na democracia.

Se Prudente e Campos Sales compreendessem a maneira peculiar de cada um raciocinar e agir, eles poderiam formar uma poderosa aliança política. O primeiro era um arguto estrategista; o segundo, um hábil operador tático. Prudente precisava de Campos Sales para costurar as alianças nos estados, os entendimentos no Congresso e os acordos com os militares. Campos Sales era um exímio negociador e sabia superar as discórdias políticas com pragmatismo, realismo e diplomacia. Ele era guiado pelas questões de curto prazo, como aprovar o projeto de anistia no

Congresso e pacificar as províncias sulistas. Mas o verdadeiro propósito por trás dessas ações táticas era garantir a vitória do Estado de Direito, o cumprimento da Constituição e o fortalecimento das instituições democráticas.

Campos Sales precisava da visão ampla e abrangente de Prudente para não perder de vista o senso de missão e compromisso que tinham com a construção da democracia. Tanto Prudente como Campos Sales compartilhavam dos mesmos ideais. Ambos lutavam para a consolidação da república civil, democrática e constitucional. Ambos sabiam que a democracia só se enraizaria no país quando as instituições fossem suficientemente fortes para resistir às crises políticas e tornar-se o fórum legítimo e eficaz em que os confrontos pudessem ser resolvidos no âmbito da lei e da Constituição. Portanto, o triunfo da democracia e o fortalecimento das instituições dependiam desta aliança entre Prudente e Campos Sales. Se estivessem desunidos, não atingiriam os seus objetivos. Prudente corria o risco de ser tragado pelas questões prementes e imediatistas da política e perder a batalha pela institucionalização da democracia; Campos Sales podia perder de vista os objetivos de longo prazo porque encarava os desafios de curto prazo como uma questão de vida ou morte para a República.

As divergências e insatisfações na base governista começaram a minar a base de sustentação de Prudente. Nem a vitória do general Galvão no Rio Grande do Sul e o acordo iminente de paz com o revoltosos foram suficientes para apaziguar as disputas internas no governo. No dia 10 de julho de 1895, o General Galvão reuniu-se com o comandante militar dos rebeldes, General João Nunes Tavares, na pequena cidade de Piratini, no Rio Grande do Sul. O General Tavares reiterou que os revoltosos deporiam as armas se o governo aceitasse três condições básicas: a primeira consistia em garantir aos rebeldes os seus direitos constitucionais. Queriam ser tratados como cidadãos, e não como revolucionários ou fora da lei. A segunda condição era a mais polêmica. O governo deveria ajudar a reconstruir o Rio Grande do Sul. A terceira, concedia às pessoas que sofreram danos e prejuízos durante o conflito o direito de reivindicar indenizações pagas pelo Estado. O General Galvão considerou-as razoáveis e resolveu submetê-las à apreciação do governo.

Prudente discutiu os termos de paz com os seus Ministros e os principais líderes do Partido Republicano Federal. Ele era favorável à restauração dos direitos constitucionais e a reintegração dos revoltosos ao Estado de Direito, mas ressaltou que somente a anistia aprovada pelo Congresso poderia livrá-los dos processos criminais pelos atos cometidos durante a Revolução Federalista. O presidente, entretanto, rechaçou a segunda condição. Não aceitou a obrigação do Governo Federal de assumir a reconstrução do Rio Grande do Sul. Quanto à terceira condição, considerou justa e decidiu acatá-la.

O governo estava dividido. O ministro das Relações Exteriores, Carlos de Carvalho, atacou o acordo; "senhor presidente, sinto não estar em acordo de vistas com vossa excelência. O meu voto é para que seja repelida a proposta, pois não vejo como atender ao que reclamam os rebeldes gaúchos". O Ministro da Guerra, Bernardo Vasques, não só concordou com a opinião de Carlos Carvalho como manifestou a vontade de demitir o General Galvão pelo seu ato. Na visão do Ministro da Guerra, o general "vem constantemente desrespeitando a disciplina militar, passando por cima da pessoa do Ministro da Guerra, que é seu superior hierárquico e a quem está subordinado". O Ministro da Justiça, Antônio Gonçalves Ferreira e o Ministro da Viação e Obras Públicas, Antônio Olyinto Pires também foram contrários ao acordo. Os dois únicos votos favoráveis foram o do Ministro da Marinha, Elizário Barbosa e do Ministro da Fazenda, Rodrigues Alves, que "defendeu eloquentemente o ponto de vista de Prudente de Moraes".

Depois de ouvir os seus Ministros, Prudente manteve a sua posição inicial. Aceitou o acordo firmado pelo General Galvão e rechaçou a segunda cláusula. Comunicou sua decisão ao Ministério e pediu que o Ministro da Guerra transmitisse a sua decisão ao General Galvão. O presidente fez questão de enviar uma correspondência confidencial ao governador Julio de Castilhos, comunicando a sua decisão de aceitar os termos da paz. No dia 23 de agosto, a paz foi proclamada e a Revolta Federalista terminou do jeito que Prudente esperava: por meio do entendimento e das instituições democráticas. O General Galvão enviou ao presidente o seguinte telegrama; "está assinada a paz do Rio Grande, de acordo com os vossos desejos e decisão. Aceitai sinceros parabéns pela glorificação do vosso nome, acatamento da vossa autoridade, paz do Estado do Rio Grande. Viva a República!"

A paz trouxe uma brisa de alegria e celebração ao país. Ela tornou-se o primeiro grande triunfo do governo de Prudente de Moraes. Homenagens, artigos nos jornais e grandes celebrações nas ruas, teatros e palácios refletiam o júbilo popular com o fim de uma das revoltas mais sangrentas da Primeira República. O presidente estava muito satisfeito com a paz; ele acreditava que o restabelecimento da ordem e da normalidade permitiam-lhe retomar com afinco a luta pelo fortalecimento das instituições democráticas. À pacificação do Sul seguiram-se importantes vitórias na diplomacia. O Barão do Rio Branco, o diplomata mais competente da história do Brasil, conseguiu firmar um acordo com a França sobre o Amapá. Em seguida, ele intermediou outra disputa territorial com a Argentina sobre o território das Missões, resolvendo os principais problemas fronteiriços do país.

A paz interna e externa não foi alcançada por meio do voluntarismo presidencial; ela foi fruto da conciliação, do entendimento e da vontade de resolver as divergências por meio da lei e dos princípios constitucionais. Não havia exemplo melhor para provar que a democracia era mais eficaz do que as duas ditaduras militares que o procederam.

Infelizmente, o presidente estava equivocado. A paz e a normalidade provaram ser passageiras. Os florianistas insatisfeitos e os gliceristas descontentes não tardaram a voltar a planejar a queda de Prudente e a criação de um governo forte e centralizador, como fora concebido pelo Marechal Floriano. O marechal falecera em junho, mas o florianismo continuava vivo. Os florianistas diziam que a restauração da ordem dependia de um déspota esclarecido na Presidência da República. O desejo de se criar instituições fortes e democráticas lhes parecia um sonho romântico de um presidente fraco e inseguro.

No início de 1896, os boatos de golpe de Estado começaram a circular pelo Rio de Janeiro. O próprio Prudente comentava o fato com Bernardino de Campos: "sei que os jacobinos têm-me ódio e tornam-se, dia a dia, mais arrogantes à proporção que vão sendo animados pelos chefes – Quintino e Glicério – e logo sintam-se com forças para substituir-me por algum general que faça a política forte do marechal. Mas, enquanto não chegar esse dia, continuarei meu caminho traçado pelo meu programa de governo". Prudente sentia-se traído por seus aliados e criticava os chefes do Partido Republicano Federal "que têm-me criado dificuldades e embaraços, dizendo-se amigos"[9].

Doente e cansado dos complôs intermináveis dos seus "amigos" e adversários, que visavam depô-lo para interromper a marcha progressiva do império da lei, do Estado de Direito e das instituições, Prudente de Moraes viu-se, pela primeira vez na sua vida pública, desesperançado e desiludido com a política. Escrevera ao seu amigo Bernardino de Campos que queria livrar-se da Presidência da República; "o meu desejo maior é ver-me livre deste inferno e ocupar-me durante o resto da minha vida de minha

[9] Silva, Helio. Opus cit. Volume 2, pag 54.

saúde arruinada e dos meus familiares. Estou cada vez mais enojado da política e dos políticos."[10]

Um dos principais chefes da conspiração contra o governo era o vice-presidente da República, Manoel Vitorino. Este médico baiano ingressou no Partido Republicano antes da queda monarquia e, logo depois do golpe republicano, assumiu o governo da Bahia. Eleito senador, deixou o governo baiano e foi para o Rio de Janeiro, onde participou da Assembleia Constituinte. No Parlamento, conheceu Prudente de Moraes, mas logo se aproximou de Floriano e distanciou-se dos republicanos históricos, que almejavam eleger um presidente civil para a sucessão do marechal. Manoel Vitorino foi escolhido vice-presidente na chapa de Prudente por representar o florianismo. Era uma forma de contentar republicanos históricos e florianistas e diminuir a resistência dos florianistas ao nome de Prudente. A estratégia eleitoral deu certo, mas Prudente levou um adversário para dentro do governo.

A trajetória do vice-presidente seria irrelevante, não fosse um acontecimento imponderável: a saúde de Prudente de Moraes. Em outubro, o presidente foi obrigado a submeter-se a uma cirurgia para extrair cálculos da bexiga. A convalescença foi lenta e penosa. Prudente queixava-se de dores e prisão de ventre e foi aconselhado pelos médicos a transmitir temporariamente o cargo ao vice-presidente da República. Prudente procurou postergar a decisão. Acreditava que, mesmo moribundo, conseguiria governar o país do seu quarto e não precisava transferir o poder para o vice.

O presidente sabia que corria um sério risco de ser deposto ao transferir o cargo para o seu inimigo político. Manoel Vitorino percebeu que chegra a sua hora de assumir o poder e, mesmo antes de assumir a presidência da República, ele aproveitou a doença de Prudente para aumentar a tensão política. Disse que

[10] Mota Filho, Cândido. Opus cit, pag 292.

não poderia governar com o Ministério de Prudente. Era preciso escolher homens de sua confiança para os cargos-chave. O pedido de Vitorino era inaceitável; exigia uma reforma ministerial para exercer temporariamente a Presidência da República. Suas exigências reforçavam a suspeita de que não pretendia permanecer no cargo temporariamente. Queria assumir o poder e forçar a renúncia de Prudente de Moraes. Manoel Vitorino não tardou a explicitar claramente a sua verdadeira intenção. Num discurso no Senado, ele afirmou que a melhor solução para o impasse era "a renúncia cordial do doutor Prudente de Moraes".

Prudente não só repudiou a idéia da renúncia sugerida por Manoel Vitorino no Senado como também decidiu que não transmitiria o cargo ao vice-presidente. O Brasil, mais uma vez, estava à beira de uma grave crise política. O impasse foi resolvido por uma figura-chave, que desembarcara recentemente no Rio de Janeiro. Trata-se de Bernardino de Campos, o amigo e confidente de Prudente, que encerrara o seu mandato de governador de São Paulo e chegava à capital federal para exercer o seu mandato de senador.

No Senado, Bernardino presenciou o golpe que Manoel Vitorino tramava com os seus aliados da bancada do Partido Republica Federal. Vários senadores discursavam a favor de Vitorino e criticavam a intransigência de Prudente, que não admitia discutir a reforma ministerial proposta pelo vice-presidente. Bernardino queria evitar a proliferação do germe golpista que Manoel Vitorino esforçava-se para propagar. O ex-governador paulista intercedeu no debate e disse que vislumbrava uma saída para o impasse. O vice-presidente apresentaria uma lista de candidatos que gostaria de convidar para o seu Ministério e ele, Bernardino, a levaria ao presidente. Manoel Vitorino, surpreso com a proposta de Bernardino, disse que Prudente não aceitaria tal solução. Bernardino insistiu para que ele escrevesse num pedaço de papel o nome dos Ministros que pretendia convidar para o gabinete.

Manoel Vitorino fez o que Bernardino lhe pedira. O ex-governador paulista pegou o pedaço de papel e foi para a residência de verão do presidente da República.

A casa ficava no Morro do Inglês, um lugar afastado do centro da cidade. Bernardino de Campos chegou à casa do presidente e encontrou na porta a resistência de Dona Adelaide, esposa de Prudente. O seu marido estava com dores e sofrendo. Precisava descansar e não poderia ser admoestado. Nada o deixava mais aborrecido do que as discussões políticas. Bernardino insistiu com dona Adelaide e disse que jamais ousaria incomodar seu amigo e prejudicar sua convalescença se não fosse um assunto urgentíssimo e da maior gravidade para o país. Depois de consultar Prudente, dona Adelaide permitiu que Bernardino entrasse no quarto onde se encontrava o presidente da República.

Prudente estava recostado numas almofadas que estavam na cama. Entrava pouca luz no quarto. O escuro o ajudava a dormir, descansar e esquecer por alguns minutos a dor intensa que sentia. Bernardino se esforçou para poupar o presidente. Fez um relato sucinto, porém realista e preocupante da situação política. A nação não poderia ficar à deriva por muito tempo. Era preciso tomar uma atitude e evitar que o país mergulhasse numa crise institucional. Tinha ciência do risco de entregar o poder a Manoel Vitorino e seus aliados. Prudente, que até então, escutara silenciosamente o relato de Bernardino, explodiu num tom de desabafo:

"Quer saber de uma coisa Bernardino? Esses sujeitos são uns canalhas!"

"Mas, presidente, você precisa atender à realidade da situação. Trouxe-lhe os nomes que o Vitorino indicou..."

"Não aceito nada! Não trato com canalhas!"

"Tenha paciência, somos velhos amigos e a situação é difícil. Eles querem exatamente a sua recusa para, com ela, justificar um golpe. Da lista que trouxe, e que é longa, você escolherá os nomes que entender. E seu prestígio continuará o mesmo."

A palavra "golpe" deve ter reverberado no fundo da alma de Prudente. Um golpe de Estado representaria o fracasso da sua missão política, da sua luta pela construção da democracia e das instituições. O golpe seria o triunfo dos governos autoritários e anti-democráticos e da república de motins que marcaram a triste trajetória política do país, desde o golpe de 15 de novembro de 1889. Enquanto estivesse vivo, lutaria pelo fortalecimento das instituições e dos princípios democráticos. Prudente voltou-se para Bernardino e disse:"bem. Está bem. Diga lá quais são os tais nomes". Bernardino, um pouco constrangido, confessou que Vitorino incluíra o seu nome na lista.

"Você, Bernardino!?"

"Sim. Para a pasta da Fazenda"

"Mas, Bernardino, por que você não me disse isso antes?! Vá para a pasta da Fazenda que eu aceito tudo! Com você no ministério a coisa é diferente!"

No dia 8 de dezembro de 1896, Prudente escrevera à sua filha, Maria Amélia de Moraes Silveira, dando-lhe notícias que deixaria Rio de Janeiro e partiria para Teresópolis; "hoje descemos do Morro do Inglês e seguimos amanhã para Teresópolis, onde espero completar minha convalescença. Desta vez deixei o Morro do Inglês sem saudades, porque sofri muito ali, quase morri. Vossa mãe e irmãos vão comigo. Aceitai lembranças de vossa mãe e irmãos e um abraço apertão do papai muito amigo"[11]. Prudente, entretanto, não contara a filha um fato indigesto. Antes de deixar o Rio de Janeiro, ele tivera de transferir o poder para o vice-presidente enquanto tratava de sua saúde em Teresópolis.

[11] Peixoto, Silveira. Opus cit. Pág 186.

No dia 10 de novembro, Manoel Vitorino assumiu o comando da nação. Para ganhar a confiança no país e a aceitação da comunidade internacional, tomou medidas rápidas, enérgicas, que agradaram a maioria. Recusou a renúncia coletiva do Ministério de Prudente, afirmando que exerceria o cargo temporariamente, mas nomeou quatro novos Ministros: Bernardino de Campos substituiu Rodrigues Alves na Fazenda, Joaquim Murtinho assumiu o Ministério da Indústria e Viação. Alberto Torres foi para a pasta da Justiça e o Contra-almirante Manuel Barbosa, para o Ministério da Marinha. Em seguida, anunciou cortes no Orçamento, suspendeu nomeações para os cargos públicos e resolveu arrendar as estradas de ferro que davam prejuízo. A política austera de Manoel Vitorino foi aplaudida na imprensa e no exterior. Encantado com os aplausos e elogios que recebera, ele declarou; "entramos em uma nova fase – uma época de esperanças, a suceder a de desalentos, de que acabamos de sair". Este não era discurso de vice-presidente, mas de um homem que pretendia permanecer no poder.

As crises políticas não tardaram a chegar. Em menos de uma semana no poder, ele teve de enfrentar a eclosão de uma nova revolta local que se transformou numa verdadeira guerra – a Guerra de Canudos. O episódio de Canudos começou como um caso de polícia e terminou como uma ameaçadora questão de Estado, capaz de comprometer a estabilidade institucional da República. Antônio Vicente Maciel, conhecido como Antônio Conselheiro, tornou-se líder de um grupo de jagunços que perambulava pelo sertão de Pernambuco e Bahia. Ele era um homem alto, magro, com longos cabelos negros e uma barba comprida. Vestia sempre uma túnica azul clara, com um cordão amarrado na cintura, onde carregava um crucifixo na ponta. Andava com um par de sandálias surradas e um cajado na mão. Ele lembrava a imagem de Jesus e seus apóstolos.

O carismático profeta do sertão dizia ter recebido a missão divina de construir 25 igrejas pelo interior pernambucano e baiano. Peregrinava pelo sertão, pedindo esmolas nas fazendas e pequenos vilarejos, pregando o Evangelho e atraindo pequenas multidões por onde passava. As pessoas que o escutavam ficavam fascinadas com os seus sermões. Muitos sertanejos o consideravam um profeta, um verdadeiro santo enviado por Deus. No sertão árido, dominado pela seca, sofrimento e miséria, a pregação de Antônio Conselheiro era uma bênção de fé e esperança para um povo desolado. Ele era um evangelista fervoroso que condenava a fraqueza moral daqueles que se distanciavam das palavras sagradas da Bíblia e dos ensinamentos de Jesus. A injustiça, a avareza, as desigualdades sociais e o ateísmo revelavam o quão distantes os homens estavam de Deus. Só havia um caminho para a salvação da alma: a conversão radical a Deus e aos ensinamentos do evangelho.

Antônio Conselheiro era bem recebido pelo povo e perseguido pelas autoridades. Foi preso várias vezes, por ser considerado "arruaceiro" e "criminoso" pelos chefes de polícia dos vilarejos do sertão. Depois da queda da monarquia, tornou-se um ácido crítico da política republicana. Condenou a separação entre Igreja e Estado, a expulsão da Companhia de Jesus e o ateísmo dos republicanos. Os católicos e os fiéis tinham de cumprir a vontade de Deus e defender a religião contra os infiéis republicanos. No dia 26 de maio de 1893, Antônio Conselheiro e seus seguidores partiram para a sua primeira cruzada. Na pequena cidade de Natuba, no interior da Bahia, eles destruíram, em praça pública, o edital republicano que aumentava a cobrança de impostos.

A fama de Antônio Conselheiro espalhou-se pelo nordeste. No vilarejo de Masseté, os fiéis do Conselheiro, armado com garruchas e paus, enfrentaram um pequeno contingente de 30 soldados enviados pela polícia. As tropas do governo dispersaram rapidamente depois da rápida investida dos conselheiristas. Após a vitória sobre os infiéis, Antônio Conselheiro resolveu partir com seus seguidores para o coração do sertão. Escolheram a cidade de Belo Monte, rebatizada de Canudos. Conselheiro transformou-a numa cidadela dos fiéis. Iniciou a construção da Igreja do Bom Jesus, fundou uma escola, estimulou o comércio local e passou a treinar os seus seguidores na arte da guerra. Os jagunços começaram a praticar tiro, cavar trincheiras e se preparar para o embate com os infiéis. Enquanto a guerra não eclodia, Conselheiro continuou a atrair centenas de pessoas. A sua fama e obra no sertão levaram muitos sertanejos a se mudar para Canudos. Criou fama de ser a Terra Prometida e, em menos de três anos, a cidade contava com 25 mil habitantes. Canudos tornou-se uma das maiores cidades da Bahia.

O poder de Antônio Conselheiro representava uma ameaça para os fazendeiros locais e autoridades republicanas. O líder "arruaceiro" era acusado de saquear fazendas, roubar armas e alimentos. Ele era a personificação do jagunço rebelde, que contestava a legitimidade do governo, das leis e do regime republicano. Fomentava a revolta e a rebelião contra a autoridade do Estado. Era preciso destruir os jagunços rebeldes e estancar o fanatismo religioso que ameaçavam a ordem institucional e os fundamentos do regime republicano. Em novembro de 1896, o governador da Bahia, Luís Viana, resolveu enviar um batalhão de 120 soldados para destruir os jagunços rebeldes. Atendia ao pedido do juiz de Juazeiro, Arlindo Leoni, que telegrafou ao governador, pedindo ajuda para defender a cidade dos fanáticos conselheiristas.

Arlindo Leoni armara uma cilada para Conselheiro. Queria vingar-se de uma humilhante fuga ocorrida há alguns anos, quando servia como juiz na cidade de Bom Conselho. A cidade foi invadida por Antonio Conselheiro e seus discípulos, obrigando Arlindo a fugir às pressas para salvar sua vida. A chance de se vingar surgiu quando seus seguidores foram a Juazeiro para comprar madeira para a construção da igreja em Canudos. A madeira foi comprada, mas, na hora de entregá-la, não a fizeram. Enfurecidos, os conselheiristas disseram que invadiriam a cidade, se a madeira não lhes fosse entregue. Arlindo, então, pediu tropas para o governo.

Depois de uma longa e exaustiva marcha, os soldados enviados pelo governador a Juazeiro encontraram os conselheiristas na cidade de Uauá. Depararam com um grupo de pessoas entoando cantos religiosos e carregando uma cruz. Parecia uma procissão religiosa e não havia nada que se assemelhasse a um exército de fanáticos e revolucionários. Os soldados abriram fogo e os jagunços reagiram. Após cinco horas de combate em Uauá, as tropas governistas foram derrotadas pelos conselheiristas. Os soldados estavam exaustos e foram obrigados a voltar para Juazeiro.

O fracasso das tropas militares repercutiu negativamente no país e só ajudou a fortalecer o movimento de Antônio Conselheiro. O governo reagiu imediatamente. No dia 25 de novembro, o governador baiano enviou uma nova expedição militar, sob o comando do Major Febrônio de Brito. Era um exército composto de 543 soldados e 14 oficiais, que traziam consigo duas armas devastadoras, os canhões Krupp e duas metralhadoras Nordenfelt. A expedição militar só chegou ao coração do sertão no dia 12 de janeiro, quando decidiram tomar o caminho de Cambaio – o mais curto, porém mais acidentado, em direção a Canudos. A estrada é estreita e passa rente a um desfiladeiro. Os "soldados" de Conselheiro, que vinham seguindo de perto os passos das tropas governistas, aguardavam-nas passarem pelo desfiladeiro para abrir fogo. Estonteados com o ataque surpresa, o pânico e a desorganização tomaram conta das tropas governistas. Uma parte dos soldados conseguiu reagir com os canhões e metralhadores, estilhaçando jagunços numa luta feroz, cruel e sangrenta. Centenas de corpos jaziam no local. Os jagunços sofreram muitas baixas, mas as tropas governistas estavam tão exaustas que não conseguiram tomar Canudos. Assim como a primeira expedição, as tropas governistas foram obrigadas a recuar e a voltar para Juazeiro.

O governador Luís Viana reconheceu a sua incapacidade de vencer Conselheiro. Pediu ajuda ao Governo Federal e usou o argumento de que Canudos era um reduto de monarquistas e religiosos fanáticos, que almejavam derrubar a República e restaurar o Império. Para o governador baiano, Antônio Conselheiro não era mais o líder de uma revolta local, mas um revolucionário que se tornou uma ameaça à segurança nacional. A responsabilidade de combater de vencer os jagunços 'monarquistas", sitiados em Canudos, fora transferida para o Governo Federal. Mas, no Rio de Janeiro, Manoel Vitorino enfrentava uma rebelião igualmente ameaçadora no governo.

Com apenas dois meses no poder, o presidente interino conseguiu despertar o ódio e a antipatia do Ministério, do Congresso e da população. Manoel Vitorino deixou claro que estava mais interessado em remover Prudente da presidência e tomar o poder do que governar a nação. Primeiro tentou, sem sucesso, persuadir os seus Ministros a aprovarem a realização de um plebiscito em que o eleitor pudesse decidir se Prudente ou Manoel Vitorino deveriam presidir o país. Em seguida, procurou os militares para saber se endossavam a idéia de um golpe para remover Prudente da Presidência da República. Os oficiais constitucionalistas rechaçaram veementemente a proposta.

Em Teresópolis, o presidente recuperava a saúde e o ânimo. Numa carta enviada à sua filha, dona Maria Amélia, ele descrevera a sua rotina; "estou aproveitando o bom clima para recuperar as forças esgotadas pela enfermidade – já me sinto bem mais forte. Alimento-me bem e durmo bastante. Deito-me às 9 horas e levanto-me às 5. Passeio todas as manhãs e tardes, ora a pé, ora a cavalo, ora de trólei. Dou-me bem com esta vida de isolamento e vadiação"[12].

O clima idílico de Teresópolis não significava que Prudente estava isolado do mundo. No início de janeiro, ele recebeu uma carta preocupante. Bernardino de Campos ameaçava renunciar ao cargo de Ministro da Fazenda, pois já não aguentava mais as intrigas, complôs e conluios de Manoel Vitorino. Prudente pediu calma ao seu homem de confiança no governo: "tenha paciência meu amigo, faça mais esse sacrifício pela República: quando entender que a coisa vai errada, oponha-se com energia e há de ser atendido, porque atrás de você estou eu e está o Partido Republicano para sustentá-lo. Fica você autorizado a chamar-me quando entender conveniente. Não pense, pois em sair: entrarei quando você quiser, para que você não saia".

As cartas de Prudente para seus aliados políticos versavam sobre as questões de Estado. Opinava sobre a atuação de um Ministro, criticava a atitude de outro, alinhavava as diretrizes que seus aliados deveriam seguir. Bernardino de Campos e Rodrigues Alves indagavam insistentemente quando Prudente pretendia reassumir a Presidência da República. A pressão crescia para que Prudente reassumisse prontamente o cargo. Mesmo seus ex-aliados, como Francisco Glicério, reclamavam a sua volta. Glicério apoiou Vitorino porque pensou que poderia tutelar o vice-presidente e usá-lo para ditar a política de governo. Mas, quando Manoel Vitorino sentiu-se seguro no cargo, rechaçou a tutelagem de Glicério, o que levou o chefe do Partido Republicano Federal a romper com o vice-presidente.

Os desastres militares de Canudos ajudavam a fragilizar o governo e Manoel Vitorino. O presidente interino organizou a terceira expedição militar, comandada pelo Coronel Antônio Moreira César. O coronel, conhecido como "corta-cabeça", por sua

[12] Peixoto, Silveira. Opus cit. Pág,191.

atuação na Revolta Federalista no Rio Grande do Sul, marchou com suas tropas e canhões para Canudos, prometendo liquidar os jagunços rebeldes: " só temo que o fanático do Conselheiro não nos espere", telegrafou o coronel ao governador Luís Viana, quando as tropas governistas chegaram no vilarejo de Monte Santo e aproveitaram para humilhar o padre Vicente Sabino, um amigo do Conselheiro.

No dia 3 de março de 1897, o Coronel Moreira César estava prestes a comandar o assalto a Canudos; "vamos tomar Canudos sem disparar um tiro! Vamos tomar à baioneta!". O coronel, entretanto, confiava mais na eficácia dos canhões do que no poder das baionetas. Antes de iniciar a invasão do arraial, Moreira César ordenou o bombardeio incessante de Canudos. Em seguida, as tropas invadiram a cidade, acompanhada pela cavalaria. Os jagunços, escondidos nas casas, igrejas e becos, começaram a disparar contra os soldados. As tropas do governo, confusas e aterrorizadas com os tiros que partiam de todos os lados, não sabiam o que fazer. Num local onde o conflito era travado em ruas estreitas e becos, a superioridade numérica do exército de Moreira César e das tropas do governo não era uma grande vantagem. A guerra nas ruas igualou as forças dos jagunços e do governo.

Depois de cinco horas de confronto, a conquista de Canudos não parecia uma tarefa simples. O Coronel Moreira César incitava os solados a continuarem lutando. Vencer os jagunços tornou-se uma questão de honra para o Exército e o coronel não admitia a possibilidade de recuar e abandonar a conquista de Canudos. Mas o inusitado costuma mudar o curso da história. Por volta das 19 horas, Moreira César foi atingido por dois tiros. As tropas governistas iniciaram a retirada de Canudos e, à noite, o coronel faleceu.

O comando passou para o Coronel Tamarindo, que retornou com seus soldados para Canudos no dia seguinte. Foi mais um dia de combate intenso e inócuo. Tamarindo, assim como Moreira César, foi morto durante a batalha, restando ao Major Cunha Matos liderar a retirada dos soldados. Era o fim da expedição governista. O saldo foi de 116 soldados mortos e 120 feridos. Este foi o último ato da interinidade de Manoel Vitorino na presidência da República.

A morte dos coronéis Moreira César e Tamarindo gerou uma onda de protesto e indignação contra a inépcia do governo na conduta da guerra. A opinião pública estava revoltada e os jornais publicavam ácidas críticas e editoriais inflamados contra o governo. Canudos retratava o desgoverno do país durante a interinidade de Manoel Vitorino na Presidência da República. O vice-presidente revelara o seu despreparo e ineficácia na defesa da República.

No dia 4 de março, Prudente deixou Teresópolis e voltou para o Rio de Janeiro. Somente Bernardino de Campos sabia que o presidente retornaria à capital naquele dia. O presidente desembarcou na estação de trem e, como no dia da sua posse presidencial, ninguém o esperava. Mas, desta vez, desejava surpreender seus aliados e adversários. Prudente chegou ao Palácio Itamaraty num carro alugado. A presença do presidente causou espanto, cujo olhar e surpresa dos sentinelas e dos funcionários do palácio com a presença repentina do Chefe de Estado que retornava à casa gerou saudações com palavras e gestos cordiais de Prudente. Com a discrição que lhe é peculiar e sem estardalhaço, Prudente pediu ao seu ajudante de ordens para entregar ao vice-presidente um ofício, no qual afirmava estar reassumindo o cargo.Depois da sua breve passagem pela presidência, Manoel Vitorino mergulhou na obscuridade política. Permaneceu na vice-presidência, mas abandonou a vida pública após o término do mandato de Prudente de Moraes, dedicando-se à medicina e ao jornalismo.

Prudente retomara as rédeas da nação no meio de uma nova crise política. As derrotas fragorosas dos militares em Canudos precisavam ser justificadas de alguma forma e os republicanos jacobinistas não tardaram a transformar o confronto no sertão numa tentativa de se restaurar a Monarquia no Brasil. Os sertanejos comandados por Antônio Conselheiro faziam parte de uma grande aliança dos monarquistas e fanáticos religiosos que almejavam derrubar a República: "os jornais são os maiores veículos desta propaganda imaginativa. Esta idéia comum é divulgada por Alcindo Guanabara, Euclides da Cunha, Rui Barbosa e Guimarães Passos, através dos jornais *República, O País, O Estado de São Paulo* e *A Federação*. As notícias publicadas vão das mais verídicas até as mais imaginosas"[13]. As reportagens sobre a carnificina no sertão, imortalizadas por Euclides da Cunha, correspondente do jornal *O Estado de São Paulo*, trazia para os leitores a dimensão da crueldade do confronto e da incompetência do Exército na conduta da guerra no sertão.

As conseqüências do delírio da revolta monarquista no sertão e do desafio iminente que a República enfrentava foram trágicas. Há tumultos, revoltas, protestos e perseguição a supostos monarquistas em todo o país. O Rio de Janeiro vivia sob o reino do terror. Os republicanos jacobinos, com a conivência da polícia, aproveitaram para depredar prédios, destruir jornais e saquear propriedades dos críticos da atuação do Exército, acusando-os de simpatizantes da monarquia e inimigos da República. Em maio, os alunos da Escola Militar se revoltaram e os batalhões fiéis ao presidente da República se mobilizaram para enfrentá-los. Felizmente, os alunos de renderam antes de se iniciar o confronto.

A ameaça dos vândalos jacobinos levou Rui Barbosa, um dos *Founding Fathers* da República, a deixar o Rio de Janeiro e se refugiar na Bahia. Mas, outros homens não tiveram a mesma sorte.

[13] Carone, Edgard. Opus cit, volume II, pág 167.

O Visconde de Ouro Preto, Afonso Celso, foi atacado quando tentava fugir do Rio de Janeiro; Gentil de Castro, acusado de sustentar um jornal "monarquista", foi morto por um tiro. Prudente sabia que era o principal alvo dos jacobinos. O palácio presidencial contava com uma mera guarnição e um atentado à vida do presidente nunca fora tão plausível. Mas, ele ignorava as ameaças. Permanecia impávido no cargo e procurava reconstruir o seu governo dos escombros herdados de Manoel Vitorino. Mostrava com suas atitudes a determinação, perseverança e coragem necessárias para enfrentar as adversidades políticas.

Além da insegurança e desordem no Rio de Janeiro, a resistência milagrosa de Conselheiro aos assaltos do Exército transformou-o numa celebridade nacional, atraindo centenas de seguidores e de novos apóstolos; 'uma aura de fanatismo anda, de sul a norte, pelo país inteiro"[14]. O presidente não tinha tempo a perder. Precisava vencer os jagunços e restabelecer a paz para continuar a perseguir o seu objetivo de fortalecer as instituições e a democracia. Prudente organizou uma nova expedição militar para enviar a Canudos. Foram convocados três mil soldados, advindos de vários estados, sob o comando do general Artur Oscar Guimarães. Haviam 12 canhões, 750 toneladas de munição e mantimentos e um contingente de jagunços recrutados no sertão para lutar ao lado das tropas governistas.

Este poderoso exército enfrentou os mesmos obstáculos e armadilhas das expedições anteriores. Emboscadas, ataques-surpresa e uma feroz resistência armada dos conselheiristas, que continuaram a provocar sérios estragos no Exército do General Artur Oscar. Em julho, o general já pedia ao governo um reforço de cinco mil soldados, pois a baixa nas tropas era alta: entre mortos e feridos, as tropas governistas já contabilizavam duas mil vítimas e Canudos ainda estava sob o domínio dos conselheiristas.

[14] Peixoto, Silveira. Opus cit, pag 213.

Prudente pressentia que a sua expedição militar corria o risco de malograr. Canudos tornou-se uma questão de vida ou morte para o governo. Se os conselheiristas derrotassem o Exército, o governo estaria destruído e desmoralizado. A sobrevivência política de Prudente dependia da vitória militar no sertão. O fracasso em Canudos desencadearia a ira da opinião pública e revigoraria o ânimo dos jacobinos, que procuravam um pretexto para depor o presidente.

Prudente não tergiversou diante ao desafio. Em agosto, enviou para Canudos o Ministro da Guerra, Marechal Carlos Machado Bittencourt, e três mil soldados. O Ministro assumiu o comando das forças governistas, reorganizou-as e finalmente liderou-as à vitória. Em vinte dias, o Marechal Bittencourt conseguiu o que as outras expedições jamais sonharam. No dia 6 de setembro, os canhões destruíram as torres da igreja de Canudos, que servia de fortaleza pelos conselheiristas. No dia seguinte, as tropas ocuparam a fazenda Velha, "tida como ponto estratégico para o bombardeio de Canudos". No dia 22, morreu Antônio Conselheiro. Não se sabe se foi um estilhaço de granada ou desinteria. Em seguida, o Exército ocupou o Vale da Ema, outro ponto estratégico importante, que permitiu o completo cerco de Canudos.[15]

Após dois dias intensos combates, Antônio Beatinho, líder dos conselheiristas, hasteou a bandeira branca e procurou o General Artur Oscar para acertar a rendição de Canudos. A cidade se renderia se o general garantisse a vida dos conselheiristas. A proposta foi aceita. Beatinho e mais de 300 pessoas, entre mulheres e crianças, renderam-se ao general. Mas a promessa não foi cumprida e Artur Oscar ordenou a degola de Beatinho e seus companheiros. A guerra terminou no dia 5 de outubro, mas seu último ato –as degolas e os massacres – provocaram uma onda de protestos no país.

[15] www.portfolium.com.br

A vitória militar não foi suficiente para erradicar a tensão política entre o presidente da República e os republicanos jacobinos. As divergências entre eles deixaram cicatrizes profundas, suspeitas e amarguras que dificilmente seriam superadas. Eram duas visões de mundo antagônicas e excludentes. Prudente pretendia construir uma democracia constitucional, alicerçada em instituições fortes, capaz de assegurar a ordem, o progresso econômico e o desenvolvimento social. Os jacobinos acreditavam que esses objetivos só seriam alcançados sob a liderança de presidentes fortes e centralizadores. A democracia, a Constituição e as instituições serviam como instrumentos úteis para implementar a vontade presidencial e a política de Estado. No caso de divergência entre as instituições e o presidente, deveria prevalecer a vontade do Chefe de Estado.

Na visão dos jacobinos, a intransigência de Prudente na defesa dos princípios constitucionais transformou-se numa cruzada contra o florianismo, o prestígio do Exército e a consolidação do partido jacobino no Congresso. A dificuldade do governo de derrotar os jagunços no sertão, o descontentamento da população com a conduta da guerra e as barbáries do conflito descritas nos jornais propiciaram as condições ideais para os jacobinos atacarem o presidente da República. Enquanto as tropas governistas digladiavam com a brigada dos seguidores de Antônio Conselheiro em Canudos, Prudente lutava com os republicanos jacobinos na capital federal.

No fim de maio de 1897, logo após o término da revolta na Escola Militar na Praia Vermelha, o deputado J.J. Seabra sugeriu que se prestasse uma homenagem ao presidente da República, por ter sufocado a rebelião na Escola Militar e ter mantido "a ordem pública e o prestígio da Constituição". A moção, que recebeu o apoio de vários parlamentares, foi condenada por Francisco Glicério. A Escola Militar era o núcleo do florianismo e do jacobinismo militar. Por isso, aprovar a proposta implicava em "condenar a solidariedade legalista e republicana que nos prende àquele histórico depósito de nossas afeições". Glicério, entretanto, reconhecia que a rejeição da moção, "significaria de nossa parte a desconfiança ao presidente da República".

Entre a condenação da revolta da Escola Militar e o apoio ao presidente da República, Glicério optou pela primeira opção. O voto contrário de Glicério e a rejeição da votação no Congresso desencadearam o rompimento definitivo de Prudente com o chefe do Partido Republicano Federal. No dia 29 de maio, Prudente deu uma entrevista ao *Jornal do Commércio* e reiterou que a opinião e o voto de Glicério não traduziam a opinião do presidente e do governo. O discurso de Glicério na Câmara "representava a sua completa divergência dos atos que entendeu praticar o sr. presidente da República. É provável que a situação se torne mais franca e desapareçam as ambigüidades de certas atitudes políticas, tomando cada um a sua posição e as responsabilidades que lhe pertençam perante a opinião"[16].

Prudente se cansou do jogo ambíguo de Glicério.A entrevista do presidente para o *Jornal do Comércio* marcou o rompimento público e irreversível do presidente com o líder do Partido Republicano Federal. A conduta de Glicério consistia em agir como líder do partido governista no Congresso e, ao mesmo tempo, como aliado da oposição jacobina. A entrevista do presidente ao *Jornal do Comércio* "estourou como uma bomba e atordoou a Câmara dos Deputados". A clareza e objetividade do depoimento contrastavam com o estilo conciliador e flexível que pautava a conduta política na República. No confronto entre jacobinos e republicanos históricos havia sempre margem de manobra para o entendimento e a conciliação. No caso da entrevista, o presidente fez questão de destruir todas as alternativas de acomodação. Ela

[16] Peixoto, Silveira. Opus cit, pag 221.

era, de fato, uma declaração de guerra: não havia mais espaço para Glicério no partido governista.

O governador de São Paulo, Campos Sales, foi convocado às pressas pelos partidários do governo, para tentar uma conciliação entre Glicério e Prudente. A missão do governador paulista fracassou. A inflexibilidade de Prudente não só inviabilizou qualquer tentativa de entendimento com Glicério como também ajudou a enterrar o anacrônico Partido Republicano Federal. O PRF era um partido muito abrangente, capaz de abrigar todas as correntes políticas, como deodoristas, florianistas, presidencialistas e parlamentaristas; "nesta dupla ausência de coesão de idéias e de conformidade de sentimentos estava o germe da dissolução"[17]. Foi esta divisão interna que levou à cisão do partido depois do rompimento de Prudente com Glicério.

O fim do PRF levou a um novo realinhamento das forças políticas. O bloco governista compreendia os republicanos históricos, a maioria do Partido Republicano Paulista e os militares legalistas. Glicério liderava o bloco oposicionista, composto por florianistas, jacobinos e positivistas. A tensão entre situação e oposição escalou durante a guerra de Canudos, levando a oposição a tramar o assassinato de Prudente de Moraes. O presidente começou a receber cartas ameaçadoras. Ignorava-as e rechaçava a insistência dos seus aliados para reforçar a sua segurança pessoal. Numa carta escrita ao seu amigo paulista, Antônio Mendes, Prudente destilava o seu ódio pela oposição; "continuo neste purgatório, suportando as enormes dificuldades criadas por meus antecessores – e sofrendo as injúrias e calúnias dos Glicérios, Quintinos (Bocaiuva) e outros canalhas de igual laia. Não imagina o grande consumo de paciência e resignação patriótica que tenho feito para suportar este suplício: se não fosse a dedicação da República, há muito ter-me-ia libertado deste cativeiro infernal".

[17] Campos Sales, Manuel. Opus cit, pag 135.

Além dos "Glicérios" e "Quintinos", havia Manuel Vitorino, o vice-presidente da República, que continuava a confabular com a facção jacobina. Ele não só incentivou os protestos e tumultos orquestrados pelos jacobinos como também participou dos planos para assassinar o presidente. As aparições públicas de Prudente tornaram-se um constante pesadelo para os aliados do governo. A oposição tentou assassiná-lo em várias ocasiões, como numa visita do presidente à Academia de Belas Artes, na igreja de São Francisco de Paula ou no teatro, quando Prudente assistiu a um concerto em benefício às vítimas de Canudos. Mas, nessas ocasiões, sempre surgiu um imprevisto, um acontecimento ou um fato inusitado que obrigou os assassinos a recuar.

Os jacobinos não controlavam todos os radicais da oposição. No universo dos conspiradores e assassinos, há sempre um fanático que pretende agir por conta própria. No dia 5 de novembro o Ministro da Guerra, Marechal Bittencourt, e o chefe da Casa Militar, Coronel Mendes de Moraes, acompanharam Prudente de Moraes ao cais do Arsenal de Guerra, onde o presidente foi recepcionar o navio "Espírito Santo". A embarcação trazia os oficiais e soldados da Primeira Coluna Expedicionária, que combateu em Canudos. O clima era de festa e de celebração. Uma multidão de populares e curiosos concentrava-se no cais para receber os soldados e oficiais. Salvas de canhão, bandas de música e aplausos da multidão marcaram a chegada do "Espírito Santo" no Rio de Janeiro. O presidente subiu a escada de bordo e faz questão de cumprimentar os guerreiros que ajudaram na derrubada de Canudos.

Ao sair do navio, o presidente foi ovacionado pela multidão e recebido pela banda militar que executava o hino nacional. Prudente caminhava lentamente, no meio da multidão, acompanhado por Machado Bittencourt, Mendes de Moraes e uma pequena comitiva de autoridades. Ao ingressar na alameda central, Prudente passou pela 3ª Companhia do 10º Batalhão da Infantaria, que perfilava em honra ao presidente. Neste momento, "ouve-se, isolado, sedicioso, um 'viva' à memória de Floriano". De repente, o Soldado Marcelino Bispo de Melo surgiu na frente do presidente, "encosta-lhe a pistola no peito e aciona dois gatilhos. As cápsulas, porém, não detonam! Com a cartola, Prudente afasta o cano da arma"[18].

A multidão se exaspera e começa a gritar e a correr em direção a saída do cais. O Soronel Mendes de Moraes saca a sua espada e parte em direção ao soldado assassino, ferindo-o a fronte esquerda. Marcelino é capturado e a multidão, revoltada, grita "mata! Mata!" Prudente ordena que não matem. Marcelino já estava desarmado e rendido no chão. Depois de alguns segundos, Marcelino "ágil, num salto felino", saca um punhal escondido e "crava-o repetidas vezes nas costas e no peito do Ministro da Guerra". Machado Bittencourt morre na hora. O soldado ainda se volta contra Mendes de Moraes e o ataca com o punhal, ferindo-o. Prudente é retirado às pressas do local pelos oficias que o cercam. Finalmente, o Cabo Alfredo Martins Pereira consegue capturar e desarmar o soldado Marcelino[19].

A morte do Marechal Bittencourt e a tentativa de assassinar o presidente da República uniram o povo em torno de Prudente. No dia 6 de novembro, o presidente publicou um manifesto à nação, em que afirmava: "esse horroroso crime não terá o efeito de demover-me, uma só linha, no cumprimento de minha missão constitucional. O precioso sangue de um Marechal do Exército Brasileiro, derramado heroicamente na defesa da pessoa do Chefe do Estado, dá a certeza de que os incumbidos da sustentação da autoridade pública e das instituições não hesitam no cumprimento do seu dever, ainda mesmo quando levados ao extremo sacrifício. A ordem e a lei serão respeitadas, como exige a honra da República".

[18] Peixoto, Silveira. Opus cit, pag 241.
[19] Peixoto, Silveira. Opus cit, pags 241-42.

Apesar do risco de vida que corria, Prudente fez questão de ajudar a carregar o caixão do Marechal Bittencourt. A imagem do presidente da República segurando a alça do caixão e caminhado lentamente, com olhar triste e respeitoso, mas com passos firmes e cabeça erguida, "tocou profundamente a alma do povo". A multidão que assistia a passagem do féretro a caminho do cemitério São João Batista, "não pôde conter-se e prorrompeu, eletrizada, em aclamações delirantes de vivas ao presidente". Prudente permaneceu sozinho e silencioso, frente ao caixão que baixava ao túmulo. O presidente estava só – sem guardas, Ministros ou familiares. A multidão que cercava o caixão, e que se manteve alguns passos atrás do presidente, interrompeu novamente o silêncio que se abatera sobre o cemitério para aclamar Prudente de Moraes; "todos agitaram-se, frenéticos, delirantes, febris, por entre as catacumbas, numa verdadeira alucinação de entusiasmo".

O presidente parecia em transe, indiferente aos aplausos da multidão. A sua expressão de tristeza e pesar continuava estampada na face. Quando ele estava prestes a deixar o túmulo, "surgiu sobre a lápide do sepulcro a cabeça leonina, os olhos injetados, uma grande figura negra – a negra figura de um grande negro". Era José do Patrocínio. Ele estendeu os braços e a multidão se calou. Fitando Prudente de Moraes, o grande orador irrompeu com a sua voz inflamada; "parai aí, senhor presidente! Ainda estais ouvindo o eco dessas catadupas de aplausos que se encapelaram de entusiasmo diante de vossa coragem cívica. Viestes sozinho, sem pretorianos e conquistastes a multidão, esta multidão que vos cerca e que vos guarda. E aqui acabais de receber a mais edificante e singular de todas as manifestações que nossa história registra: foi a convulsão da alma nacional que se atirou aos pés do santo varão que acaba de inscrever, nas páginas da história da pátria, altieloquente lição de civismo, ensinando através de sua coragem a força indômita, incontrastável e soberana da Lei, da Justiça e do Direito."

O presidente deixou o cemitério ciente de que a sua perseverança e coragem, atreladas ao apoio incondicional da população, venceram os radicais. Este momento representava o apogeu da carreira política de Prudente. A sua luta pelo fortalecimento das instituições e dos princípios democráticos e pela defesa das leis e da Constituição expressavam o mesmo desejo da maioria dos brasileiros. O assassinato do Marechal Bittencourt despertou o repúdio da nação pelo uso da força e da violência como armas da política partidária. O jacobinismo republicano, que se pautava pela truculência física e verbal e pelo estilo voluntarista, autoritário e militarista, perdeu adeptos, força e poder depois da tentativa de assassinato de Prudente de Moraes. A desarticulação dos jacobinos tornou-se um fato consumado; o caminho estava aberto para a consolidação da república democrática, constitucional e civil.

No momento em que Prudente deveria brindar a vitória da democracia, a resiliência das instituições e do triunfo da lei sobre a força, o presidente cometeu o seu maior erro político. Em menos de 48 horas em que fora aclamado por José do Patrocínio na lápide do túmulo do Marechal Bittencourt por sua coragem e perseverança na defesa da democracia, Prudente enviou ao Congresso Nacional uma mensagem requisitando a proclamação do estado de sítio. O estadista, que sempre condenou o poder arbitrário, o regime de exceção e que se orgulhava de nunca ter recorrido ao estado de sítio, requeria ao Parlamento o que ele próprio definiu como "essa tão odiosa medida".

Estranhamente, Prudente de Moraes – que fora até então o maior defensor da democracia e da Constituição – demonstrava desconfiança em relação à capacidade das instituições de apurar com rigor a morte do Marechal Bittencourt e de condenar com presteza e justiça os envolvidos na tentativa de assassinato do presidente. Antes de decretar o estado de sítio, já se suspeitava que o assassinato do marechal foi um ato isolado de um soldado desequilibrado. Marcelino Bispo de Melo não pertencia ao partido jacobino, nem participou do planejamento do assassinato que se tramava com a anuência de Glicério e Manoel Vitorino. O assassino agiu isoladamente, por livre e espontânea vontade.

O presidente aproveitou o respaldo do povo e a sede de vingança da população para demonstrar firmeza, agilidade e eficácia. A proclamação do estado de sítio, no dia 10 de novembro, permitiu a Prudente agir como ditador até 31 de janeiro de 1898. O governo fechou o Clube Militar e prendeu dezenas de militares identificados com a facção jacobina. Vários líderes civis, dentre eles senadores e deputados da oposição, foram deportados para a prisão na ilha de Fernando de Noronha. Os prisioneiros não podiam se comunicar com seus familiares e tiveram seus direitos individuais cassados. O governo também fechou jornais da oposição e exilou críticos do presidente que não tinham nenhuma ligação com os jacobinos; foi o caso do escritor paulista, historiador e dono de jornal, Eduardo Prado.

Com a oposição amordaçada e o aplauso da população, Prudente voltou-se para duas questões vitais: o saneamento das finanças públicas e a sucessão presidencial. O país estava à beira da insolvência financeira. A política econômica austera e o rígido controle da política financeira não foram suficientes para conter a queda da atividade econômica e o aumento dos gastos públicos com o fim da revolta no Rio Grande do Sul e a Guerra de Canudos. Em 1897, 73,5% dos gastos públicos eram financiados por meio do imposto que incidia sobres as importações. A diminuição das exportações e a redução das importações provocaram uma queda abrupta na arrecadação dos tributos federais. O Brasil não tinha como pagar seus compromissos externos e financiar os gastos do Estado brasileiro.A saída foi negociar um empréstimo externo.

Em fevereiro de 1898, Campos Sales e Gabriel Piza, Ministro plenipotenciário em Paris, iniciaram-se as negociações de um empréstimo para o Brasil com o banco Rothschild & Sons. A situação do Brasil era desesperadora e a negociação na Europa se estendeu por vários meses. O "Funding Loan", firmado pelos representantes do governo brasileiro, estava atrelado a um austero programa econômico, com redução drástica dos gastos públicos, equilíbrio orçamentário e combate à inflação. Como garantia do pagamento do empréstimo, o governo se comprometeria a "garantir a renda de nossas alfândegas", como escreveu Campos Sales a Prudente de Moraes.

Um programa econômico austero poderia ser mal recebido pela população, e Campos Sales pediu a Prudente para manter segredo sobre os termos do acordo do "Funding Loan". Campos Sales era o candidato do governo à sucessão presidencial e, como candidato, temia que a impopularidade do acordo prejudicasse a sua eleição. Mas, a popularidade de Prudente de Moraes, a desarticulação da oposição depois do assassinato do Marechal Bittencourt e o expurgo dos opositores durante o estado de sítio, garantiram uma vitória esmagadora de Campos Sales nas urnas. Ele recebeu 174.578 votos; o seu adversário, Lauro Sodré,16.180.

No dia 15 de novembro de 1898, Prudente de Moraes transmitiu o cargo ao presidente eleito, Manoel Ferraz de Campos Sales. A cerimônia no Senado foi emocionante. Além dos senadores e deputados da República, encontram-se os Ministros de Estado, a elite do Exército e Marinha, os cardeais da Igreja, o corpo diplomático, trajado com "seus fardões agaloados". Na tribuna do Senado, "acha-se o que o Rio de Janeiro possui de ilustre na política, nas artes, nas letras e no comércio". O local reservado para as damas da sociedade estava cheio. Toda as mulheres ilustres da capital federal estavam presentes na cerimônia.

Campos Sales e Prudente de Moraes são aclamados e aplaudidos pelo povo na entrada do Senado. A cerimônia começa. Campos Sales jura respeitar a Constituição e é investido no cargo pelo presidente do Senado, Manoel Queirós. Na saída, Campos Sales é recebido com uma chuva de rosas e confetes, quando entrava na sua carruagem, rumo ao palácio do governo. No Catete, foi novamente ovacionado pela população. Ao som do hino nacional, o novo presidente foi recepcionado pelos Ministros e todos os oficiais das Forças Armadas. Prudente recebe Campos Sales no Salão Liberdade, abraça-o e faz um breve discurso. Emocionado, Campos Sales agradece as palavras do presidente e lhe diz: "ao assumir o governo da República, eu compreendo a grave responsabilidade dessa investidura. Cumpristes o vosso dever, e eu vos asseguro que não deixarei perecer o vosso trabalho".

No fim da cerimônia, Campos Sales acompanhou Prudente de Moraes até o portão do palácio. Prudente é recebido com vibrantes aplausos. Flores são jogadas da sacada das casas: "as mulheres agitam lenços, os homens agitam os chapéus. E os 'vivas' não têm fim". Prudente entra na carruagem, mas os cavalos são obrigados a andar lentamente; a multidão que ocupou as ruas o acompanha até a pensão Beethoven, na rua Cândido Mendes, onde Prudente se hospeda.

O cortejo popular volta às ruas no dia seguinte, para escoltar Prudente até a estação de trem, a Central do Brasil, onde o ex-presidente tomará o trem para São Paulo. Uma "chuva de flores", aplausos, 'vivas' e discursos perseguem Prudente da pensão Beethoven até o vagão do trem. O ex-presidente aproveita a viagem para descansar e, ao chegar a São Paulo, a mesma recepção calorosa o espera. Sua chegada em Piracicab,a no dia 28 de novembro é igualmente triunfante.

Aos poucos, Prudente retomava a rotina de cidadão. Convidou o amigo João Sampaio para ser seu sócio no escritório de advocacia que ele resolveu reabrir. Eles dividiam as tarefas. Prudente "estudava os processos, redigia petições, dava pareceres" e cuidava da contabilidade do escritório; João Sampaio seguia os processos nos tribunais e comparecia à tribuna do Júri. Um dia, Prudente de Moraes Filho, cujo apelido carinhoso era "Nhôzinho", foi ao escritório do pai. Ao notar que o ex-presidente estava prestes a sair, Nhôzinho perguntou-lhe aonde estava indo.

"Vou a uma audiência"

"Audiência de quem?"

"Do juiz de paz"

" Mas... um ex-presidente da República!"

"Que é que tem, Nhôzinho? Mandei o João Sampaio a Santa Bárbara, a serviço político. Eu vou substituí-lo na audiência"

"Não, senhor, papai. Tenha paciência. O senhor não vai!"

" Mas tenho que defender uma causa que me foi confiada. Não posso deixar de ir."

"Irei eu, papai. Tenha paciência. Não fica bem..."

"Por eu ter sido presidente da República! Mas todo trabalho é nobre, Nhôzinho..."

"Não deixarei que o senhor vá. Eu irei, papai. Deixe-me ir. Peço-lhe!"

"Está bem, Nhôzinho. Está bem"

Prudente fez uma pausa ligeira e acrescentou, bem-humorado: "mas tome cuidado. Não vá fazer alguma asneira"[20].

Prudente sentia-se feliz por voltar à vida cotidiana do interior paulista. Dedicava as suas horas as coisas que gostava: trabalho, leitura, estudo, vida familiar, prosa com os poucos amigos, a companhia deliciosa da sua mulher, dona Adelaide; à noite, gostava de escutar, da varanda de casa, as águas do rio Piracicaba desaguarem no salto. Depois de "sacrificar a vida pela pátria" na Presidência da República, Prudente reencontrara a alegria de viver na vida privada, na rotina de cidadão comum.

[20] Peixoto, Silveira. Opus cit, pag 326.

REPÚBLICA FEDERATIVA DO BRASIL

15 de Novembro de 1889

A DISPUTA ENTRE DOIS PAULISTAS

Prudente de Moraes entregou a Campos Sales um país infinitamente melhor do que herdara do Marechal Floriano Peixoto. A pacificação do país, o fortalecimento das instituições democráticas, o respeito aos princípios constitucionais e a consolidação do poder civil asseguraram a estabilidade institucional da República. A questão política estava resolvida; era preciso solucionar a questão econômica. Apesar do esforço para conter os gastos públicos e promover o equilíbrio orçamentário, o governo não conseguiu sanear as finanças públicas.

No início de 1898, o Brasil enfrentava a pior crise financeira desde a Proclamação da República. A pressão inflacionária, o gigantesco déficit público, a queda do preço do café no mercado internacional, a desvalorização da moeda e a dificuldade de honrar o pagamento dos empréstimos externos levaram o país à beira da bancarrota. No dia 15 de março, Bernardino de Campos, o então Ministro da Fazenda de Prudente de Moraes, escreveu a Campos Sales sobre a situação dramática das finanças brasileiras; "eu só tenho a dizer que o assunto é urgente, porque não nos agüentamos até julho, creio".

A delicada situação do Tesouro Nacional exigiu uma estreita cooperação entre o presidente que estava prestes a deixar o poder e o seu sucessor. Prudente de Moraes incumbiu o recém-eleito presidente da República, Campos Sales, de negociar um acordo financeiro com os credores europeus. Campos Sales teria a ingrata missão de conseguir "um empréstimo avultado ou a suspensão de pagamentos". Como o calote foi enfaticamente descartado, restava apenas o empréstimo. No seu diário, Campos Sales escrevera; "eu e Bernardino de Campos estamos convencidos de que o mais seguro e eficaz será obtermos um empréstimo externo avultado, que sirva de base à restauração das nossas finanças". Sem crédito externo, o Brasil estava condenado a ser um país periférico, insignificante e excluído da comunidade das nações. Uma nação que não consegue honrar seus compromissos financeiros dificilmente consegue preservar sua soberania.

Para convencer os banqueiros internacionais a conceder um novo empréstimo ao Brasil, Campos Sales apresentou um ambicioso programa de saneamento das finanças públicas e o elegeu como a prioridade número 1 do seu governo. O plano do novo presidente consistia em promover uma drástica redução dos gastos públicos, combater a inflação, equilibrar o orçamento da nação e criar condições sólidas para a retomada do crescimento econômico. Este programa só poderia ser implantado porque as condições políticas nunca foram tão favoráveis. Depois de uma década de revoltas e rebeliões, o país fora pacificado, as instituições democráticas, fortalecidas, e a estabilidade política assegurada; o Brasil estava pronto para retomar os investimentos e voltar a crescer.

Os banqueiros gostaram do discurso de Campos Sales e da sua determinação em sanear as finanças públicas. Mas, discursos encantadores não serviam de garantia para a concessão de um novo empréstimo, de 10 milhões de libras esterlinas. Os banqueiros exigiam uma garantia sólida e confiável, que consistia em nada menos do que a "renda de todas as alfândegas da República, a Estrada de Ferro Central do Brasil e o serviço de abastecimento d'água do Rio de Janeiro". Além dessas receitas, o Brasil teria de retirar de circulação uma soma de papel moeda equivalente ao valor do empréstimo. Este montante seria recolhido aos bancos credores e queimado publicamente. Havia mais um adendo: o Brasil não poderia recorrer a novos empréstimos no exterior. Um dos principais credores do país, o banco inglês da família Rothschild, "avisava lealmente ao Sr. Campos Sales de que essa era a única operação que se poderia tentar no momento e não dissimulavam que nem na Inglaterra nem no continente queria ouvir falar em negócios para com o Brasil"[1].

A dificuldade de se negociar os termos do acordo só se agravou com os fatos e boatos que circularam no mercado e na imprensa. Durante as negociações com os Rothschild, Campos Sales recebeu um telegrama urgente e confidencial do governo, no qual Bernardino de Campos implorava ao presidente eleito para concluir rapidamente o acordo com os credores, porque aproximava-se a data de vencimento de um empréstimo de 2 milhões de libras esterlinas e o "Tesouro não se achava preparado para honrar". Começaram a sair artigos na imprensa estrangeira que noticiavam que o Brasil estava prestes a declarar o *default*; "a idéia da suspensão de pagamentos produzira em todos os mercados europeus penosíssimo desgosto. Causou verdadeiro pânico. O

[1] Guanabara, Alcindo. A Presidência Campos Sales. Editora Universidade de Brasília, 1983. Página 39.

câmbio indicava uma crise financeira aterrorizadora, assinalando uma formidável desproporção entre as necessidades fixas de uma dívida em ouro e os recursos variáveis da moeda fiduciária, tão profundamente desvalorizada"[2].

Nessas condições dramáticas, Campos Sales tinha pouco espaço de manobra para negociar com os credores. A renda da alfândega do Rio de Janeiro foi dada em garantia ao empréstimo, mas se ela fosse insuficiente para honrar os vencimentos, o governo recorreria à receita da alfândega de outros estados. Quanto ao serviço de abastecimento d'água do Rio de Janeiro e à estrada de ferro Central do Brasil, Campos Sales conseguiu excluí-las da lista das garantias. Com o acordo do *Funding Loan* assinado, o presidente ganhou fôlego financeiro para iniciar a reforma do Estado.

Campos Sales elegeu o saneamento das finanças públicas como a prioridade do seu governo. Ao contrário dos políticos que costumam prometer um futuro róseo para o eleitorado, o presidente foi enfático ao afirmar que o Brasil teria de enfrentar um período difícil; "o problema financeiro é o grande problema nacional. Não há, portanto, lugar para os vastos programas da Administração que, aliás, se incompatibilizam radicalmente com a situação do Tesouro. Considero um dever e lealdade não abrir esperanças, nem contrair compromissos de outra ordem. Muito terá feito pela República o governo que não fizer outra coisa senão cuidar das suas finanças".

Uma nação soberana não se limita a garantir a paz interna e externa, os direitos individuais e o cumprimento das leis. Um país incapaz de administrar as finanças públicas com prudência e competência corre o risco de ser alijado da comunidade internacional e de perder temporariamente a sua soberania. No início do século XX, as grandes potências costumavam recorrer ao uso

---

[2] Sales, Campos. Da Propaganda à Presidência. Opus Cit. Páginas 184-185.

da força e à intervenção militar para ocupar países caloteiros. Se o Brasil suspendesse o pagamento dos empréstimos externos, o mundo não ficaria chocado se Inglaterra e França resolvessem invadir o país e apoderar-se do governo até receberem o último centavo que lhes era devido.

A responsabilidade da administração das finanças públicas sempre esteve atrelada ao exercício da soberania nacional. Neste quesito, os governos republicanos foram desastrosos. Campos Sales não poderia imaginar que ao enumerar os motivos da má gestão e da incompetência da administração do dinheiro público, estaria descrevendo os problemas e dificuldades que atormentaram a nação até o século XXI;

"o protecionismo inoportuno, e por vezes absurdo, em favor de indústrias artificiais, à custa dos maiores sacrifícios para o contribuinte e o Tesouro; a emissão de grandes massas de papel inconversível, causando profunda depressão no valor do meio circulante; os déficits orçamentários criados pelo funcionalismo exagerado e pelo aumento contínuo da classe dos inativos; o aumento constante da dívida flutuante, que se origina dos próprios déficits e, consequentemente, o aumento da dívida consolidada; a má arrecadação das rendas públicas; o efeito moral da má política financeira, acarretando o descrédito e o retraimento da confiança dos capitais no país e no estrangeiro; a especulação que neste meio se desenvolve como parasita em organismo em decadência; finalmente, a baixa cambial, síntese e expressão de todos os erros"[3].

O presidente estava determinado a combater esses males. Considerava o saneamento das finanças públicas imprescindível, urgente e necessário. Ele sabia que a implementação de um austero programa financeiro geraria impopularidade, recessão e

[3] Souza, Raul Alves de. História Política dos Governos da República. Empresa Gráfica Editora. Rio de Janeiro, 1927. Página 80.

desemprego. Mas este era o preço que o Brasil teria de pagar para se tornar uma nação madura, respeitável e apta a trilhar o caminho do crescimento econômico sustentável.

A missão de Campos Sales na Presidência da República resumia-se a conduzir o país nesta difícil e longa travessia. Sacrificaria o seu mandato para submeter o país ao mais austero programa econômico já implantado. Seria uma figura impopular, pois exigiria sacrifício, perseverança, coragem e determinação do governo e da sociedade. Mas os grandes governantes não pautam suas ações pensando nos aplausos momentâneos; eles são guiados pelo senso de dever, pela defesa de princípios e pela determinação de lutar pelo que é certo e vital para o bem-estar do país.

Ciente da tempestade e da impopularidade que enfrentaria durante os quatro anos que comandaria o país, Campos Sales precisava construir uma base política capaz de garantir a implementação do seu programa econômico. Se tivesse de enfrentar as inúmeras crises políticas que desestabilizaram a presidência de Prudente de Moraes – as rebeliões nas Forças Armadas, as revoltas estaduais e as disputas partidárias no Congresso –, a sua missão de estancar a crise financeira terminaria em fracasso. Portanto, assegurar o respaldo incondicional das principais lideranças políticas ao seu programa econômico parecia-lhe essencial para o sucesso do seu projeto de governo.

O presidente era um político habilidoso. Sabia costurar acordos e entendimentos como poucos estadistas da Primeira República. Era reconhecido como um exímio operador político por seus aliados e adversários. O seu estilo conciliador e postura diplomática permitiram-lhe transitar por todas as correntes e facções políticas. A cordialidade e afabilidade de Campos Sales encobriam a sua determinação, objetividade e pragmatismo nas negociações. Ele definia com precisão os seus objetivos e os perseguia como um lobo que não deixa a sua presa escapar do seu raio de ação. Sua tática era simples e eficaz. Procurava isolar os radicais, mostrando disposição de negociar e vontade genuína de se chegar ao entendimento. Quando pressentia que conseguira instalar a discórdia entre radicais e moderados, ele partia para o ataque: lançava uma proposta concreta e realista, que parecia sensata para os moderados e inaceitável para os radicais. A negociação se prolongava até o rompimento dos radicais e moderados. O isolamento dos radicais permitia-lhe a chegar a um acordo com os moderados da oposição.

Com esta tática, ele conseguiu evitar que as disputas entre os militares radicais e os republicanos históricos desestabilizassem o regime republicano. Campos Sales acreditava que as crises políticas originavam na intransigência dos radicais. Considerava a virulência dos jacobinos uma séria ameaça à estabilidade institucional, pois recorriam às armas, aos levantes e à violência para impor sua vontade. Mas, ele também desaprovava o estilo intransigente de Prudente de Moraes. O ex-presidente entrincheirou-se na defesa radical da Constituição, da democracia e das instituições, recusando-se a negociar qualquer acordo que representasse uma concessão aos jacobinos. Prudente não tolerava os radicais, pois acreditava que era impossível chegar a um entendimento com homens que menosprezavam os princípios democráticos e a soberania das instituições.

Campos Sales concluíra que a intransigência de Prudente na defesa dos valores democráticos limitou o diálogo entre governo e oposição e quase provocou o colapso das instituições republicanas. O novo presidente acreditava que a busca do diálogo e do entendimento com a oposição era a melhor alternativa para isolar os radicais e firmar um pacto com os moderados. Por isso, estava disposto a fazer concessões para manter a relativa paz entre jacobinos e republicanos e assegurar a estabilidade política.

Ao contrário de Prudente, Campos Sales era mais flexível na interpretação dos princípios constitucionais. Eles serviam para balizar a conduta dos homens e não para paralisar o regime político. O presidente pretendia flexibilizar as regras da democracia para assegurar a estabilidade política. Estava mais preocupado com o bom funcionamento do sistema político, a eficácia e a agilidade das instituições do que com a pureza dos dogmas que regiam a democracia.

A questão é saber até que ponto é possível flexibilizar as regras sem enfraquecer os princípios que sustentam a democracia. Campos Sales entendia que este era um assunto para a história julgar. A única coisa que se importava era com o seu governo. Tinha quatro anos para implementar um programa econômico austero, sanear as finanças públicas e preparar o país para inaugurar um ciclo virtuoso de crescimento. A insolvência do Estado arruinaria a República. A democracia não resistiria à indisciplina econômica e à irresponsabilidade financeira que marcaram o governo dos seus antecessores. Portanto, o presidente da República tem o dever e a obrigação de empregar todos os recursos constitucionais para garantir o cumprimento do seu plano econômico.

Assim que assumiu a Presidência da República, Campos Sales começou a arquitetar um grande pacto político que passou para a história como a *política dos governadores*. O presidente apoiaria os governadores em troca de votos e respaldo político dos estados ao Governo Federal. Lhes garantiu que respeitaria o poder dos estados e não usaria a força e a coerção para intervir na esfera política dos governadores. Em contrapartida, o presidente deixou claro que esperava a cooperação e o apoio dos governadores na aprovação e na implementação da política econômica.

O acordo parecia simples, mas as implicações deste entendimento mudaram o rumo da República. A *política dos governadores* tornou-se a base de sustentação política de todos os presidentes que governaram o país até 1930. Por ser um marco importante da história política da Primeira República, vale à pena compreender como esta fórmula engenhosa foi implementada por Campos Sales.

No seu discurso inaugural, o presidente prometeu zelar pela independência dos Poderes Legislativo e Judiciário, trabalhar em harmonia com o Congresso e respeitar a autonomia dos estados. O presidente pretendia unir a pátria em torno de "uma política nacional de tolerância e concórdia". Esta meta só seria atingida se os partidos e as facções abandonassem as "estreitezas do exclusivismo", os interesses mesquinhos e as disputas locais e se unissem na defesa dos interesses nacionais. O exemplo tinha de começar pelo Congresso Nacional. Os deputados e senadores não devem agir como "advogados de interesses localizados em determinadas circunscrições. Eles representam, antes de tudo, a Nação, cujos grandes destinos foram confiados à solicitude patriótica". Agir patrioticamente significava aprovar as reformas econômicas e evitar que o Congresso se tornasse um ringue de disputas provincianas e de lutas partidárias.

Campos Sales recorreu à sua tradicional tática política. Apresentou-se como um líder magnânimo, que pretendia enterrar as divergências políticas e unir a nação em torno de um programa de governo nacional e apartidário. O pacto federativo baseava-se em princípios genéricos e irrefutáveis – "uma política nacional de tolerância e concórdia" –, mas exigia de seus participantes a aprovação de projetos específicos e pontuais, como o corte dos gastos públicos e a aprovação das medidas de austeridade fiscal. O pacto político anunciado pelo presidente foi rapidamente compreendido e ratificado pelas principais lideranças políticas. A maioria absoluta dos parlamentares e dos governadores cerrou fileiras em torno do presidente e, em menos de um mês e meio, o Congresso aprovou todas as medidas fundamentais do programa econômico de Campos Sales.

O êxito das reformas econômicas dependia do apoio incondicional dos governadores e do Parlamento. Na *política dos governadores*, não havia espaço para a oposição. Aqueles que se opusessem ao governo seriam alijados do poder e condenados ao ostracismo político. Qualquer manifestação contrária ao programa financeiro do governo era considerada um ato de insubordinação e de falta de patriotismo. Por isso, o domínio absoluto da máquina pública era um elemento vital para o sucesso do pacto político. Os governadores controlavam a política dos seus estados por meio dos Partidos Republicanos estaduais, das alianças com os coronéis municipais e do uso da máquina pública para favorecer seus aliados e perseguir seus adversários.

A *política dos governadores* institucionalizou a política clientelista. O governador centralizou as nomeações para os cargos-chave na burocracia estatal – como juízes, chefes de polícia e funcionários públicos –, coordenou a distribuição de favores para seus afilhados políticos e assegurou o respaldo legal e militar para os seus correligionários. Em contrapartida, os coronéis municipais tinham de garantir o apoio e os votos que o governador necessitava para assegurar o seu poder e prestígio na esfera federal. Mas, os coronéis não eram apenas chefes locais que garantiam os votos para o governador.

Eles tinham de agir como verdadeiros líderes municipais, que lutavam pelos interesses da cidade para ganhar o respeito e a estima da população. O coronel que não fosse capaz de usar o seu poder e influência junto ao governador para melhorar os serviços locais, como as estradas, escolas, hospitais e saneamento básico, acabava perdendo o poder para o seu rival. Quando o governador pressentia que o coronel não contava com a estima dos munícipes e, portanto, teria dificuldades de garantir a vitória nas urnas, ele transferia o seu apoio para o coronel rival. Desta forma, mantinha-se uma certa alternância no poder local e evitava que o governador se tornasse refém dos coronéis municipais; "o coronelismo foi a base de uma possível política dos estados. Ele manifesta um compromisso entre o poder estatal que necessita de votos e o poder econômico privado dos donos da terra"[4].

O fortalecimento das oligarquias locais era proposital. O poder decisório restringiu-se à hierarquia dos Chefes do Executivo: no topo da pirâmide, estava o presidente da República; logo abaixo, os governadores e, na base, os coronéis municipais. O presidente apoiava os governadores, que controlavam o poder provincial, a Administração Pública estadual e a máquina eleitoral. Os coronéis garantiam os votos e o apoio dos municípios aos governadores que, por sua vez, davam sustentação à política presidencial. A *política dos governadores* oficializou a predominância absoluta do Poder Executivo sobre o Legislativo e Judiciário. Como o próprio Campos Sales dizia,"o poder que se acha em condição de esclarecer e dirigir é o Executivo; o Congresso tem necessidade de que a sua maioria seja esclarecida, e sob certos assuntos, dirigida".

O exercício do poder absolutista exigia o domínio absoluto do sistema eleitoral. As urnas não podiam trazer surpresas desagradáveis para o presidente da República. O Parlamento deveria ser uma cordata Câmara de Notáveis, cuja eleição de seus membros devia-se fundamentalmente à fidelidade dos deputados e senadores à política do governo. O voto tinha de ser um mero mecanismo formal de legitimação do poder da maioria governista no Congresso. Por meio do sistema eleitoral, o presidente pretendia selecionar cuidadosamente os seus aliados e adversários.

A mudança dos critérios eleitorais exigia a aprovação de uma emenda constitucional. Campos Sales mobilizou os governadores e seus aliados no Congresso para votar o projeto que alteraria a maneira de apurar os votos e de reconhecer os vencedores das eleições. O resultado oficial das eleições e a diplomação dos

[4] Holanda, Sergio Buarque. O Brasil Republicano. Volume 8. Opus cit, Página 49.

parlamentares eleitos eram sacramentados pela Comissão de Verificação de Poderes. Para compreender a relevância política desta comissão parlamentar, é preciso entender o processo eleitoral.

Desde a época do Império, as eleições despertavam uma intensa disputa entre os partidos. Valia tudo para conquistar o voto. Além das alianças partidárias, pactos políticos e promessas de campanha, os partidos recorriam a outros mecanismos menos nobres, como a fraude eleitoral, o uso da violência e da máquina governamental. Não é à toa que o resultado das eleições era freqüentemente contestado pelo partido derrotado nas urnas. As denúncias eram encaminhadas ao Parlamento, que as submetiam à Comissão de Verificação de Poderes. Presidida pelo membro mais idoso do Legislativo e composta por quatro parlamentares escolhidos pelos partidos, essa Comissão tinha o poder de averiguar as denúncias de irregularidade do pleito e de investigar a lisura da eleição. Se concluísse que houvera irregularidade, a Comissão podia anular o resultado da eleição e promulgar o candidato derrotado como o vencedor do pleito. A Comissão de Verificação era, de fato, responsável por diplomar e oficializar os candidatos eleitos.

Durante o período monárquico, D. Pedro II aproveitava as acusações de fraude eleitoral encaminhadas à Comissão de Verificação para promover o revezamento dos partidos no poder. Ao reconhecer a existência de fraudes e uso da violência, a Comissão de Verificação, influenciada pelo desejo do Imperador, transferia o poder para o partido da oposição, evitando que o partido situacionista monopolizasse as vitórias eleitorais. D. Pedro II manipulava com tamanha maestria o equilíbrio de forças entre os partidos que, durante o seu reinado, o Brasil teve 7 governos conservadores, 7 liberais e um governo de coalizão. O Imperador usava a Comissão de Verificação para "corrigir" as imperfeições do sistema eleitoral.

Campos Sales não queria saber dessas sutilezas imperiais. Queria transformar a eleição num instrumento que garantisse a maioria governista no Congresso. Precisava aprovar seus projetos de governo e a reforma financeira e não tinha tempo a perder com questionamentos e contestações da oposição. O presidente não acreditava que houvesse motivos nobres ou críticas construtivas no comportamento e no discurso da oposição. Aliás, todos aqueles que se opunham à vontade presidencial eram mal-intencionados. Na visão de Campos Sales, a oposição "ou é subversiva ou é difamadora".

A emenda constitucional proposta pelo governo provocou duas mudanças cruciais no sistema eleitoral. A primeira consistia em realizar a eleição para os cargos Executivo e Legislativo concomitantemente. A segunda implicava em transferir o poder da Comissão de Verificação do Congresso para as Câmaras municipais. Com esses dois instrumentos, os governadores poderiam recorrer aos métodos lícitos e ilícitos para garantir a vitória governista no estado e nos municípios e ratificar o nome dos candidatos eleitos.

A Comissão de Verificação do Congresso restringiu-se a conferir e a aceitar as atas eleitorais enviadas pelas Câmaras municipais, mas ela ainda preservava a sua função crucial de oficializar e diplomar os candidatos eleitos. Para evitar que a Comissão de Verificação pudesse contestar o resultado oficial das eleições locais, Campos Sales propôs uma mudança regimental. A Comissão de Verificação não seria mais presidida pelo parlamentar mais idoso da Casa (nunca se sabe a que facção ele poderia pertencer!), mas pelo presidente da Câmara anterior, que certamente seria um membro da bancada governista.

As implicações políticas das mudanças no sistema eleitoral não passaram desapercebidas. Os jornais liberais acusavam o governo de orquestrar um golpe, cujo propósito era desarticular os partidos, sufocar a oposição e subordinar o Congresso ao domínio do Executivo. No Parlamento, uma minoria protestou contra o projeto do governo, mas Campos Sales não teve dificuldade de obter a maioria absoluta dos votos dos deputados e senadores. Ao aprovar a nova legislação eleitoral, os jacobinos entendiam que Campos Sales finalmente rendera-se às propostas que sempre defenderam: a concentração de poder nas mãos do presidente da República e a submissão dos outros Poderes às diretrizes do Poder Executivo. Os republicanos históricos, que apoiavam o presidente e testemunharam as acirradas disputas partidárias no Congresso geradas pelas discórdias eleitorais, estavam aliviados de transferir para os estados a responsabilidade de reconhecer os candidatos eleitos e de legitimar o processo eleitoral. Mas, as críticas foram rapidamente silenciadas e a *política dos governadores* provou sua eficácia, elegendo uma esmagadora maioria governista nas eleições de 1900 para o Congresso Nacional.

Apesar da vitória arrasadora do governo nas urnas, Campos Sales surpreendeu-se com a intensidade das disputas eleitorais nos estados. Como um representante digno da elite do século XIX, ele acreditava que a cúpula governista determinava e controlava os destinos da política. Se o presidente da República e os governadores selassem um acordo, ele automaticamente se tornaria realidade. Na *política dos governadores*, não se cogitava incluir outras variáveis na equação política, como a vontade popular, as reivindicações partidárias e as demandas locais. Campos Sales as considerava irrelevantes, pois o povo e os chefes provinciais não tinham noção do que era importante para o país. Ambos limitavam-se a reivindicar medidas governamentais para satisfazer as questões imediatas e as vontades efêmeras da sociedade.

A política não podia ser ditada pelos anseios populares; os assuntos de Estado eram demasiadamente importantes para serem decididos pelo povo. A política tinha de ser conduzida pelos homens de visão, que sabiam identificar as verdadeiras prioridades da nação e transformá-las em decisões políticas. Esses homens formavam a elite do país e, evidentemente, pertenciam à cúpula governista. Mas, a realidade raramente se enquadra nas premissas ideológicas que os homens e partidos costumam assumir.

A rivalidade política nas províncias teimava em desafiar a vontade de Campos Sales, de se criar uma aliança harmônica dos estados em torno da política presidencial; "após a implantação da política dos governadores, a República teve a sua estabilidade garantida pela instabilidade das alianças entre os estados mais importantes da federação, impedindo que a hegemonia de uns fosse perpetrada e que a exclusão de outros fosse definitiva"[5]. O foco da instabilidade estava localizado em três estados importantes: São Paulo, Pernambuco e Mato Grosso. O primeiro era a base política do presidente da República; o segundo, do vice-presidente, Rosa e Silva; e o terceiro, do Ministro da Fazenda, Joaquim Murtinho, o homem mais poderoso do governo.

Em Mato Grosso, a política estadual era dominada pelos Murtinho e Generoso Ponce, mas a eleição para governador, em março de 1899, provocou a ruptura entre os dois clãs. Ponce indicou para o cargo Félix Peixoto de Azevedo, "engenheiro, que mora há 23 anos fora de Mato Grosso". Manoel Murtinho e Antônio Pais de Barros (Totó Pais), um dos maiores usineiros do estado, escolheram José Maria Matelo. A vitória de Félix Peixoto era previsível, pois Generoso Ponce "contava com a lealdade do vice-governador, tinha a maioria da Assembléia estadual e na maior parte dos municípios". Murtinho e Totó Pais contestaram a lisura das eleições e acusaram o governo de recorrer à fraude eleitoral. O impasse foi resolvido à bala. Os dois lados organizaram milícias e partiram para o confronto armado.

Campos Sales, que prometera não intervir nas disputas estaduais, atendeu o pedido do Ministro da Fazenda, Joaquim

[5] Ferreira, Jorge e Lucilia de Almeida Neves Delgado. O Brasil Republicano. Volume 1. Editora Civilização Brasileira. Rio de Janeiro, 2003. Página 119.

Murtinho, que desejava ajudar seu irmão, Manoel Murtinho. O presidente enviou tropas federais para o Mato Grosso, para colaborar com os partidários de Murtinho e Totó Pais. Cuiabá, que estava sob o domínio de Generoso Ponce, foi bombardeada durante cinco dias. Ponce capitulou e a facção de Murtinho empossou o novo governador do Estado, que acabou sendo um terceiro candidato, o Coronel Pedro Alves de Barros[6].

Em Pernambuco, a intervenção do Governo Federal na política estadual não seu deu por causa de disputas eleitorais. Ela foi motivada pelo desvio de dinheiro público. Uma quantia expressiva desapareceu do "cofre da Delegacia Fiscal de Pernambuco; o inquérito comprovou que certos funcionários eram responsáveis pelo desfalque. O Ministro da Fazenda expediu ordens para que o Procurador da República iniciasse o processo; este não cumpriu as determinações do Ministro". O descumprimento da ordem levou o Ministro da Justiça, Epitácio Pessoa, a demitir o Procurador. Mas, o funcionário exonerado era afilhado político de Rosa e Silva e, no mesmo dia da sua demissão, "foi chamado para trabalhar no gabinete do governador, Antônio Gonçalves Ferreira"[7].

Rosa e Silva não fugiu ao papel cumprido à risca por seus antecessores na vice-presidência da República, o de chefe da oposição do governo. Floriano, vice de Deodoro, participou do complô para derrubá-lo; Manoel Vitorino, vice de Prudente, confabulou para depô-lo e assassiná-lo, e Rosa e Silva tornou-se o maior adversário político de Campos Sales. Ele não só externava a sua desaprovação às medidas econômicas defendidas pelo governo como também resolveu apoiar o candidato da oposição à sucessão de Campos Sales.

Em São Paulo, a revolta da cúpula do PRP com a *política dos governadores* foi ditada pela recusa do partido de se submeter à

6 Carone, Edgard. Opus cit. Volume 2. Páginas 194-197.
7 Carone, Edgard. Opus cit. Volume 2. Página 208.

vontade presidencial de maneira incondicional. O PRP pretendia apoiar Campos Sales, mas se recusava a dar-lhe carta branca para escolher os candidatos do partido e ditar a política paulista. As divergências entre o PRP e as aspirações do presidente da República ficaram claras num jantar oferecido pelo governador de São Paulo, Rodrigues Alves, aos senadores e deputados federais paulistas, em abril de 1900.

Durante o jantar, Rodrigues Alves agradeceu a presença dos parlamentares e, em seguida, fez uma defesa enfática da política do Governo Federal, enobrecendo a determinação e a coragem de Campos Sales em enfrentar a gravíssima crise financeira que ameaçava a estabilidade política e econômica da nação. O presidente só seria capaz de sanear as finanças públicas se pudesse contar com o apoio incondicional do Congresso. A fidelidade do Legislativo ao Chefe do Executivo seria assegurada pelos governadores, que garantiriam a eleição dos parlamentares governistas por meio do exercício do poder de verificação. Rodrigues Alves conclui o seu discurso, afirmando que "Campos Sales esperava que também a representação do seu Estado adotasse o critério de reconhecer como deputados os candidatos dos governadores, seus adeptos"[8].

Essas palavras provocaram um silêncio constrangedor perante os convidados. O deputado Adolfo Gordo foi o primeiro a manifestar a sua preocupação com "as divergências que não poderão deixar de se estabelecer entre a anunciada orientação (do presidente da República) e a fé republicana". O senador Paula Souza argüiu que Campos Sales não conseguiria acumular a função de presidente da República e de cabo eleitoral do estado. Bueno de Andrade, outro republicano histórico, complementou o pensamento de Paula Souza: "não creio que o presidente, premido na

[8] Peixoto, Silveira. Opus cit. Página 336.

prensa financeira, disponha agora de tempo para examinar a regularidade de atas eleitorais".

Rodrigues Alves tentou interromper a avalanche de críticas, reiterando o desejo de Campos Sales de obter "o compromisso da bancada paulista para reconhecer todos os candidatos dos governadores dos Estados". O governador concluiu de forma peremptória; "eu concordo com o presidente da República na sua nova orientação política".

O apoio incondicional de Rodrigues Alves à *política dos governadores* e ao poder de verificação desencadeou a revolta dos parlamentares do PRP. Bueno de Andrade foi o primeiro a repudiar o monopólio do governador de reconhecer os candidatos eleitos: "declaro não acompanhar o Poder Executivo em tão errado caminho. Hostilizarei esse novo regime sempre que puder e como puder". Miranda de Azevedo, que fora um dos signatários do manifesto republicano de 1870, esbravejou, classificando a orientação do presidente da República como "desmascarada empresa de apóstatas interesseiros". Cincinato Braga solidarizou-se com os seus colegas e profetizou que "grandes males adviriam para o Brasil, no caso de sair vitorioso desta sala, isso que se pode denominar um plano autocrático"[9].

Cincinato Braga tinha razão. A política presidencial era autocrática. Os governadores teriam carta branca para recorrer aos métodos legais e ilegais para garantir a eleição da bancada governista no Congresso. O poder de verificação oficializou o uso da fraude eleitoral e do emprego da máquina pública para destruir qualquer forma de oposição ao governo federal. Os candidatos derrotados não poderiam mais apelar para a Comissão de Verificação da Câmara; o resultado das eleições seria apurado e homologado nos estados, onde o governador controlava a máquina pública, a Assembléia Legislativa e os votos.

[9] Peixoto, Silveira. Opus cit. Páginas 335-337.

Apesar de saber o tremendo risco político que representava o rompimento político com o governo, a cúpula do PRP deixou claro que não renunciaria a sua soberania para se tornar o partido oficial do governador ou do presidente da República. Os parlamentares paulistas negaram-se a assumir um papel secundário no cenário político e transformar-se em meros agentes da vontade presidencial. Os rebeldes saíram do jantar com uma missão: angariar o mais rápido possível o apoio da maioria do partido para resistir o desmantelamento do PRP.

O primeiro voto a ser conquistado era o de Prudente de Moraes. O ex-presidente sempre foi um líder reconhecido por sua intransigência na defesa dos valores republicanos e das instituições democráticas. O seu aval tinha enorme importância política; simbolizava a legitimidade da causa dos parlamentares rebeldes, ajudaria a angariar novos aliados e serviria de símbolo da resistência paulista contra o rolo compressor do governador e da política autoritária do presidente da República. Cincinato Braga partiu imediatamente para Piracicaba, a fim de reunir-se com Prudente. Não foi preciso muita conversa para persuadi-lo do propósito da rebelião da cúpula do PRP. No final da reunião, o ex-presidente "prestara toda a sua solidariedade ao belo movimento"[10].

Prudente de Moraes percebeu que havia algo muito mais grave e nefasto na política presidencial do que o mero controle do sistema eleitoral. Ele compreendera a real ameaça que a *política dos governadores* representava ao país. Campos Sales pretendia sacrificar os partidos, liquidar a oposição, destruir o sistema eleitoral e enterrar a divisão constitucional dos Três Poderes para implementar um austero programa econômico. A *política dos governadores* desmantelaria a república liberal e destruiria os fundamentos da democracia constitucional. O presidente acreditava que o saneamento das finanças públicas só seria possível com a

[10] Peixoto, Silveira. Opus cit. Página 337.

submissão das instituições democráticas à vontade presidencial. Prudente de Moraes jamais poderia aceitar este pacto faustiano.

Por mais importante e necessário que fosse enfrentar a crise financeira do Estado, Prudente não podia aceitar um pacto político que pretendia destruir as instituições republicanas para salvar o Tesouro. Há de ter um meio de sanear as finanças públicas respeitando os princípios constitucionais e a soberania das instituições. Campos Sales não conseguia julgar as questões políticas com a prudência e o distanciamento do ex-presidente. Ele era afoito e concentrava o seu esforço e energia nos objetivos práticos de curto prazo. Campos Sales era incapaz de imaginar as conseqüências trágicas do seu pacto oligárquico para a evolução da democracia liberal. Para o presidente, a questão financeira era mais importante e urgente do que a questão das instituições democráticas. Prudente, ao contrário, acreditava que a solução para a maioria das questões políticas, econômicas e sociais passava pelo fortalecimento das instituições e pela defesa intransigente dos princípios democráticos.

Prudente não ajudou a derrubar o Império para instituir uma República oligárquica, antidemocrática e centralizadora. O ex-presidente lutou contra as ditaduras de Deodoro e Floriano, enfrentou levantes militares e revoltas locais e participou da elaboração da Constituição republicana, que jurou defendê-la contra os déspotas militares e civis. A *política dos governadores* representava a antítese dos ideais republicanos. O pacto oligárquico transformou o presidente no imperador da República; um déspota esclarecido, que usava os artifícios da democracia para legitimar as decisões políticas do governo. Para Prudente de Moraes, não existiam déspotas esclarecidos. Enquanto tivesse força e prestígio, ele os empregaria na luta pela defesa das instituições democráticas e da Constituição liberal. Por isso, voltava à trincheira da oposição para enfrentar o seu ex-companheiro de partido e aliado que se transformara num déspota oligárquico.

Campos Sales pretendia silenciar os rebeldes paulistas e a oposição assegurando o sucesso do plano econômico e a eficácia da *política dos governadores*. Com a aprovação das reformas financeira e eleitoral no Congresso, o presidente estava preparado para implementar o seu programa de governo. Ele escolheu um Ministério de homens competentes e de sua confiança, ignorando a opinião dos partidos e o desejo dos governadores. Cobrava pessoalmente a atuação e o desempenho de cada Ministro. Ele acabou com os despachos coletivos do Ministério e designou um dia da semana para reunir-se individualmente com cada Ministro. Campos Sales não queria alimentar a falsa impressão de que governava o país juntamente com eles; considerava o presidente da República o único homem responsável pela atuação do governo, "cuja autoridade legal e moral jamais deverá desaparecer atrás dos seus Ministros"[11].

Para as pastas militares, escolheu dois oficiais de grande prestígio e que tinham a missão de evitar que as Forças Armadas continuassem a ser um barril de pólvora de levantes e insubordinação. No Ministério da Guerra, o presidente indicou João Nepomuceno Mallet, "considerado militar competente e disciplinador severo"; na Marinha, o Contra-Almirante Carlos Baltazar da Silveira, "tido como grande administrador e que fora nomeado momentaneamente para o governo do estado do Rio de Janeiro"[12]. No Ministério das Relações Exteriores, estava o experiente embaixador Olinto de Magalhães, que foi convidado para ocupar o cargo quando Campos Sales foi a Europa negociar o *Funding Loan*. A pasta da Justiça e do Interior foi entregue a Epitácio Pessoa; um velho amigo e companheiro do presidente desde a época em que atuaram como parlamentares, na Assembleia Constituinte de 1891. A única escolha política do gabinete foi Severino Vieira,

[11] Guanabara, Alcindo. Opus cit. Página 52.
[12] Carone, Edgard. Opus cit, volume II, Página 190

Ministro da Indústria, Viação e Obras Públicas, que foi indicado pelo governador baiano, Luís Viana.

O homem mais poderoso do gabinete era o Ministro da Fazenda, Joaquim Murtinho. Ele tinha a árdua tarefa de conduzir as reformas econômicas, impor o programa de austeridade financeira e fazer cumprir a disciplina fiscal e a drástica redução das despesas públicas. Murtinho possuía o "tipo de coragem cívica inexcedível, indiferente aos incensos da vulgaridade, tenaz, ferrenho e irredutível na sua convicção". Ele foi o responsável pela execução "do plano providencial do governo que iria estimular e acirrar tantos descontentamentos e retaliações"[13].

Apesar de ter de enfrentar greves, críticas e o descontentamento popular com a execução da política econômica, Murtinho sempre mantivera o semblante sereno e o ar distante de quem conhece a sua missão e não se comove com os ataques e aplausos do povo. Somente uma vez o Ministro ameaçou perder o seu estilo imperturbável. Logo no início do seu mandato, o governo elevou os impostos e criou um novo tributo – o Imposto do Selo – que incidia sobre a circulação de mercadoria, transações comerciais e contratos registrados em cartório. A impopularidade do Imposto do Selo rendeu ao presidente o apelido de "Campos Selos" e transformou-se numa marcha do carnaval:

A lei do selo, senhores, é poderosa e viril: sacrifica o povo calmo...

São progressos do Brasil...

E viva a calma do povo que gemeu e pagou... pagou...

Que venha um carimbo

Para quem a tal lei decretou.[14]

---

[13] Souza, Raul Alves. Opus cit. Página 81.
[14] Koifman, Fábio. Opus cit. Página 96.

O carnaval acabou e os protestos acirraram. Murtinho pediu demissão, mas Campos Sales não a aceitou; "se o senhor sair, eu também saio". O Ministro permaneceu no cargo e deu prosseguimento à execução do plano econômico com a habitual disciplina, rigor e competência que demonstrara na execução de sua função frente ao Ministério da Fazenda.

O governo cumpriu rigorosamente os termos do *Funding Loan*, assinado com os credores internacionais. Joaquim Murtinho ordenou a incineração do papel moeda, elevou o imposto sobre as importações de 10% para 15% e estimulou as exportações, reduzindo o custo de transporte de mercadorias. Além de aumentar os impostos, o Ministro da Fazenda melhorou a fiscalização e a arrecadação do Estado.Os subsídios e as medidas protecionistas que sustentaram várias indústrias e instituições foram eliminados, provocando a falência de empresas incapazes de competir num mercado aberto e competitivo. Em 1900, o Banco da República faliu e Murtinho, "coerente com a sua doutrina, não o socorreu"[15].

O Ministro da Fazenda também não ofereceu ajuda especial para os cafeicultores que criticavam a valorização do câmbio. Em São Paulo, a lavoura protestou contra o "desinteresse do governo pelo café", mas Murtinho ignorou-os e preferiu deixar que a "solução natural do mercado" separasse os fazendeiros produtivos dos improdutivos. Murtinho acreditava que o governo não poderia continuar a sustentar os cafeicultores que viviam às custas do câmbio desvalorizado. Os fazendeiros, assim como os comerciantes e industriais competentes, deveriam investir na melhoria do negócio e no ganho de produtividade. Os cafeicultores que ignoraram o conselho do Ministro da Fazenda não resistiriam à política de valorização do câmbio. Eles foram obrigados a vender

[15] Silva, Hélio. Opus cit. Volume 2. Página 104.

suas propriedades ou entregá-las aos bancos ou comissários de café para saldar suas dívidas.

Além da elevação dos impostos, da retirada de papel moeda de circulação e do corte subsídios, o governo promoveu uma drástica redução nos gastos públicos. Os Ministros foram obrigados a dar o bom exemplo. Demitiram funcionários públicos, tiveram de cortar as verbas destinadas a atender aos pedidos paroquiais e restringiram os investimentos aos projetos vitais – como transporte ferroviário e expansão das linhas de telégrafo.

Uma das medidas que causou furor público e acabou provocando a queda do Ministro do Interior, Epitácio Pessoa, foi a aprovação da Lei Orgânica do Ensino; "antes da lei, alunos não eram obrigados a freqüentar as aulas nas escolas superiores e, por isso, tinham tempo suficiente para outras ocupações remuneradas. Professores também arranjavam novas oportunidades, como a criação de cursos particulares, bem mais lucrativos. Quando a lei pôs fim a essa liberalidade, as críticas desabaram sobre o presidente e, principalmente, sobre o Ministro Epitácio Pessoa". Mas a lei foi mantida e cumprida. Epitácio deixou o Ministério e Campos Sales o nomeou para uma vaga no Supremo Tribunal Federal[16].

Campos Sales deu continuidade a dois projetos iniciados no governo Prudente de Moraes. O primeiro consistia no arrendamento das estradas de ferro estatais, o que possibilitou o governo a obter novos recursos para saldar os seus compromissos financeiros. O dinheiro das ferrovias foi destinado ao pagamento dos empréstimos públicos e da dívida externa. O segundo projeto tratava da criação de um fundo especial para substituir o papel moeda não conversível (a "moeda podre") pelo conversível (a "moeda forte").

[16] Koifman, Fábio. Opus cit, Página 102.

A política de austeridade econômica gerou protestos de fazendeiros, comerciantes e industriais; promoveu greves de trabalhadores; aumentou o desemprego e aprofundou a recessão econômica. A oposição acusava Campos Sales de dilapidar o patrimônio nacional, empobrecer a nação e submeter o país às exigências dos banqueiros internacionais. O presidente acusava a oposição de fazer críticas demagógicas e de menosprezar a importância de se honrar os acordos internacionais. Os ataques aos banqueiros estrangeiros eram igualmente infundados: "é preciso não perder de vista que, na qualidade de nossos agentes, são eles que dirigem e encaminham, nos grandes mercados do mundo, as nossas operações, e é sobre a confiança depositada no que eles afirmam que os capitalistas adquirem os nossos títulos. É a eles que se dirige alarmada a numerosa clientela toda a vez que entre nós estala uma crise"[17]. O capital internacional e a confiança dos mercados só serão conquistados se o Brasil honrar seus contratos e acordos. Daí a obsessão do presidente de cumprir, sem hesitação, todos os termos do *Funding Loan*.

Quando o presidente encontrava resistência política na implementação das medidas econômicas, ele "exagerava suas predições para impressionar e radicalizava nas suas convicções para vencer qualquer hesitação nos trâmites da execução do convencionado acordo e precipitava em dar por terra com o projeto magnífico da nossa arquitetada reabilitação financeira"[18]. As ameaças funcionavam. A imprensa governista, financiada pelo presidente da República, a eterna vigilância dos governadores no acompanhamento das votações no Congresso e a pressão do governo na hora de votar as leis e projetos econômicos, mantinham o bloco governista unido e coeso em torno de Campos Sales.

Os resultados positivos da política austera não tardaram a dar bons frutos: "Campos Sales, nas mensagens de 1899 e 1900,

[17] Koifman, Fabio. Opus cit. Página 197.
[18] Souza, Raul Alves. Opus cit. Página 81.

descrevia o êxito do governo, demonstrando, com lógica dos fatos, a valorização progressiva da moeda e da exportação brasileira, atestadas – uma pela subida gradual do câmbio; a outra, pela alta do preço do café; e ambas à da fortuna pública. E proclamava a restauração do crédito externo e interno, comprovado pela elevação considerável dos nossos títulos no exterior e pela perspectiva da oferta de capitais estrangeiros, assinalando, enfim, saldos orçamentários resultantes do decréscimo de despesas e acréscimo de receita"[19].

Apesar da impopularidade do governo, os resultados positivos da política econômica eram indiscutíveis. As finanças públicas foram sanadas; o crédito, restabelecido; a inflação, dominada; e os gastos públicos não excediam as receitas do Estado. O Brasil restabeleceu suas linhas de crédito internacionais e voltou a atrair investidores estrangeiros. Depois do choque de austeridade econômica, o país estava pronto para voltar a crescer.

Foi neste clima de êxito econômico e crise de popularidade que Campos Sales começou a desenhar o plano da sucessão presidencial em 1901. O governador de São Paulo, Rodrigues Alves, parecia-lhe o nome ideal para o cargo. Político experiente, ex-Ministro da Fazenda de Prudente de Moraes e governador do estado mais importante da Federação, Rodrigues Alves tinha visão política e competência econômica para dar continuidade ao projeto de governo de Campos Sales e de administração austera dos gastos públicos, com a necessidade de retomar o crescimento econômico. Mas, para transformar Rodrigues Alves no candidato oficial do governo, Campos Sales tinha de enfrentar dois problemas: persuadir os governadores dos principais estados e escolher um nome para substituir o presidenciável no governo paulista.

A conquista do apoio de Minas Gerais à candidatura de Rodrigues Alves consistia no primeiro grande desafio do presidente.

[19] Souza, Raul Alves. Opus cit. Páginas 84-85.

Campos Sales enviou a Minas o seu Ministro das Relações Exteriores, Olinto de Magalhães. Além de um exímio negociador, o Ministro era mineiro e amigo do governador Silviano Brandão. A reunião dos dois mineiros não poderia ter sido melhor para Campos Sales. Olinto escreveu imediatamente para o presidente, a fim de lhe dar a boa notícia de que o governador "recebeu a indicação com a máxima espontaneidade". Silviano fizera uma única consideração; insistiu para que o vice-presidente fosse um mineiro. Campos Sales não só aceitou a sugestão como convidou o próprio Silviano para ser o vice na chapa de Rodrigues Alves.

Assim que recebeu o apoio de Minas, o presidente procurou o governador da Bahia, Severino Vieira. A candidatura Rodrigues Alves – Silviano Brandão foi acolhida pelo governador baiano com grande entusiasmo: "aceito a combinação que considero inspiração patriótica". O governador baiano pedia ao presidente que fosse cauteloso ao anunciar a candidatura, "a fim de evitar manejos subterrâneos, pois invejosos teriam ainda muito tempo para agir ante Minas"[20].

A insinuação de Severino Vieira demonstrou que os partidários insatisfeitos com a política econômica de Campos Sales trabalhavam silenciosamente para lançar um candidato à presidência da República que tivesse chance de vencer o candidato do presidente. Os dois nomes mais cotados eram o vice-presidente Rosa e Silva e o líder republicano, Quintino Bocaiúva. Mas um candidato de oposição só teria chance de se tornar um sério adversário no pleito presidencial se conseguisse romper a aliança dos mineiros e paulistas. Sem o apoio de um grande estado, como Minas Gerais, a candidatura oposicionista não seria capaz de enfrentar a chapa governista.

Campos Sales sabia que o apoio de Minas era vital. Por isso, tratou de conquistá-lo desde o primeiro instante em que foi

---

[20] Peixoto, Silveira. Opus cit. Página 338.

cogitado o nome de Rodrigues Alves. O presidente fazia questão de reiterar ao governo mineiro que a aliança com Minas Gerais não era apenas uma união temporária em torno da candidatura presidencial; ela representava o alicerce da estabilidade político-institucional da República. Minas não romperia com Campos Sales para embarcar numa aventura eleitoral com a oposição quando lhe fora oferecida a oportunidade de se tornar o principal aliado do Governo Federal e o esteio institucional da República.

Com o apoio de Minas, São Paulo e Bahia, a candidatura de Rodrigues Alves tornou-se invencível; "o candidato do Catete (do presidente) poderia preparar a sua plataforma de governo, lê-la em um banquete, aos próceres, sem precisar ir ao encontro do povo, em uma campanha eleitoral"[21]. A máquina eleitoral controlada pelos governadores o elegeria sem surpresas ou sobressaltos. Mas restava a Campos Sales resolver a questão da sucessão paulista.

A escolha de Rodrigues Alves para encabeçar a chapa presidencial obrigaria o governador paulista a renunciar ao seu cargo. Campos Sales não podia permitir que o governo do estado de São Paulo caísse nas mãos dos rebeldes do PRP, que romperam com a política dos governadores no fatídico jantar oferecido por Rodrigues Alves. Os dissidentes do PRP pretendiam eleger o sucessor para o governo paulista e formar no maior e mais rico estado da federação uma trincheira política contra o autoritarismo da *política dos governadores*.

A sucessão ao governo paulista tornou-se o campo de batalha onde o presidente da República e os rebeldes do PRP se digladiariam para disputar o controle da política de São Paulo. Temeroso deste embate, Rodrigues Alves respondeu com reserva e comedimento ao convite de Campos Sales para disputar a Presidência

[21] Silva, Helio. Opus cit. Volume 2. Página 106.

da República. Ele enviou uma carta ao presidente, agradecendo a lembrança do seu nome, mas lembrou Campos Sales de que sua candidatura enfrentaria muita resistência política. Além de ser um ex-monarquista e, portanto, despertar a desconfiança dos republicanos históricos, ele receava que seria imprudente deixar o governo paulista no momento em que a divisão do PRP representava uma ameaça ao cumprimento da política dos governadores no estado.

Rodrigues Alves insistiu com o presidente que havia, em São Paulo, outros candidatos mais qualificados para a sucessão presidencial, e lançou o nome de Bernardino de Campos. Era um republicano histórico, gozava de grande prestígio na política paulista, tinha competência econômica e visão política para continuar o trabalho de Campos Sales na Presidência da República e levar adiante as reformas econômicas.

Campos Sales respondeu a carta de Rodrigues Alves dizendo-lhe que não era mais possível recuar. O nome do governador paulista já contava com o apoio dos governadores dos principais estados: "a sua candidatura conta, agora, com todas probabilidades de êxito". Em outras palavras, o que realmente importava para eleger o presidente da República não era a vontade do povo ou o desejo do partido, mas o apoio dos governadores, o aval do presidente e o uso indiscriminado da máquina eleitoral.

Foram necessários três meses de cartas e conversas para Rodrigues Alves sentir-se seguro e aceitar o risco de deixar o governo paulista e disputar a Presidência da República. No dia 5 de abril, ele escreveu a Campos Sales para lhe dizer que aceitava ser o candidato à sucessão presidencial e reiterava o seu apoio e compromisso em continuar a política dos governadores e as reformas econômicas. Na visão de Rodrigues Alves, o presidente:

"inaugurou uma política de concórdia e de congraçamento, que eu reputo eficaz e necessária para o bom andamento dos negócios públicos, e que deve ser continuada pelo seu sucessor. O acordo de vistas com os governadores que v. adotou como regra para congregar em torno de si as representações dos estados, sem atenção as antigas rivalidades e divisões políticas não deve ser abandonada, porque disso depende o apoio forte para o conjunto de providências de ordem administrativa e financeira de que carece o país para vencer as dificuldades que ainda subsistem".[22]

Assim como Campos Sales, Rodrigues Alves acreditava que a eficácia da política oligárquica provou ser fundamental para a sobrevivência do regime republicano. A democracia liberal e constitucional idealizada por Prudente de Moraes parecia-lhe uma perigosa utopia. As divergências políticas não seriam apaziguadas por meio das instituições, mas pela mão de ferro do presidente da República e pela aliança do Governo Federal com os estados. Prudente jamais aceitaria tal veredicto sem lutar pelos ideais que defendera durante sua vida pública.

No dia 20 de julho de 1901, o ex-presidente foi ao palácio do governo estadual para declarar guerra a Rodrigues Alves. O PRP não aceitaria a intromissão do governador e do presidente da República na escolha do sucessor de Rodrigues Alves. O governador paulista seria escolhido pelo PRP, o partido que representava legitimamente os interesses republicanos paulistas. Campos Sales e Rodrigues Alves confabularam para lançar Bernardino de Campos para governador. Em contrapartida, os rebeldes do PRP, liderados por Prudente de Moraes e Júlio de Mesquita – dono do jornal *O Estado de São Paulo* – defendiam a candidatura de Cerqueira César ao governo estadual. Prudente disse que os dissidentes do PRP não aceitariam a candidatura oficial de Bernardino e que lutariam para eleger Cerqueira César; "Rodrigues Alves ouve seu amigo e antigo chefe e responde:

[22] Peixoto, Silveira. Opus cit. Página 340.

– Agradeço-lhe o aviso, mas você vai perder.

– Por que tem essa certeza?

Rodrigues Alves bate com a mão no braço da poltrona, onde se senta:

– Por causa desta cadeira. Eu estou sentado nela; e quem nela se senta não pode ser vencido, dentro do estado."[23]

Rodrigues Alves estava certo. A cadeira do governador assegurava o cetro do mando e o controle das instituições. A *política dos governadores* representava o triunfo do poder personalista sobre as instituições. A Constituição, o Congresso, o Poder Judiciário e os partidos foram subjugados à vontade do presidente e dos governadores. A política oligárquica de Campos Sales enterrou o sonho de Prudente de Moraes de se construir uma democracia liberal, alicerçada nos princípios constitucionais e nas instituições fortes e representativas.

Enquanto Rodrigues Alves desmantelava a cúpula do PRP para expurgar os partidários de Prudente de Moraes e preenchê-la com os aliados do governo, os republicanos rebeldes organizavam a formação de um novo partido – o Partido Republicano Dissidente de São Paulo – e publicavam no jornal *O Estado de São Paulo* um manifesto ao povo paulista. A data da publicação do manifesto não poderia ser mais simbólica: 5 de novembro, aniversário do atentado contra Prudente de Moraes.

O Partido Republicano Dissidente de São Paulo contava com um quadro de republicanos notáveis, como Cerqueira César, Alfredo Gordo, Cincinato Braga, Alfredo Pujol, Cândido Mota e Julio de Mesquita, mas a grande figura do partido era Prudente de Moraes. Ele simbolizava a encarnação da consciência cívica, dos ideais republicanos, dos valores liberais e, acima de tudo, do defensor incansável das instituições. Prudente foi unanimemente

[23] Silva, Helio. Opus cit. Volume 2. Página 113.

aclamado presidente do partido: "logo a seguir, a voz pausada, faz Prudente longa exposição de seu passado político. Ao concluir, sob aplausos que tocam os limites do alucinante, afirma, incisivo: 'é esse passado, meus senhores, que ofereço como penhor das normas do partido cuja organização neste momento se inicia'"[24].

Prudente de Moraes continuava a ser uma figura pública querida e reverenciada. Poucos dias antes de inaugurar o Partido Republicano Dissidente, o ex-presidente retornara de uma rápida viagem que fizera ao Rio de Janeiro para assistir o casamento do seu filho, Prudente de Moraes Filho. Quando desembarcou no Rio de Janeiro na manhã de 25 de outubro, a estação Central do Brasil estava repleta de gente à espera do vagão que trazia o ex-presidente. Não havia autoridades governamentais, guarda de honra ou representante de Campos Sales para recepcioná-lo; havia uma multidão de 15 mil pessoas que se enfileirava na plataforma para ver Prudente descer do vagão de trem.

Emocionado com a calorosa recepção popular, Prudente tentava balbuciar alguma palavra de agradecimento, mas o povo o aclamava, o aplaudia e jogava confetes. Uma menina lhe deu um ramalhete de flores; um acadêmico, Inglês de Sousa, o saudou com um discurso que "rememorou os serviços que prestou a pátria". O cortejo popular seguiu o ex-presidente e as ovações aumentaram quando Prudente chegou à Praça da República; "ao chegar a rua Frei Caneca choveu-lhe sobre a cabeça uma chuva de flores. À entrada da rua Malvino Reis, senhoras pertencentes às mais distintas família do bairro, também lhe atiraram pétalas de flores". Quando entrou no largo do Rio Comprido, "uma comissão de três sedutoras senhoritas, carregando grandes salvas de prata, com pétalas de rosas, que atiraram sobre sua excelência.

[24] Peixoto, Silveira. Opus cit. Página 358.

Trêmulo, Prudente as recebeu de cabeça baixa e, agradecendo, beijou-lhes as mãos".

Ao ingressar na rua Estrela, onde se hospedaria na casa do seu amigo, General Mendes de Moraes, Prudente foi recebido com uma "salva de vinte e um tiros. Explodiram foguetes e girândolas, clamavam aplausos e fez-se ouvir a banda do 23° Batalhão do Exército". Paulino Silva encontrou um degrau de escada, o transformou num palanque e improvisou um discurso "quase subversivo, concitando o seu antigo companheiro da propaganda republicana a entrar novamente na liça, a fim de salvar o país do descalabro que se achava, da ruína do aniquilamento completo". As palavras de Paulino foram acolhidas pela multidão com um "estrepitoso viva a Prudente de Moraes e à Pátria; sucederam estrondosas salva de palmas e entusiásticos aplausos".

O ex-presidente estava emocionado com a calorosa recepção, mas em nenhum momento deixara-se seduzir pelo apelo subversivo. Prudente disse que "continua a ser o mesmo respeitador do Direito e da Lei" e que estava "satisfeitíssimo com a manifestação que recebo. Guardarei como santa recompensa de meus esforços de bem servir ao povo, a maneira espontânea por que me acolheram".

Uma romaria de chefes militares, políticos e figuras proeminentes, como o vice-presidente da República, Rosa e Silva, foram visitar Prudente na casa do General Mendes de Moraes. As felicitações oficiais não se resumiam a um velho reencontro de amigos. A romaria tinha o propósito de persuadir o ex-presidente a se tornar o candidato antigovernista. Um dos líderes da oposição tomou coragem e foi direto ao assunto que os interessava: "não ignora vossa excelência que o povo está descontente com o atual governo. As medidas postas em prática pelo presidente Campos Sales já comprometeram a sua popularidade. Também vossa excelência externou de público o seu e o descontentamento de seus amigos. Não é possível continuar assim".

Para a aflição do interlocutor, Prudente permanecia quieto e não esboçava nenhuma reação ao que ouvira. O porta-voz da oposição disparou rápido; "o Brasil precisa de vossa excelência. Todos estão dispostos a acompanhá-lo. Está vossa excelência disposto a voltar ao Catete?" A tensão no ar era indisfarçável. Rostos apreensivos, olhares irrequietos, gestos nervosos aguardavam Prudente emergir daquele silêncio constrangedor que lhes parecia uma eternidade. Com a fala pausada, porém firme e categórica, Prudente foi enfático; "devo agradecer a lembrança dos amigos, Cumpre-me, no entanto, acentuar que jamais deixei de respeitar a Lei. Todos os meus atos foram invariavelmente pautados pelas formas rígidas do Direito. Como, então, neste momento, agora que já estou no fim de minha vida, iria eu fugir a essa linha de conduta?".

A insistência dos correligionários foi novamente interrompida por um categórico "não" do ex-presidente: "Não, não posso. Nem por uma eleição eu voltaria à presidência, pois não me sinto mais com forças para bem exercê-la. Quanto mais por uma revolução!"[25].

Após a cerimônia do casamento do seu filho com a filha de Mendes de Moraes, Prudente retornou a São Paulo, onde também foi calorosamente recebido pelo povo paulista. Cinco mil pessoas o saudaram com vivas "a Prudente, à República e à Dissidência". O cortejo popular o perseguiu pela "avenida Rangel Pestana, na ladeira do Carmo e no largo do Palácio, pela rua 15 de novembro e no largo do Rosário, pela rua São Bento, até o hotel França", onde Prudente se hospedou. Flores, confetes, palmas e aclamações populares perduraram na frente do hotel até

[25] Peixoto, Silveira. Opus cit. Páginas 353-355.

Prudente aparecer na janela do hotel para agradecer, "comovido e trêmulo", a manifestação carinhosa do povo paulista.

Alfredo Pujol, um dos líderes do Partido Republicano Dissidente, acompanhava a chegada de Prudente ao hotel França. Ele vislumbrava no carinho do povo e na empolgação da multidão o futuro triunfante do partido que defendia a República constitucional, liberal e democrática, tão bem representada na figura de Prudente de Moraes. Pujol discursou com a certeza de que, em breve, colheriam os frutos da vitória popular: "A alma nacional está vibrando aqui, nestes milhares de corações e essa intensa vibração é como um hino de esperanças saudando as promessas do horizonte, antevendo, num triunfo imenso da consciência nacional, a República Nova, a República do futuro, de que é a encarnação suprema esse vulto imortal de Prudente de Moraes"[26]. Pujol foi calorosamente aplaudido quando começaram a entoar os acordes revolucionários da Marselhesa.

O ato seguinte dos Republicanos Dissidentes foi publicar um manifesto no jornal *O Estado de São Paulo*, em que rompiam abertamente com os governos federal e estadual. Julio de Mesquita vibrava com o fato de que a edição do jornal esgotou-se rapidamente e que as críticas contundentes do manifesto à política dos governadores, ao autoritarismo presidencial e à submissão das instituições ao Poder Executivo representavam uma ultrajante violação dos princípios constitucionais e dos valores democráticos que os republicanos paulistas tanto lutaram e defenderam desde a deflagração da revolução republicana em 15 de novembro de 1889.

A repercussão do manifesto dos Republicanos Dissidentes circunscreveu-se ao estado de São Paulo. A revolta dos republicanos paulistas não levou os descontentes a agirem no Rio de Janeiro ou em outros estados. Os opositores do presidente da República

[26] Peixoto, Silveira. Opus cit. Página 357.

ouviram do próprio Prudente que ele não participaria de nenhum levante e que não seria o candidato da oposição à Presidência da República. Um ato de rebeldia precisa ser seguido de ação, e o único nome que poderia mobilizar um exército de insatisfeitos optou pela inação.

Prudente não pegaria em armas, nem usurparia o poder para satisfazer o apetite dos revoltosos. Ele se batia pelas instituições, e não pelo poder. Lutava pela defesa da Lei e da Constituição, e não por cargos. Defendia a liberdade e se recusava a usá-la para sufocar um governo legitimamente escolhido pelo povo. A política dos governadores tinha de ser destruída por meio do voto popular e das instituições, e não por meio das armas e da revolução.

Se tivesse deixado se seduzir pelo canto das sereias dos dissidentes paulistas, dos rebeldes governistas e da aclamação popular, Prudente teria maculado a sua trajetória de defensor das instituições. Acabaria derrotado pelo rolo compressor governista, que foi implacável. Os Republicanos Dissidentes foram derrotados em São Paulo, Bernardino de Campos foi homologado governador do estado e Rodrigues Alves obteve uma estrondosa vitória nas eleições presidenciais de março de 1902. Ele recebeu 592.039 votos, a maior votação de todos os presidentes até 1930. Quintino Bocaiúva, o candidato da oposição, teve 52.359 votos; Ubaldino Amaral, o representante do Partido Republicano Dissidente, conseguiu apenas 5 mil votos. Em menos de um ano, a máquina governista acabou com o Partido Dissidente, restando aos republicanos rebeldes retornar ao seio do PRP: "as oposições continuarão a existir, mas à margem do sistema – pelo menos até que voltem, noutros governos, a perturbar, com mais êxito a *pax oligárquica*. Até lá, a doutrina dos 'chefes naturais', de predominância do Executivo e nele do presidente, bem como esse peculiar arranjo entre localismo, máquina estatal e clube de notáveis, em vez de partidos, caracterizará a República"[27].

Enquanto a aliança entre o presidente da República e os governadores funcionasse harmonicamente, a voz do povo não contava e as dissidências políticas eram inexpressivas. O presidente não se importava com as vaias do povo. Enquanto a aliança entre o presidente e os governadores funcionasse sem atritos, o partido governista sempre venceria. O povo podia protestar e a oposição, ensaiar revoltas. Mas essas manifestações não tinham poder de afetar os alicerces da *política dos governadores*, nem a *pax oligárquica*. Por isso, Campos Sales continuava a ir a pé ao barbeiro toda a semana, para aparar o bigode e o seu cavanhaque de ponta, e a pedalar a sua bicicleta pela praia do Flamengo, a despeito dos protestos populares contra a política econômica do governo.

Quando transferiu o poder presidencial a Rodrigues Alves e deixou o palácio do Catete rumo à Central do Brasil, Campos Sales foi seguido por um gigantesco cortejo popular, que apitava e vaiava o presidente "a pleno pulmões". Ao entrar no vagão do trem que o levaria a São Paulo, ele observava a multidão furiosa na plataforma, que o insultava. Não se importava com os apitos e protestos.Voltava para casa vaiado pelo povo, mas com o sentimento de que as vaias cessariam e a sua obra econômica seria reconhecida como um marco na história do Brasil.Ironicamente, os protestos populares espelhavam o sucesso da sua política presidencial.

Campos Sales consolidou uma aliança com os governadores que garantiu a estabilidade da República, implementou um austero programa financeiro que salvou a nação da bancarrota e elegeu o seu sucessor com uma esmagadora votação. Estava satisfeito com a reestruturação financeira e o arranjo político que

[27] Holanda, Sérgio Buarque. Opus cit. Volume 8. Pagina 50.

delegara a Rodrigues Alves. Considerava sua missão cumprida na Presidência da República.

É verdade que, em nome do saneamento das finanças públicas, Campos Sales sacrificou os valores democráticos. A política dos governadores deturpou os princípios democráticos e transformou a República num regime oligárquico. As mudanças no sistema eleitoral desfiguraram a legitimidade do voto e das instituições; "o enfraquecimento dos partidos, a formação de grupos fechados de poder – as chamadas oligarquias estaduais –, a configuração de um quadro eleitoral completamente fraudulento e cínico, a sufocação de outras forças locais e todas as formas de críticas"[28], denotavam a incapacidade de Campos Sales em conciliar os princípios democráticos com os fundamentos do liberalismo econômico.

A oposição só podia se organizar na clandestinidade. A conquista do poder só era possível por meio de um levante ou revolução. A rigidez do sistema oligárquico impedia a renovação do poder por meios constitucionais. O germe da revolução estava instalado e, no momento oportuno, ganharia força para contestar o poder da oligarquia e, em seguida, derrubar a República dos Governadores. Nem Prudente nem Campos Sales estariam vivos para presenciar a queda da Primeira República.

Prudente não sobreviveu ao fatídico ano de 1902. Em março, foi derrotado nas urnas e, em dezembro, pela tuberculose. Terminou a vida lutando contra duas moléstias invencíveis no início do século XX: o poder oligárquico e personalista dos governantes e a tuberculose. Ambos consumiam sua força, seu ânimo e sua capacidade de lutar pelo país e pela sua própria vida. Prudente foi anti-herói que perdeu muitas batalhas durante a vida, mas defendeu princípios e idéias que se tornaram unanimidade no século

---

[28] Koifman, Fábio (org). Presidentes do Brasil. Volume 1. Universidade Estácio de Sá. Editora Rio. Rio de Janeiro, 2002. 2ª edição, pág103.

XXI. Se há uma figura na história do Brasil que percebeu que não havia outro caminho para o país senão a construção de uma democracia liberal, sustentada por instituições sólidas e amparada pela Constituição, este homem foi Prudente de Moraes.

O Brasil passou quase cem anos à espera do surgimento de um presidente capaz de conciliar a visão democrática de Prudente de Moraes com a austeridade econômica de Campos Sales. Este presidente foi Fernando Henrique Cardoso.

REPÚBLICA FEDERATIVA DO BRASIL

15 de Novembro de 1889

A HERANÇA BENDITA

A paz política e o saneamento das finanças públicas permitiram ao presidente Rodrigues Alves inaugurar um período de estabilidade institucional e de prosperidade econômica inéditos na história da República. Rodrigues Alves era um político experiente e exibia um vasto currículo de serviço à nação. Estreara na carreira pública no reinado de D.Pedro II, como deputado, em 1885; foi nomeado pelo imperador presidente da província de São Paulo em 1887 e, no ano seguinte, tornou-se Conselheiro do Império. Quando D. Pedro II foi deposto pelos republicanos, em 1889, Rodrigues Alves aderiu imediatamente ao novo regime, elegendo-se deputado constituinte, em 1890. Na República, ocupou cargos importantes. Foi duas vezes Ministro da Fazenda – nos governos de Floriano Peixoto, em 1891, e de Prudente de Moraes, em 1894 –, senador e governador do estado de São Paulo, de onde saiu para ocupar a presidência da República, em 1902.

A sabedoria popular que diz que não devemos julgar as pessoas pela aparência. A imagem de Rodrigues Alves não condizia com a sua habilidade política. Seu cavanhaque bem cuidado, suas "roupas fora de moda" e seu ar austero davam a impressão de um vetusto conselheiro do Império. O jornal fluminense *O Malho* não resistiu ao comentário irônico, quando Rodrigues Alves desembarcou no Rio de janeiro para assumir a Presidência da República trajando "calças cor de pinhão e seu chapeuzinho de coco". Segundo o jornal, Rodrigues Alves "parecia simplesmente o presidente da Câmara de Guaratinguetá"[1]. Mas este homem, de aparência antiquada, era obcecado pelo desenvolvimento econômico, pelo avanço da ciência e pelo progresso material do país. Seu governo foi marcado por um gigantesco esforço de transformar essas obsessões em políticas públicas.

Outra característica lendária de Rodrigues Alves era o seu sono compulsivo. Costumava levantar-se da cama às dez horas da manhã e, mesmo assim, cochilava nas reuniões ministeriais e não resistia a uma rápida soneca, quando submetido a ouvir longos discursos políticos ou explicações técnicas sobre os assuntos de governo. Os jornais e os caricaturistas adoravam representá-lo dormindo: "quase tudo que se produziu a respeito de Rodrigues Alves em sua época, de caricaturas a artigos, de modinhas e poemas, tocava nesse ponto: seu sono e seu tédio em relação aos assuntos de governo". O presidente não se aborrecia com essas críticas. Ao contrário, achava graça nas caricaturas e modinhas e gostava de guardá-las as mais espirituosas. Seu jeito "bolachão e tolerante" rendeu-lhe o apelido carinhoso de "o Papai Grande lá do Catete"[2]. Mas o presidente que dormia nas reuniões de governo e se entediava com os assuntos de Estado foi um dos mais enérgicos governantes da história do Brasil.

---

1 Pequena cidade do interior paulista, onde Rodrigues Alves nasceu.
2 Koifman, Fábio. Opus cit, Página 110.

Rodrigues Alves conduziu uma revolução urbanística no Rio de Janeiro, implementou um consagrado programa de saúde pública e obteve estrondosas vitórias no campo da diplomacia. De fato, a grande estrela do Ministério de Rodrigues Alves foi o Barão do Rio Branco, Ministro das Relações Exteriores. O Barão conseguiu resolver todas as disputas fronteiriças do Brasil com a Bolívia, Argentina, Peru e Equador por meios pacíficos e foi o primeiro chanceler brasileiro a compreender a importância da integração da América Latina para a política externa brasileira.

Conhece-se as intenções políticas de um estadista pela qualidade dos homens que ele escolhe para governar. Rodrigues Alves estabeleceu um ambicioso projeto de governo e, portanto, precisava cercar-se de homens notáveis. O seu Ministério foi um dos melhores gabinetes da história republicana. Além do Barão do Rio Branco, havia Leopoldo de Bulhões Jardim na pasta da Fazenda, que recebeu a auspiciosa incumbência de manter o rígido controle das contas públicas e zelar pelo equilíbrio orçamentário da nação.

Bulhões Jardim foi uma das estrelas. Iniciou sua carreira pública como deputado de Goiás no tempo do Império e tornou-se um especialista em finanças públicas. Durante a constituinte republicana, presidiu a comissão de Finanças da Câmara, onde teve a oportunidade de demonstrar o seu talento e conhecimento sobre os temas financeiros. Foi duas vezes convidado para assumir a pasta da Fazenda, mas recusou o convite tanto de Floriano Peixoto quanto o de Prudente de Moraes. Aceitou, entretanto, o de Rodrigues Alves.

Discípulo da escola liberal, Bulhões Jardim continuou o trabalho de seus antecessores no Ministério da Fazenda. Manteve o rigoroso controle dos gastos públicos inaugurado por Campos Sales, preservou o equilíbrio orçamentário da nação, rechaçou as pressões para a adoção de medidas protecionistas, incentivou o livre comércio e manteve a inflação sob controle. Bulhões Jardim fez mais. Reorganizou a máquina administrativa, melhorando consideravelmente a arrecadação dos tributos e a eficiência do Tesouro Nacional. Também foi responsável pela reconstrução do Banco do Brasil. Graças ao seu trabalho extraordinário , o Brasil voltou a ter crédito no exterior e pôde captar empréstimos que ajudaram a financiar a retomada do crescimento econômico e os investimentos em infraestrutura.

Uma das prioridades do governo Rodrigues Alves foi o investimento na melhoria dos portos, na expansão das estradas de ferro e no ambicioso programa de urbanização do Rio de Janeiro. O presidente acreditava que essas medidas ajudariam a atrair não só novos investimentos externos, como também a mão de obra imigrante, dois ingredientes fundamentais para impulsionar o crescimento da indústria e da lavoura cafeeira. A responsabilidade de supervisionar as obras públicas e os investimentos em infraestrutura foi delegada ao Ministro da Indústria, Viação e Obras Públicas, Lauro Severiano Muller, um competente engenheiro militar.

O programa de investimento na modernização da infraestrutura e do combate às epidemias no Rio de Janeiro – como febre amarela e varíola – exigiram que o governo tomasse medidas duras e polêmicas, que geraram protestos nas ruas e inquietação nos quartéis. A escolha de um experiente jurista e parlamentar, José Joaquim Seabra, para o Ministério da Justiça foi fundamental para garantir a implantação das medidas legais – porém controversas –, evitando que a marcha do progresso fosse interrompida por revoltas populares e militares.

No Brasil republicano, a preservação da ordem nos quartéis passou a ser algo vital para a estabilidade política do país. As duas pastas militares, o Ministério do Exército e da Marinha, foram comandadas por dois oficiais representantes da ala legalista da Forças Armadas; o Marechal Francisco de Paula Argolo, na Guerra, e o Vice-Almirante Júlio César Noronha, na Marinha. Ambos provaram ser fiéis defensores do regime constitucional e do governo civil nos momentos de crise.

Rodrigues Alves não pretendia destruir as obras dos seus antecessores e inaugurar uma "nova era". Seu dever era continuar o trabalho das gerações passadas. Ele tinha plena convicção da necessidade de conciliar a sua visão de progresso, desenvolvimento e civilização com os fundamentos da história e da tradição do país. Na política, a visão de futuro não pode estar dissociada dos ensinamentos do passado; se tiver, ela não passa de uma utopia. A inovação é a tradição rejuvenescida.

O presidente sabia que era preciso preservar a República constitucional projetada por Prudente de Moraes e continuar a política de austeridade financeira inaugurada por Campos Sales. Mas Rodrigues Alves não se esquivou da sua responsabilidade de comandar a retomada do crescimento econômico. Os três grandes presidentes paulistas (Prudente de Moraes, Campos Sales e Rodrigues Alves) "foram formados e educados nos exemplos morais e administrativos da fase final da Monarquia. Guardavam todos eles o mesmo método e disciplina mental no exercício circunspecto das funções que se incumbiam de representar. Seus espíritos nascidos outrora, olharam o presente que cada qual dirigiu com a visão clara e segura das necessidades inadiáveis do momento histórico"[3].

Esta foi a herança bendita que a Monarquia deixou para a República; uma geração de homens públicos notáveis, criados e formados moral e culturalmente, numa época em que a educação compreendia não só a busca do conhecimento como também a conscientização de uma elite do seu senso de dever e obrigação na conduta do país.

[3] Souza, Raul Alves. Opus cit, páginas 95-96.

A elite tinha de se dedicar à vida pública, governar a nação e assumir o seu papel civilizador. A geração de Prudente de Moraes, Campos Sales e Rodrigues Alves tinha plena consciência da sua responsabilidade de liderar o país num momento de profundas transformações políticas, econômicas e sociais. Preocupavam-se com as questões prementes da realidade, analisavam cuidadosamente as lições da história e determinavam com clareza o norte que pretendiam conduzir a nação. Cada um elegeu suas prioridades de governo, determinou suas diretrizes políticas e perseguiu sua visão de país, mas todos eles possuíam algo em comum: a crença inabalável no papel de defensores do regime democrático e do governo constitucional, da liberdade individual e das instituições, do progresso econômico e do desenvolvimento social. Uma sociedade que abnegasse esses valores estava condenada à barbárie, ao progresso efêmero, à anarquia e à vontade arbitrária de líderes despóticos. Esta geração acreditava que a elite era a guardiã da civilização.

No Brasil monárquico, D. Pedro II representava a personificação da verdadeira elite. O imperador arbitrava as disputas políticas; zelava pelo bom funcionamento das instituições; dedicava tempo, dinheiro e energia para melhorar a educação pública; estimulava a fundação de instituições científicas, históricas e geográficas; financiava – como recursos próprios – bolsas de estudo no exterior para engenheiros, cientistas e artistas brasileiros; fomentava a inovação científica e industrial. Durante o seu reinado, surgiram as estradas de ferro, iniciou-se a navegação regular do alto Amazonas e instalou-se um cabo submarino, que possibilitou o Brasil comunicar-se com a Europa. No Rio de Janeiro, o imperador promoveu a primeira transformação urbanística da cidade. A reforma do cais do porto, a construção da primeira rede de esgoto, a instalação de lampiões a gás para iluminar as ruas do Rio de Janeiro e o surgimento do bonde, que "concorreu de modo notável para a democratização da vida nacional", melhoraram significativamente a qualidade de vida na capital do país[4].

D. Pedro II tinha plena consciência do seu papel civilizador; "é o imperador quem dá a nota e o tom a toda a época; é o símbolo da pirâmide e de suas camadas. As estratificações tornam-no como ponto de referência – estar perto ou longe da Coroa define o prestígio de cada um"[5]. Havia um desejo irresistível de galgar os degraus da pirâmide para estar o mais perto possível do monarca. O desejo de pertencer ao círculo íntimo do imperador inspirava o sentimento de lealdade à Coroa e de respeito às regras da civilidade. Uns sonhavam com títulos de nobreza; outros almejavam ser convidados para cargos importantes no governo ou para festas e bailes na Corte. Havia também aqueles que ansiavam por um simples gesto de deferência e de apreço do imperador, capaz de conferir ao agraciado uma aura de prestígio, distinção e importância perante os seus pares e a sociedade.

Machado de Assis, o maior escritor brasileiro, descreveu em seus livros e crônicas o fascínio que a figura do imperador exercia nas pessoas; "encontramos o imperador que vinha da Escola de Medicina. O ônibus em que íamos parou, como todos os veículos, os passageiros desceram à rua e tiraram o chapéu, até que o coche imperial passasse"[6]. Do cidadão mais simples ao monarca, todos sentiam-se membros da colméia imperial. Cada um tinha um papel importante a desempenhar na construção da nação, na defesa das instituições e na preservação dos valores que governam uma sociedade civilizada; "a história é isso", escreveu Machado de Assis, "todos somos os fios do tecido que a mão do tecelão vai compondo, para servir aos olhos vindouros, com seus vários aspectos morais e políticos"[7].

---

4 Freire, Gilberto. Ordem e Progresso. Global Editora e Distribuição – 6ª edição – São Paulo, 2004. Páginas 360-361.
5 Faoro, Raymundo. A Pirâmide e o Trapézio. Editora Globo – 4ª edição revisada – São Paulo, 2001. Página 52.
6 Machado de Assis, Joaquim Maria. Quincas Borba. Editora Garnier, Rio de Janeiro, 1998. Página 61.
7 Montello, Josué. Memórias Póstumas de Machado de Assis. Editora Nova Fronteira. Rio de Janeiro, 1997. Página 120.

Moralidade, política e civilidade formavam o triunvirato que ditava as ações dos homens públicos. No Parlamento, as discórdias limitavam-se às questões político-partidárias; elas jamais extrapolavam para o questionamento da legitimidade dos princípios que regiam a sociedade. Machado de Assis nos conta a sua primeira experiência ao assistir a uma sessão do Parlamento; "eu era bem criança. Recordo-me que, ao ver o orador oposicionista, após um discurso acerbo, inclinar-se sobre a cadeira do Ministro e rirem, ambos, senti uma espécie de desencanto. Esfreguei os olhos; não lhes podia acreditar... A reação veio; e então compreendi que a mais bela coisa das lutas partidárias é justamente a estima das pessoas, de envolta com as dissensões e princípios, espíritos de tolerância que não conhecem ainda as povoações rústicas".[8]

A observância das regras implícitas de civilidade distinguia não só as povoações rústicas da sociedade civilizada, como também o senso de dever e responsabilidade na conduta do país. Por trás dos Ministros que formulavam a política de Estado e dos parlamentares que elaboravam as leis da nação, havia uma burocracia organizada, competente e eficaz; esta foi outra herança bendita que o Império deixou para a República.

D. Pedro II preparou e formou uma geração de servidores públicos que o ajudaram a converter o seu projeto de nação em obras concretas e decisões exeqüíveis. A burocracia assegurava a implantação das políticas públicas e transformava as aspirações dos governantes em medidas práticas e realistas. Ela atraia muita gente talentosa, pois conferia prestígio pessoal e esperança de ascensão social; garantia uma remuneração decente e estabilidade de emprego. Representava, acima de tudo, o privilégio de participar e de influenciar nos destinos da nação.

---

[8] Montello, Josué. Opus cit. Página 45.

Machado de Assis foi um desses jovens talentosos que ingressou no serviço público no Império. Filho de um pintor e dourador mulato, ele não possuía bens ou renda para viver às custas da família. Tinha de lutar pela sua sobrevivência, o que não era uma tarefa fácil para um menino com problemas de visão, crises intestinais, gago e epilético. Sua mãe falecera em 1849, quando ele tinha 10 anos de idade; seu pai, Francisco José, casou-se novamente, com Maria Inês da Silva, uma cozinheira que, nas horas vagas, fazia doces para Machado vender nas ruas do bairro. Francisco José, entretanto, veio a falecer em 1854. Órfão e vivendo com uma madrasta de quem não gostava muito, Machado de Assis concluiu que a carreira de coroinha na Igreja e de vendedor de doces não lhe pareciam atividades promissoras. Aos 15 anos, resolveu conquistar a sua independência financeira e assumir as rédeas do seu próprio destino.

Machado de Assis sempre encontrara na sua paixão pelos livros e pela escrita a determinação e a coragem para enfrentar os desafios da vida. Freqüentara as escolas públicas de São Cristóvão, recebera alguma instrução dos padres jesuítas e tivera algumas lições de francês com uma dona de padaria do bairro, mas a formação cultural foi fruto da sua inesgotável curiosidade intelectual. Machado de Assis transformou-se num devorador de livros e o seu gosto pela leitura o levou à livraria de Francisco Paula Brito, no largo do Rocio, centro do Rio de Janeiro.

Esta livraria era uma das mais importantes da cidade, e transformou-se rapidamente num local de reunião de intelectuais e políticos. Paula Brito era um mulato arrojado. Começou a vida como aprendiz de tipógrafo, tornou-se livreiro, poeta e editor. Em 1833, fundou o jornal *O Homem de Cor*, o primeiro periódico a combater o preconceito racial no Brasil. Como editor, tinha um faro extraordinário para descobrir escritores talentosos. Publicou obras de Martins Pena, Casimiro de Abreu, Teixeira de Souza e

Gonçalves Dias. Encantado com o gosto literário, o apetite intelectual e a simpatia do jovem Machado de Assis, Paula Brito convidou-o para trabalhar com ele.

O primeiro emprego de Machado de Assis foi de tipógrafo da Casa Imperial, ele rapidamente trocou a gráfica pela carreira de revisor, editor e colaborador da revista literária, *A Marmota Fluminense*. Criada em 1849, por Paula Brito, a revista publicava artigos, poemas, contos e crônicas de escritores consagrados e estreantes. Machado de Assis publicou, aos 16 anos, o seu primeiro poema, "Ela" na *Marmota*. Como editor e colaborador da revista e freqüentador da livraria de Paula Brito, Machado de Assis expandiu seus laços de amizade e tornou-se amigo de grandes escritores, como José de Alencar – o autor brasileiro mais célebre da época – e Gonçalves Dias.

De 1862 a 1867, Machado de Assis viveu como escritor "*freelance*" dos principais jornais e revistas do Rio de Janeiro. Escreveu inúmeros textos, contos, poemas, traduções e críticas teatrais para a *Gazeta de Notícias, Correio Mercantil*, *A Marmota* e *O Espelho*, publicou nove peças de teatro e um livro de poesia, *Crisálidas*. Em 1867, já era um escritor conhecido e o Império brindou-lhe com duas distinções. Ele recebeu o título de Cavaleiro da Ordem da Rosa e foi nomeado Ajudante do Diário Oficial. Começava, então a sua carreira de funcionário público que perdurou até a sua morte, em 1908.

Machado de Assis galgou a pirâmide social por meio do seu talento literário e por sua dedicação e zelo no cumprimento de suas funções burocráticas. Era disciplinado, eficiente e, acima de tudo, apartidário. Serviu ao Império, à República militarista de Deodoro e Floriano e aos governos civis de Prudente, Campos Sales, Rodrigues Alves e Afonso Pena. De ajudante do Diário Oficial, ele foi nomeado escrevente do Ministério da Agricultura, Comércio e Obras Públicas. Em 1892, foi promovido ao cargo de diretor-geral do departamento de Viação; um órgão importante do Ministério da Indústria, Viação e Obras Públicas.

Durante o período em que dirigiu o departamento de Viação, Machado de Assis testemunhou e participou de uma verdadeira revolução urbanística na cidade do Rio de Janeiro. A responsabilidade de conduzir a transformação urbanística da cidade foi delegada a um colega no serviço público; o prefeito do Rio de Janeiro, Francisco Pereira Passos.

Pereira Passos é outro servidor público que merece destaque. Quando Rodrigues Alves decidiu reurbanizar o Rio de Janeiro, ele resolveu ressuscitar o trabalho desenvolvido pela Comissão de Melhoramentos, criada por D. Pedro II, em 1876. Francisco Pereira Passos, um jovem e talentoso engenheiro e membro da Comissão de Melhoramentos, foi um dos membros da Comissão encarregada de planejar uma grande reforma urbanística no Rio de Janeiro.

Filho do Barão de Mangaratiba, um rico fazendeiro de café, ele não demonstrou interesse pelas fazendas do pai, nem pelo negócio de café. Gostava de engenharia e estudou numa das melhores universidades da época, a École des Ponts e Chaussés, na França. Pereira Passos interessou-se particularmente pelas grandes obras de infraestrutura, como a construção de canais e portos. Antes de retornar ao Brasil, teve a oportunidade de trabalhar como engenheiro em duas obras monumentais: a ampliação do porto de Marselha e construção da ferrovia que ligava Paris à cidade de Lyon.

Pereira Passos viveu em Paris no início de 1860; uma época esplendorosa para um jovem engenheiro. Napoleão III, o imperador francês, nomeou o Barão Georges Haussmann para o cargo de prefeito de Paris e incumbiu-lhe de transformar a capital francesa numa metrópole moderna e bem planejada. É difícil imaginar a cidade antes da revolução urbanística conduzida por

Haussmann. Ele foi responsável pela destruição da Paris medieval – com suas ruas estreitas e sinuosas – e pela construção de uma cidade encantadora, com seus bairros bem planejados, avenidas largas, parques e jardins públicos maravilhosos, boulevards esplendorosos e palacetes magníficos. Surgiram a Avenida Champs Elysées, a rue de Rivoli, a Place de la Concorde, os boulevards Saint Germain e Saint Michel, o teatro da Opera e o palacete Chatelet-Les Halles, entre outras obras.

Apesar de contar com o apoio incondicional de Napoleão III e de um time de notáveis urbanistas, Haussmann não resistiu à pressão popular e foi obrigado a renunciar ao cargo de prefeito de Paris em 1870, logo após a conclusão da reconstrução da capital francesa. Pereira Passos testemunhou as disputas políticas, a fúria dos parisienses e a disputa do prefeito com os comerciantes e trabalhadores pela desapropriação de imóveis, destruição de bairros populares e demolição de casas e prédios para construir a capital moderna que haviam concebido.

Quando retornou ao Brasil, Pereira Passos dirigiu a Compagnie Generale de Chemins de Fer Brésiliens, responsável pela construção das estradas de ferro do Paraná. Durante a presidência de Prudente de Moraes, ele foi nomeado diretor da estrada de ferro Central do Brasil. Em 1902, Pereira Passos recebera de Rodrigues Alves a missão de assumir a prefeitura do Rio de Janeiro, a fim de comandar a implantação de um plano urbanístico tão ambicioso quanto o de Haussmann em Paris.

Pereira Passos tinha 66 anos de idade. Era um engenheiro experiente e conhecedor das dificuldades políticas que teria de enfrentar como prefeito para implementar o plano urbanístico de Rodrigues Alves. Lembrou das lutas e desafios de Haussmann e disse ao presidente da República que só aceitaria o cargo de prefeito se tivesse plenos poderes para governar o Rio de Janeiro. Exigiu que Rodrigues Alves aprovasse um pacote de leis no Congresso que lhe garantissem poderes jurídicos e administrativos de um verdadeiro autocrata. O presidente teve de usar todo seu prestígio e força política para contornar a pressão da oposição e a relutância de alguns parlamentares da bancada governista para aprovar o polêmico pacote de medidas.

Munido de plenos poderes, Pereira Passos assumiu a prefeitura no dia 3 de janeiro de 1903. Ele precisava agir rápido para silenciar a onda de protestos que tomou conta da cidade por causa das leis que entraram em vigor na véspera da sua posse. A suspensão dos trabalhos da Câmara Municipal por seis meses foi a primeira medida controversa aprovada pelo Congresso. Pereira Passos acreditava que o projeto de urbanização não poderia ser submetido à apreciação da Câmara Municipal, sob pena de se tornar objeto de barganha política e de discussões partidárias que retardariam a sua implantação e desfigurariam o escopo e objetivo da proposta.

Enquanto os trabalhos do Legislativo municipal estivessem suspensos, o prefeito governaria por meio de decretos e teria amplos poderes para agir. Pereira Passos controlava o orçamento do município e podia alocar os recursos para os projetos que considerava prioritário. Ele mantinha um rígido controle sobre o uso do dinheiro público e exigia que as despesas com as obras de urbanização não excedessem o valor orçado. Foi necessário aumentar os impostos e tributos municipais, o que gerou protestos dos comerciantes e ataques da imprensa ao seu governo. Os protestos transformaram-se em revoltas, quando a população conheceu a nova lei de desapropriação que o Congresso aprovara no pacote de medidas exigidas por Pereira Passos.

O cálculo dos imóveis desapropriados pela prefeitura baseava-se nos "valores declarados para a cobrança do imposto predial, em geral subestimados pelos proprietários para lesar o Fisco". Havia, também, uma cláusula na lei que "exclui os prédios ruinosos do patamar mínimo de indenização, o que deu ampla margem de manobra ao prefeito para enquadrar construções coloniais ocupadas por oficinas, armazéns e cortiços"[9]. Centenas de pessoas que moravam em cortiços e tinham pequenos negócios nos bairros pobres no centro da cidade e próximo do cais do porto foram desalojadas e transferidas para bairros afastados do Centro. Mas, esta transposição não foi pacífica. Barricadas foram formadas nas ruas e a polícia teve de intervir. Durante alguns dias, a situação na cidade tornou-se dramática. O conflito armado entre a polícia e a população entrincheirada gerou mortos e feridos, tensão política e inquietação nos quartéis.

Pereira Passos, entretanto, considerava essencial a remoção da população do centro da cidade. No lugar de becos e ruas estreitas, surgiam avenidas largas, como a Avenida Central, que se tornou a "espinha dorsal dos melhoramentos urbanísticos projetados com a finalidade de transformar a cidade colonial numa metrópole parecida com Paris. A Avenida Central, que tinha "dois quilômetros e rasgou de mar a mar" a cidade, passou a abrigar prédios imponentes, como "a Escola de Belas Artes, a Biblioteca Nacional, o Supremo Tribunal, o Palácio Monroe e o Teatro Municipal, projetado pelo filho do prefeito, Francisco de Oliveira Passos"[10]. Quando foi inaugurada em 1905, causou tamanha sensação na população do Rio de Janeiro que transformou-se numa passarela onde desfilavam carruagens, vitórias, mulheres elegantes, homens de negócios e Ministros de Estado, como o Barão do Rio Branco. Era comum as famílias passearem pela avenida depois do jantar.

O projeto urbanístico contemplava a reforma e modernização do porto do Rio de Janeiro. Obsoleto e ineficiente, o porto tornou-se uma dos gargalos que estrangulava a economia brasileira. A dificuldade dos grandes navios em atracar, a lentidão do embarque e desembarque de mercadorias e a quantidade insuficiente

[9] Ferreira, Jorge e Lucilia de Almeida Neves Delgado. Opus cit, Página 261.
[10] Ferreira, Jorge e Lucilia de Almeida Neves Delgado. Opus cit. Página 257-258.

de armazéns, revelavam a sua decadência e o despreparo para abrigar o crescente comércio internacional do Brasil com a Europa e os Estados Unidos. A modernização do porto carioca compreendia a "retificação da linha irregular do litoral, a demolição dos fervilhantes quarteirões marítimos e o aterro de suas numerosas enseadas com o entulho proveniente do arrasamento do morro do Senado". As melhorias consistiam não só na construção de novos armazéns e de um largo cais como também a instalação de "guindastes elétricos que fizessem a carga e descarga. A energia elétrica passou a mover todas as engrenagens do porto"[11].

A melhoria do saneamento básico e a expansão da rede de esgoto, do tratamento de água e do fornecimento de luz elétrica para os lares cariocas foram realizadas graças ao incentivo do governo que, por meio de concessões públicas, atraiu várias empresas privadas para as parecerias com o Estado. Além das empresas privadas nacionais e estrangeiras, Pereira Passos contou com o apoio incondicional do Governo Federal.

O presidente Rodrigues Alves mobilizou o Congresso Nacional para aprovar as medidas que Pereira Passos considerava imprescindíveis para a realização do projeto de reurbanização do Rio de Janeiro. O Ministro da Fazenda, Leopoldo Bulhões, conseguiu alocar uma verba significativa para o plano urbanístico, sem violar o princípio sagrado do equilíbrio orçamentário. Mas o principal parceiro de Pereira Passos no governo foi o Ministro Lauro Muller, da Indústria, Viação e Obras Públicas. Ele foi responsável pelo apoio e realização das grandes obras de infraestrutura e um incansável defensor dos projetos de Pereira Passos. Machado de Assis, como diretor-geral da Viação e subordinado ao Ministro Lauro Muller, participou da supervisão dessas obras que mudaram a qualidade de vida da população do Rio de Janeiro.

[11] Ferreira, Jorge e Lucilia de Almeida Neves Delgado. Opus cit. Página 257-258.

Com a definição clara dos objetivos, determinação política, competência na execução do plano acordado e apoio incondicional do Governo Federal, Pereira Passos foi capaz de imprimir um ritmo alucinante no andamento das obras. Indiferente às críticas dos jornais, às revoltas populares e aos ataques dos políticos da oposição, que o acusavam de governar a cidade como um ditador, Pereira Passos completou o projeto de urbanização do Rio de Janeiro em dois anos. Em 1905, ele concluiu o seu mandato de prefeito, deixando para os cariocas uma cidade infinitamente melhor e mais moderna. Ele sabia que as críticas à sua administração seriam passageiras e que se converteriam em aplausos quando a sociedade se conscientizasse do mérito e do valor da sua obra. E foi exatamente o que aconteceu. Quanto mais o tempo passava, maior o reconhecimento da obra de Pereira Passos. Os verdadeiros homens públicos pautam as suas ações visando os objetivos perenes e não os aplausos momentâneos.

A reforma urbanística de Pereira Passos foi realizada ao mesmo tempo em que outro colega de Machado de Assis no serviço público conduzia uma verdadeira revolução no controle de epidemias. Oswaldo Cruz era uma espécie de Pereira Passos da Saúde Pública. Intransigente nos princípios que defendia, alheio às críticas que lhe faziam e determinado a erradicar as epidemias que castigavam o Rio de Janeiro, Oswaldo Cruz venceu a guerra contra a varíola e a febre amarela.

Desde meados do século XIX, a população do Rio de Janeiro vivia aterrorizada pelos surtos constantes dessas epidemias. No inverno, a varíola atacava; no verão, a febre amarela. As vítimas que conseguiam escapar da morte carregavam para o resto da vida a marca dessas doenças: "Era uma felicidade alguém salvar-se da varíola com poucas marcas no rosto. Muitos brasileiros tinham as faces, o nariz a testa picados de sinais de bexiga. Moças que haviam sido lindas tornavam-se feias, de cara bexigosa". A febre amarela também deixava marcas permanentes, como a queda de cabelo. As mulheres ficavam desesperadas quando o perdiam; uma "insígnia tão preciosa de beleza e de nobreza de raça e de classe"[12]. Não havia uma família que estivesse imune a essas epidemias. O próprio presidente da República, Rodrigues Alves, perdera uma filha, vítima de febre amarela, em 1895.

É verdade que a população mais abastada, membros do governo e diplomatas estrangeiros trocavam o Rio de Janeiro por Petrópolis no verão para "fugir do calor e, principalmente, do surto de moléstias infecciosas". Mas, era impossível conter os surtos epidêmicos numa cidade em que o calor, o esgoto a céu aberto, a água não tratada e a imundice das praias – verdadeiros depósitos de lixo – transformaram a vida urbana numa proeza insalubre e perigosa. As condições eram infinitamente mais graves nos bairros pobres e nos cortiços próximos ao porto.

O problema das epidemias tornou-se tão sério que muitos estrangeiros temiam viajar para o Brasil; "o desvio de navios para outros países prejudicou enormemente o comércio e a imigração. 1863, 1889, 1891, 1894 e 1896 são anos de surto endêmico e grande número de vítimas"[13]. Bento Gonçalves Cruz, inspetor geral de Higiene Pública e pai de Oswaldo Cruz, publicou um relatório em 1891 no qual descrevia o número de óbitos na cidade do Rio de Janeiro causado pelos surtos de epidemias. Numa população urbana de aproximadamente 270 mil habitantes, a febre amarela matou 4.454 pessoas; a varíola, 3.994; a malária, 2.235; e a tuberculose, 2.373. Maria Leopoldina, mãe de Machado de Assis, foi uma das inúmeras vítimas fatais da tuberculose.

Bento Cruz revelou a sua frustração na luta contra essas doenças. Apesar de se fazer "tudo quanto era racionalmente aconselhável – visitas correcionais, aumento de acomodação dos hospitais de isolamento, distribuição pelas paróquias de médicos para

[12] Freire, Gilberto. Opus cit. Páginas 884 e 885.
[13] Carone, Edgard. Opus cit. Volume 2. Página 214.

fiscalizar as condições de higiene – reconhecia o insucesso bem pouco lisonjeiro dessas medidas"[14].O desencanto de Bento Cruz na luta contra as epidemias contrastava com a determinação e confiança do seu filho. O jovem Oswaldo Cruz assumiu a Diretoria Geral de Saúde Pública em 23 de março de 1903. Este órgão foi criado pelo presidente Rodrigues Alves para implementar as medidas sanitárias necessárias para combater as epidemias que aterrorizavam a população, prejudicavam o comércio internacional do país e inibiam a atração da mão de obra imigrante; um elemento vital para o progresso econômico brasileiro.

Assim que assumiu a Diretoria Geral de Saúde Púbica, Oswaldo Cruz enviou um documento ao Ministro da Justiça, J.J. Seabra, afirmando que já havia encontrado uma solução científica para vencer a guerra contra a varíola e a febre amarela. A primeira seria combatida por meio de uma vacinação em massa da população; a segunda, pela eliminação do mosquito *aedes aegypti*: "a extinção da febre amarela é um problema que já encontrou uma solução prática. Podemos, pois, considerá-la como uma questão resolvida", escreveu Oswaldo Cruz ao Ministro. Não havia meio termo: ou se adotava as medidas que ele propusera ou seria impossível extirpar as duas doenças. Sob o ponto de vista científico, o diagnóstico de Oswaldo Cruz estava correto, mas como a maioria dos homens técnicos do governo, ele era incapaz de compreender os entraves políticos que o governo teria de enfrentar para aplicar as tais medidas sanitárias.

A função do estadista é diminuir o abismo entre a solução técnica e as variáveis políticas. Por meio da sua visão, carisma, exemplo e determinação, o estadista tem de descobrir meios de transformar as soluções técnicas em decisões políticas. Era preciso coragem política para enfrentar as resistências que as medidas polêmicas gerariam no seio da sociedade. O presidente Rodrigues

[14] Ferreira, Jorge e Lucilia de Almeida Neves Delgado. Opus cit, Página 245.

Alves, novamente, mostrou ter as virtudes de um grande estadista: visão, audácia, coragem, determinação e perseverança de apoiar medidas duras, porém impopulares, que trariam uma considerável melhoria na qualidade de vida da população. Oswaldo Cruz, assim como o prefeito Pereira Passos, puderam contar com o respaldo incondicional do presidente da República.

A disputa política começou com a nomeação de Oswaldo Cruz para o cargo de Diretor-Geral da Saúde Pública. A escolha do presidente Rodrigues Alves "provocou grande decepção nos meios médicos e políticos". A competência técnica, atrelada ao conhecimento profundo e à intransigência de espírito, constitui o arcabouço de personalidades brilhantes, porém de difícil convívio. Oswaldo Cruz acreditava que as verdades científicas não poderiam ser usadas como elemento de barganha para acomodar a irracionalidade dos interesses político-partidários. Por isso, era intransigente na defesa de suas propostas e não demonstrava a mínima disponibilidade de negociar o teor das medidas sanitárias com os políticos. A atitude irredutível de Oswaldo Cruz quase lhe rendeu uma fragorosa derrota política, quando assumiu o cargo de Diretor-Geral da Saúde Pública.

A Comissão de Higiene do Congresso vetou o seu plano de combate às epidemias. A oposição encontrou, numa corrente de médicos e pesquisadores contrária as teses de Oswaldo Cruz, o argumento político para criticar a eficácia das medidas defendidas pelo Diretor-Geral da Saúde Pública. Havia um grupo que acreditava que a erradicação da epidemia de febre amarela não estava no combate ao mosquito, como Oswaldo Cruz defendia, mas no saneamento do solo, no tratamento da água e na desinfecção maciça dos lugares em que se encontravam vítimas da doença.

Quando o presidente Rodrigues Alves sugeriu a Oswaldo Cruz que adotasse a desinfecção como uma medida complementar para silenciar a oposição e facilitar a aprovação das medidas essenciais do seu projeto no Congresso, o Diretor foi categórico: "não farei a desinfecção, presidente". A solução política era inaceitável, do ponto de vista técnico e científico. A epidemia de febre amarela só seria erradicada se fosse possível focar todos os recursos e esforços no combate do mosquito *aedes aegypti*, o único agente transmissor dos agentes causadores da doença. A desinfecção proposta pelo Congresso exigiria uma mobilização monumental gente, dinheiro e realização de obras públicas que não contribuiriam para erradicar a epidemia.

"Pois não faça, Dr. Oswaldo", respondeu Rodrigues Alves, ao ouvir a explanação do médico. Convicto de que o êxito científico e político do combate à febre amarela dependia do programa elaborado pelo Diretor-Geral da Saúde Pública, o presidente mobilizou os Ministros, governadores e a bancada governista no Congresso, para manter intacto o programa de Oswaldo Cruz. Mesmo com o empenho pessoal do presidente da República, a Câmara demorou cinco meses para aprovar o projeto.

Oswaldo Cruz criou um exército de sanitaristas – a famosa brigada sanitária –, responsável pela eliminação do mosquito *aedis aegypti*. Cada distrito da cidade possuía uma brigada, que tinha o poder de invadir residências e estabelecimentos para combater os focos do mosquito. As notificações dos casos de febre amarela tornaram-se obrigatória, sob pena de prisão para os cidadãos que se recusavam a reportá-los para o inspetor de saúde do bairro; "a cada notificação, a turma do mata-mosquito, partia para o local, isolava o doente, fazia o expurgo do recinto, a limpeza da casa e a extinção do foco"[15].

As invasões das brigadas sanitárias nos lares e estabelecimentos geraram protestos e indignação na população. Na imprensa, Oswaldo Cruz foi taxado de "ditador da saúde" e, no Congresso, os parlamentares de oposição denunciavam os "atos arbitrários"

[15] Silva, Hélio. Opus cit, vol 2, página 129.

das brigadas sanitárias e acusavam-na de violar os princípios sagrados da Constituição, como o respeito à propriedade e à liberdade individual. Como dizia um deputado da oposição no Parlamento, os sanitaristas "arrancam os filhos de suas mães e estas de seus filhos, para lançá-los nos seus horríveis hospitais"[16]. Contudo, tanto o presidente Rodrigues Alves quanto Oswaldo Cruz resistiram bravamente aos ataques dos opositores que se opunham ao programa sanitário.

As medidas duras adotadas pelo Diretor para erradicar as epidemias começaram a dar resultado. A queda do número de vítimas revela a eficácia da ação dos sanitaristas. Em 1903, a febre amarela matou 584 pessoas no Rio de Janeiro; no ano seguinte, o número de vítimas caiu para 48. Mas, em 1905, ano de eleição, o governo resolveu afrouxar o combate rigoroso ao mosquito e o número de vítimas voltou a crescer: foram 289 mortes. De 1906 a 1909, o combate implacável ao mosquito resultou no extermínio da doença. Oswaldo Cruz pôde celebrar o fato de, em 1909, não ter tido nenhum caso de morte de febre amarela.[17]

Oswaldo Cruz e Machado de Assis tinham algumas características comuns: a curiosidade intelectual, o gosto pelos livros e pelos estudos. Enquanto Machado supriu a sua sede intelectual na infância, estudando com os padres jesuítas, freqüentando escolas públicas e aprendendo francês com a dona da padaria, Oswaldo Cruz aprendeu o ofício da medicina observando a atuação do seu pai como médico na clínica particular da família, no bairro da Gávea, onde Bento Cruz atendia todo tipo de gente: operários, comerciantes, profissionais liberais e fazendeiros. Aos 14 anos de idade, Oswaldo ingressou na faculdade de Medicina; aos 21, já havia concluído seu doutorado e trabalhava na clínica do seu pai.

[16] Carone, Edgard. Opus cit. Volume II, Página 215.
[17] Silva, Helio. Opus cit, vol 2, página 129.

Em 1893, Oswaldo Cruz casou-se com Emília da Fonseca, filha de "um rico comerciante português". O casal partiu para a França, onde Oswaldo estudou e trabalhou durante dois anos no Instituto Pasteur, em Paris. Considerado um dos centros de pesquisa mais importantes do mundo, o Instituto acolheu Oswaldo Cruz "em pleno boom de descobertas de microrganismos patogênicos e quando pareciam ilimitadas as perspectivas não apenas das vacinas, para a prevenção de doenças infecciosas, mas também de soroterapia, com fins curativos" para doenças como tétano e difteria[18].

Quando retornou ao Brasil, em 1899, abriu "um laboratório de análise clínica (o primeiro do Rio de Janeiro) na travessa de São Francisco, atual Ramalho Ortigão" e, em seguida ingressou no serviço público. Tornou-se Inspetor de Saúde e, como agente sanitarista, enfrentou dois surtos de epidemia: em Santos, a principal cidade portuária paulista, atuou na luta contra a peste bubônica; no Vale do Paraíba, enfrentou o cólera. Oswaldo Cruz e seus companheiros, como Adolfo Lutz, chefe do laboratório público paulista, descobriram um meio de estancar a epidemia de cólera depois de "atestarem a presença do bacilo de Koch e municiando um rigoroso programa de desinfecções, isolamento e quarentenas implementado em cidades, portos e estações ferroviária do Rio de Janeiro, São Paulo e Minas Gerais". Oswaldo Cruz usou o mesmo método no combate à febre amarela no Rio de Janeiro.

Além da febre amarela, também estava determinado a erradicar outra epidemia que assolava o Rio de Janeiro: a varíola. Ao contrário das medidas adotadas para eliminar a outra doença, que dividiu a comunidade científica entre os defensores e críticos do programa de Oswaldo Cruz, o método de combate à varíola era unânime. Todos os cientistas concordavam que o melhor

[18] Ferreira, Jorge e Lucilia de Almeida Neves Delgado. Opus cit, Página 252.

meio de eliminá-la era por meio da vacinação em massa. Oswaldo Cruz não teve muita dificuldade de persuadir o presidente Rodrigues Alves a enviar um projeto de lei ao Congresso que tornava obrigatória a vacina contra a varíola. A lei da obrigatoriedade da vacina foi sancionada no dia 31 de outubro de 1904. Assim que foi implementada, a população do Rio de Janeiro rebelou-se contra a medida.

Se os resultados benéficos da vacinação em massa pareciam óbvio para os cientistas, eles não eram necessariamente claros para a população. Os governos costumam pecar na hora de comunicar medidas que parecem óbvias. O caso da vacina obrigatória foi ilustrativo. O governo não fez uma ampla campanha de comunicação para a população, explicando a importância da vacinação na erradicação da varíola. A falta de comunicação foi agravada pela truculência da atuação das brigadas de saúde, que "ante qualquer esboço de resistência, os agentes da autoridade valiam-se de patrulhas de polícia, exorbitavam em violências sempre desnecessárias. O povo não sabia exatamente o que aquilo era. Lia e ouvia que a vacina podia causar varíola. Assustado, como todo ignorante, resistia. O que deveria ser um ato de consentimento esclarecido passava à imposição, nem sempre aceita, às vezes inútil, porque o vacinado anulava a ação da vacina lavando o local"[19].

A invasão de domicílios pelas brigadas de saúde, seguido pela imposição da vacina obrigatória, acabou gerando uma onda de revolta e protesto na cidade. As manifestações crescentes contra o "autoritarismo sanitário" de Oswaldo Cruz e o "despotismo" do prefeito Pereira Passos aumentaram de tom e intensidade. No início de novembro de 1904, os protestos contra a obrigatoriedade da vacina eclodiram no país; "em Mairinque, estado de São Paulo, 36 operários foram despedidos por não se submeterem à

[19] Koifman, Fábio. Opus cit, página 119.

'tirânica medida'; na Bahia, praças do Regimento da Cavalaria da Polícia recusaram-se a receber a vacina; no Congresso, Lauro Sodré e Alfredo Varela lideraram o boicote contra as medidas do governo. Médicos, como o doutor Leandro Muniz Mota e Raul Pederneiras, subscreveram o apelo ao povo contra a vacina obrigatória". No dia 5 de novembro, criou-se a Liga contra a Vacinação Obrigatória[20].

Uma semana depois, no dia 11, os protestos transformaram-se em choques violentos. No Centro do Rio de Janeiro, os manifestantes e a polícia se enfrentaram pela primeira vez. No dia 13, o confronto escalou depois que um manifestante disparou um tiro contra um policial. O tiro não feriu o soldado, mas foi suficiente para desencadear um ataque fulminante da cavalaria da polícia sobre os manifestantes. O conflito se alastrou rapidamente por várias ruas da cidade e o pânico tomou conta. Os manifestantes incendiaram bondes e se entrincheiraram nas ruas estreitas, armando uma resistência feroz contra as tropas da polícia. Os comerciantes cariocas "ofereciam, gratuitamente, latas de querosene para os manifestantes atearem fogo nos bondes, e rolhas que, espalhadas no chão, faziam escorregar os cavalos da força pública"[21].

A situação tornou-se dramática no dia 15 de novembro, aniversário da Proclamação da República. Os militares golpistas aproveitaram a fúria dos manifestantes para tramar um golpe e derrubar o presidente Rodrigues Alves. Os golpistas representavam uma facção minoritária nas Forças Armadas que não se conformava com a República democrática, constitucional e civilista inaugurada por Prudente de Moraes. Eles ainda sonhavam com a instauração de uma república autoritária e positivista, comandada por um militar na presidência da República.

---

[20] Carone, Edgard. Opus cit, volume 2. Página 218.
[21] Carone, Edgard. Opus cit, volume 2. Página 221.

Liderados pelos Generais Silva Travassos, Olimpio da Silveira e pelo senador (e tenente-coronel) Lauro Sodré, os militares rebeldes reuniram cerca de 300 soldados e resolveram enviar um ultimato ao presidente da República. Rodrigues Alves recebeu o General Olimpio da Silveira no Palácio do Catete e rechaçou o ultimato que lhe foi entregue. As tropas legalistas cerraram fileiras em torno do presidente e prepararam-se para defender o governo, a Constituição e o Estado de Direito.

O confronto entre os militares rebeldes e as tropas legalistas foi travado na rua da Passagem. Apesar da vitória momentânea dos rebeldes, o triunfo das tropas legalistas foi assegurado depois de o General Silva Travassos ter sido ferido em combate. Os rebeldes refugiaram-se na Escola Militar, que passou a ser bombardeada pelos navios de guerra da Marinha. A rendição dos rebeldes se deu na manhã do dia 16. O governo proclamou imediatamente o estado de sítio e fechou as escolas militares da Praia Vermelha e Realengo.

A normalidade institucional voltou a reinar, e a ordem e a paz foram restituídas. O poeta Olavo Bilac, que apoiou enfaticamente as medidas modernizadoras de Rodrigues Alves e via no golpismo militar a resistência irracional à marcha do progresso e da prosperidade da nação. Ele se sentiu aliviado com a vitória do governo sobre as forças do atraso e do retrocesso: "semana maldita, some-te, mergulha no grande abismo onde tudo cai, no abismo insondável do tempo, onde há esquecimento para tudo".

Ao contrário de Olavo Bilac, Machado de Assis não se deixara contaminar pela paixão das disputas políticas e pelo calor das divergências partidárias. Compreendia a volatilidade, a efemeridade e a inconstância do jogo político, por isso mantinha a distância e a lucidez de um sofisticado analista que estava mais preocupado com os objetivos perenes da política do que com as novidades, modismos e mudanças que propiciavam a criação de líderes fugazes e de movimentos sediciosos. Em *Quincas Borba*, um dos romances mais célebres de Machado de Assis, Camacho resume, em um diálogo com Rubião, a essência da política; "isto de política pode ser comparado à paixão de Nosso Senhor Jesus Cristo; não falta nada, nem o discípulo que nega, nem o discípulo que vende. Coroa de espinhos, bofetadas, madeiro e afinal morre-se na cruz das idéias, pregado pelos cravos da inveja, da calúnia e da ingratidão"[22].

A política sempre causara uma espécie de vertigem e fascínio nos personagens de Machado de Assis. Eles sonhavam com cargos ministeriais, presidências de províncias e mandatos parlamentares; "Rubião teve uma espécie de vertigem. Via-se na Câmara, entrando para prestar juramento, todos os deputados de pé; e teve um calafrio". Quando o delírio passava, voltavam ao conforto da vida cotidiana sem nunca ter chegado ao ápice do poder.

Machado de Assis, assim como seus personagens, também sonhou momentaneamente com a carreira política: "Efetivamente, vereador era o meu sonho. Quando mudaram o nome para intendente, não gostei a princípio, porque trocaram uma palavra vernácula por uma cosmopolita; mas como ficava sempre o cargo, ficou a ambição e continuarei a namorar a Casa da Câmara"[23]. O sonho de vereador nunca se materializou, mas ele soube construir uma carreira notável no serviço público. Conquistou a estima e o respeito na burocracia graças à sua dedicação, competência e imparcialidade no trato dos assuntos públicos. Participar da política e dedicar-se à carreira burocrática lhe parecia um contrassenso. A burocracia, assim como a carreira no serviço diplomático, "tem esse efeito que separa o funcionário dos partidos e o deixa tão alheio a eles, que fica impossível de opinar com verdade, ou, quando menos, com certeza"[24].

---

[22] Machado de Assis, Joaquim Maria. Quincas Borba. Opus cit, Página 155.
[23] Montello, Josué. Opus cit, Página 49.
[24] Machado de Assis, Joaquim Maria. Esaú e Jacó. Editora Garnier, Rio de Janeiro, 1988. Página 124.

O governo de Rodrigues Alves obteve um sucesso estrondoso no campo diplomático. O êxito da política internacional deveu-se ao talento excepcional do chanceler mais admirado e respeitado da diplomacia brasileira, o Barão do Rio Branco. Georges Clemenceau, futuro primeiro-ministro da França e um dos políticos europeus mais influentes durante a Primeira Guerra Mundial, teve a oportunidade de conhecer o Barão do Rio Branco quando visitou o Brasil, no início do século XX. No seu livro de memórias de viagem pela América do Sul, Clemenceau foi categórico ao afirmar que Rio Branco era o estadista mais importante e influente do país e que sua "autoridade foi soberana" no Brasil mil e novecentista[25].

Numa época em que muitos países recorriam à guerra para resolver as disputas territoriais com outras nações, Rio Branco teve a visão e a determinação de resolver as divergências com os países vizinhos por meio de acordos e entendimentos diplomáticos. O sucesso de Rio Branco na conduta das relações internacionais foi fruto da sua clareza de propósito e da sua competência de implementar uma política de Estado. Ao assumir o Ministério das Relações Exteriores, em 1902, ele deixou claro que o Itamaraty não seria conduzido por uma visão partidária; "não venho servir a um partido político: venho servir ao Brasil, que todos desejam ver unido íntegro, forte e respeitado"[26].

O Barão sempre soubera discernir os assuntos de Estado das questões político-partidárias. Quando o presidente Floriano Peixoto exigiu que os despachos diplomáticos fossem concluídos com uma saudação positivista, *Saúde e Fraternidade*, o Barão protestou contra a imposição do governo. Rio Branco reiterou que só empregaria tal expressão "com o protesto, que desde já faço de que isso não importaria da minha parte adesão de espécie alguma à doutrina política e religiosa de Augusto Comte". O

[25] Freire, Gilberto. Opus cit, Página 875.

[26] Lins, Álvaro. Rio Branco. Livraria José Olympio Editora. Rio de Janeiro, 1945. Página 388.

Barão ressaltava que as ideias de Comte só faziam sucesso com os republicanos radicais do Brasil e que ninguém na França dava mínima importância a tal filosofia.

Do ponto de vista da política de Estado, a "adoção da antiga fórmula revolucionária (*Saúde e Fraternidade*), não admitida em nenhuma outra República, ficará constituindo uma exceção estranhável, porque isso induzirá a crer que ainda estamos atravessando uma crise revolucionária"[27]. Apesar do protesto de Rio Branco, a saudação ideológica foi mantida.

No mesmo ano em que se queixara do uso das expressões positivistas nos despachos diplomáticos, Rio Branco fora encarregado pelo presidente Floriano Peixoto da missão diplomática responsável pela negociação dos limites territoriais com a República Argentina. Enquanto os argentinos perseguiram uma linha de defesa mais política e partidária para justificar os seus direitos sobre os territórios das Missões, Rio Branco produziu seis volumes de farta documentação e argumentação jurídica, baseados nos princípios do Direito Internacional. A disputa territorial entre Argentina e Brasil foi arbitrada pelo presidente dos Estados Unidos, Grover Cleveland, que deu ganho de causa ao Brasil.

Rio Branco repetiu o mesmo feito em 1898, quando foi escolhido pelo presidente Prudente de Moraes para comandar uma missão diplomática encarregada de solucionar a demarcação da fronteira do Amapá com a Guiana Francesa. O conflito foi arbitrado pelo governo suíço, em Berna, e o Barão defendeu brilhantemente o caso do Brasil. Mais uma vez, a sua visão política de Estado e disciplina de estudar minuciosamente a questão, produzir fatos, documentos e provas legais que reiteravam e respaldavam a defesa dos interesses brasileiros, renderam-lhe outra grande vitória diplomática.

---

[27] Lins, Álvaro. Opus cit. Página 396.

Depois de servir ao Brasil durante 26 anos no exterior e de ter se tornado a figura mais importante da diplomacia brasileira, Rio Branco retornou ao país para assumir o Ministério das Relações Internacionais. Quando desembarcou no Rio de Janeiro, no dia 1º de dezembro de 1902, ele foi recebido como herói nacional. Dez mil pessoas o aguardavam no cais "desde as 8 horas da manhã". Além do povo fluminense, havia "Ministros, membros do Congresso, figuras do Exército e da Marinha, representantes do comércio e da indústria, delegações dos Estados, estudantes do Rio e São Paulo"[28].

O Barão deixou o cais Pharoux ao meio dia e entrou na praça 15 de novembro, sendo aclamado por uma multidão que "aplaudia-o freneticamente, recebia-o como os grandes cabos de guerra depois do êxito das batalhas". Rio Branco estava visivelmente emocionado com a acolhida calorosa de um povo que reconhecia o mérito da sua atuação internacional. Mas, antes que a carinhosa manifestação popular fosse interpretada pelos seus detratores como um ensaio à sua volta à política partidária, o Barão fez questão de frisar que não cultivava nenhuma pretensão político-partidária: "Desde 1876, desprendi-me da nossa política interna com o propósito de não mais voltar a ela e de me consagrar a assuntos nacionais". Sua preocupação e interesse estavam focados nas relações internacionais e na política externa.

Para frisar que não toleraria a infiltração da política partidária na conduta da diplomacia, ele revogou as expressões positivistas adotadas por Floriano Peixoto no término dos despachos diplomáticos. Ele fez questão de "suprimir, na correspondência do Itamaraty, as fórmulas e expressões positivistas: *Saúde e Fraternidade*, *Vós*, *Capital Federal*"[29]. Os positivistas responderam imediatamente à decisão de Rio Branco com artigos enfurecidos na imprensa, denunciando a atitude do Ministro de eliminar as

[28] Lins, Álvaro. Opus cit, Página 388.
[29] Lins, Álvaro. Opus cit, Página 396.

expressões instituídas por Floriano Peixoto como um sinal perigoso de que o Barão era um monarquista e que pretendia enfraquecer a República e restaurar o Império.

O Barão não se importava com o radicalismo dos positivistas. A diplomacia estava imune a tais arruaceiros, que almejavam instituir a República militarista e autoritária no país. De fato, Rio Branco só aceitara o cargo de Ministro porque o presidente Rodrigues Alves lhe garantira que o Itamaraty "não é e não deve ser uma pasta de política interna".

Convites para ocupar cargos ministeriais costumam causar uma incontrolável inflação no ego dos agraciados. O poder político, o prestígio e a importância conferida aos ocupantes do cargo tendem a provocar aquela sensação de embriaguez e vertigem, descrita por Machado de Assis. A volúpia do poder fascina-os de tal forma que acabam cometendo as maiores barbaridades em nome do bem público. Mas, este não era o caso de Rio Branco.

O Barão nascera em berço esplêndido e fora educado para exercer o poder com a argúcia, visão, competência e desprendimento de um verdadeiro estadista. Para ele, exercer o poder era tão natural quanto respirar ou caminhar. Filho do Visconde de Rio Branco, que fora quatro vezes Ministro das Relações Exteriores do Império e um dos estadistas mais respeitados do Segundo Reinado, o Barão aprendeu com o seu pai o habilidoso e paciente tear da política externa. Estudou nas melhores escolas da época – no colégio D.Pedro II e nas faculdades de Direito de São Paulo e Recife – e ingressou na carreira diplomática como secretário do seu pai em 1869, quando o acompanhou numa missão no Rio da Prata e Paraguai.

O término da Guerra do Paraguai o levou novamente a assistir o seu pai em outra missão importante: a negociação e a conclusão do tratado de paz entre o Brasil e o governo paraguaio, em 1871. Depois de um breve interregno no Rio de Janeiro, onde foi jornalista, deputado e abolicionista, Rio Branco mergulhou definitivamente na carreira diplomática. Em 1876, foi nomeado cônsul brasileiro em Liverpool, na Inglaterra, iniciando uma temporada de duas décadas e meia a serviço da diplomacia brasileira no exterior. Viveu na Inglaterra vitoriana, viajou pela Europa, representou o Brasil em missões diplomáticas em São Petersburgo, Berlim e Washington. Freqüentou diversas Cortes, conheceu reis, presidentes e primeiros-ministros, conviveu com a aristocracia européia e desfrutou da companhia de artistas e intelectuais do *grand monde* cultural.

Durante os anos em que viveu em Paris, Rio Branco aproveitou para fortalecer os laços de amizade com um grupo de brasileiros que pensava e se preocupava com o futuro do país. Joaquim Nabuco, Eduardo Prado e Capistrano de Abreu faziam parte da roda íntima do Barão. Esses homens ilustres não viviam alienados do Brasil, nem se deslumbraram com as coisas e experiências vividas na Europa: "Tudo o que aprenderam e observaram no exterior convergia para um sentimento da terra e da história do Brasil"[30]. Todos eles escreveram livros importantes sobre história e política brasileiras, discutiam os problemas do país e participaram da vida pública nacional.

Este grupo de amigos fazia parte da Academia Brasileira de Letras e, a ele, juntou-se Machado de Assis, o presidente da instituição. Joaquim Nabuco e o Barão do Rio Branco tornaram-se grandes amigos do escritor. Compartilhavam o gosto pela escrita, um certo saudosismo pelo passado e uma visão arguta e abrangente das questões brasileiras. Cultivavam a capacidade de abstrair-se das disputas momentâneas da política e de concentrar-se nas coisas essenciais, como na defesa dos valores permanentes. Por isso conseguiram servir a Monarquia e a República com a mesma dedicação e desenvoltura. A construção de uma nação é

[30] Lins, Álvaro. Opus cit, Página 389.

um processo contínuo, que exige perseverança, determinação e visão na defesa dos princípios perenes. Esses, por sua vez, estão sempre acima das questões ideológicas e partidárias. Rio Branco, assim como Joaquim Nabuco e Machado de Assis, acreditava que era preciso conservar do Brasil monárquico "o máximo de valores positivos: os de organização, os de ordem, os de disciplina. E até mesmo os católicos"[31].

Quando Rio Branco voltou ao Brasil, para comandar a pasta das Relações Exteriores, em 1902, se sentiu retornando ao próprio lar. Não é exagero afirmar que aceitou "dirigir o Ministério que ele vira funcionar desde menino dentro da sua própria casa. Entrava ali à vontade, na certeza de que não teriam surpresas. Podia assumir o comando desde o primeiro dia, com segurança e desenvoltura"[32]. O Itamarati possuía um pequeno quadro de funcionários. E a maioria deles, como o Diretor-Geral do Ministério, o Visconde de Cabo Frio, tiveram a oportunidade de servir tanto o Visconde quanto o Barão do Rio Branco, no Itamaraty. O Visconde de Cabo Frio continuou a ser um homem influente do Ministério.

A eficiência burocrática do Itamaraty e o respaldo incondicional do presidente da República foram fundamentais para Rio Branco resolver as questões prementes da diplomacia brasileira. A primeira grande vitória do Barão como Ministro das Relações Exteriores foi evitar a guerra com a Bolívia e incorporar o território do Acre ao Brasil. Ele mesmo considerou este acordo o seu maior feito diplomático. O Tratado de Petrópolis, assinado em 17 de novembro de 1903, selou a paz entre os dois países e adicionou ao nosso território uma região "mais extensa que a de qualquer dos estados do Ceará, Rio Grande do Norte, Paraíba, Pernambuco, Alagoas, Sergipe, Espírito Santo, Rio de Janeiro e

---

[31] Freire, Gilberto. Opus cit, Página 876.
[32] Lins, Álvaro. Opus cit, Página 391.

Santa Catarina; território que produz renda anual superior à de mais da metade dos vinte estados da nossa União"[33].

A explosiva demanda mundial pelo produto transformou o Brasil no maior produtor de borracha do mundo na virada do século XX. Em 1900, o país produziu 24.301.456 toneladas de borracha e passou a ser o segundo produto mais exportado do Brasil, perdendo a primazia apenas para o café, o "ouro verde" nacional. O Acre era responsável por 60% da produção de borracha nacional, daí a sua importância estratégica para o Brasil.

Apesar do território pertencer legalmente à Bolívia, o Acre fora invadido por migrantes brasileiros nos anos 80 do século XIX, que fugiam da seca do sertão nordestino em busca da tão sonhada riqueza da borracha. Esses bandeirantes nordestinos foram responsáveis pelo *boom* da produção no Acre. O sonho com a fortuna fazia-os se endividar para financiar a viagem à região amazônica e se instalar no coração da floresta, onde tinham de suportar a solidão e a monotonia da vida na mata, lutar contra animais selvagens e venenosos, sobreviver às doenças tropicais e torcer para que não morressem antes de se tornarem ricos produtores.

A fama dos barões da borracha tornou-se lendária. Eles financiaram a construção de portos, ferrovias, cidades e de um esplendoroso teatro de ópera no coração da salva amazônica, que lembrava os suntuosos teatros europeus. Os barões pretendiam trazer as melhores orquestras, tenores e sopranos estrangeiros para representar as grandes óperas de Rossini, Verdi e Puccini no coração da selva amazônica.

A borracha produzida na região era transportada até Belém e Manaus, de onde partiam para a Europa e Estados Unidos: "Conta-se que, nessas cidades, acendiam-se charutos com notas de 500 mil-réis, que se tomava champanha como água, que

[33] Souza, Raul Alves. Opus cit, Página 102.

qualquer dor de dente era curada na Europa. Fantasias ou não, o que se pode extrair é que, realmente, os lucros eram altos e fáceis, que a confiança no futuro era ilimitada e que uma grande euforia dominava a região"[34].

A riqueza da borracha era uma miragem para o governo boliviano, que jamais conseguiu exercer sua soberania na região. Não havia governo, administração pública ou lei que imperasse no Acre. Era um território longe, de difícil acesso e de baixa atratividade econômica para a Bolívia, pois ela não tinha meios de transporte para extraí-la da mata nem acesso aos portos do Atlântico, de onde a borracha era exportada.

O governo boliviano escolheu a pior forma de contornar a questão do Acre com o Brasil. Em 1901, a Bolívia resolveu arrendar o território para uma empresa anglo-americana, o *Bolivian Syndicate*. Além de explorar a borracha, a empresa assumiria o papel de Estado. Governaria a região, pagaria os funcionários públicos e arrecadaria impostos. O arrendamento do Acre para a empresa anglo-americana causou revolta e indignação entre os brasileiros que habitavam a região. O confronto com o *Bolivian Syndicate* e o governo boliviano poderia render alguns aplausos momentâneos do povo que demandava uma reação enérgica do governo brasileiro na defesa dos seus compatriotas no Acre.

Rio Branco sabia que a diplomacia só atinge os resultados desejados se o estadista não hesitar em usar a força quando as negociações fracassarem: "A guerra é a política por meios violentos", dizia Clausewitz, o célebre estrategista militar alemão. Quando o presidente boliviano, General Pando, rechaçou os entendimentos com o governo brasileiro, mobilizou os seus soldados e marchou com suas tropas rumo ao Acre, o governo brasileiro reagiu prontamente. O Brasil enviou tropas para a região e a guerra parecia iminente no início de 1903. Apesar do clima belicoso, Rio Branco

[34] Holanda, Sergio Buarque. Opus cit, volume 8. Página 301.

continuou a trabalhar na busca de um entendimento diplomático com os representantes do governo boliviano.

Com a possibilidade real de guerra entre Brasil e Bolívia, o *Bolivian Syndicate* perdeu interesse no negócio do Acre. Em fevereiro de 1903, a empresa anglo-americana aceitou a oferta do governo brasileiro, de receber uma indenização de 116 mil libras esterlinas para deixar a área arrendada. A soma parecia razoável para abandonar um negócio que provou ser demasiadamente arriscado, com a escalada da tensão entre Bolívia e Brasil. Assim que a empresa anglo-americana deixou o território, o Brasil agiu prontamente nas duas frentes, a militar e a diplomática. Por um lado, intensificou a pressão militar, com o número crescente de regimentos mobilizados de vários estados, como Mato Grosso, Pernambuco, Rio Grande do Sul, Bahia, Alagoas. Do outro, Rio Branco pressionava o governo boliviano nas negociações diplomáticas. Num despacho à Legação do Brasil em La Paz, o Barão foi enfático; "apressemos o arranjo completo e final das nossas dificuldades... Já temos perdido muito tempo. Não podemos fazer desarmar os nossos compatriotas atenta a proximidade das tropas bolivianas"[35].

O despacho de Rio Branco provocou a reação desejada. O governo boliviano respondeu imediatamente, dizendo que estava disposto a buscar o entendimento diplomático. As negociações se arrastaram de julho a novembro de 1903. A assinatura do Tratado de Petrópolis foi um grande feito da diplomacia brasileira. O Acre foi incorporado ao Brasil em troca de pequenas concessões territoriais na fronteira entre os dois países, o pagamento de uma indenização de 2 milhões de libras esterlinas para o governo boliviano e a promessa de se construir a ferrovia Madeira-Mamoré, que ajudaria a escoar tanto a produção boliviana quanto a da borracha brasileira para os portos do norte do país.

[35] Lins, Álvaro, página 427.

A paz com a Bolívia mal havia sido celebrada quando o Peru, que também reivindicava parte do território do Acre, resolveu adotar o método boliviano de se fazer política. Mobilizou suas tropas e invadiu o território do Alto Purus e do Juruá, para forçar o Brasil a negociar um acordo. Rio Branco reagiu à provocação com firmeza e objetividade. O Brasil só iniciaria negociações com o governo peruano depois da retirada das tropas do território invadido. A invasão "não cria direitos para o Peru; antes representa uma confissão de que eles não existem", afirmara o chanceler brasileiro. Em segundo lugar, o Barão reiterou que só aceitaria o arbitramento de um governo estrangeiro "se entender que é caso disso, quando souber que títulos possuem o Peru para pretender disputar-nos os territórios que recuperamos e os que nos cedeu a Bolívia pelo Tratado de Petrópolis"[36].

O Peru não tardou a descobrir que precisava agir como uma nação civilizada para chegar a um entendimento com o Brasil. E foi o que ocorreu. No dia 12 de julho de 1904, aceitou a proposta feita por Rio Branco, que definiu a demarcação da fronteira entre os dois países nos territórios em disputa. O próprio Barão resumiu o teor do entendimento: "O Peru queria vir governar conosco os territórios que pretende; não conseguiu isso. Nós é que fomos governar com ele os trechos da bacia do Juruá e do Purus que invadira e estava administrando"[37].

Esses acordos indicavam a preocupação Rio Branco em manter a paz e uma relação de amizade com os países vizinhos. A construção de boas relações com os países sul-americanos lhe parecia a primeira etapa a ser cumprida no esforço lento, porém necessário, na construção de uma política externa capaz de unir as nações da América do Sul em torno de objetivos e interesses comuns. Ao abrir a Conferência Pan-Americana no Rio de Janeiro, o Barão declarou a importância da união dos países da região na busca

[36] Lins, Álvaro, página 457.
[37] Lins, Álvaro, página 459.

do progresso econômico, do conhecimento e na preservação do entendimento político: "Não há aqui quem alimente invejas contra povo vizinhos, porque tudo esperamos no futuro; nem ódios, porque nada sofremos deles no passado. Um grande sentimento nos anima, o de progredir rapidamente sem quebra das nossas tradições de liberalismo e sem ofensa dos direitos alheios"[38].

A construção de uma política continental passava, necessariamente, pelo fortalecimento das relações internacionais com os Estados Unidos. A república americana serviu de modelo e inspiração para os *Founding Fathers* brasileiros e, no início do século XX, tornara-se um grande parceiro comercial e diplomático do Brasil. Em 1903, os Estados Unidos reduziram a zero a tarifa sobre o café brasileiro; em 1909, ela estendeu-se para outros dois produtos importantes: a borracha e o cacau. Essas medidas transformaram-no no maior importador dos principais produtos brasileiros.

Na diplomacia, os dois países agiram em perfeita sintonia durante as tensas disputas territoriais do Brasil com a Bolívia e o Peru. O governo americano rechaçou os pedidos de intervenção dos governos boliviano e peruano nas disputas fronteiriças com o Brasil e deixou claro que tinham de buscar um entendimento diplomático com o governo brasileiro. Rio Branco reconhecera a importância do apoio dos Estados Unidos de abster-se dos conflitos sul-americanos: "Washington foi sempre o principal centro das intrigas e dos pedidos de intervenção contra o Brasil, por parte de alguns dos nossos vizinhos, mas todas essas manobras encontraram uma barreira invencível na velha amizade que, felizmente, une o Brasil e os Estados Unidos"[39].

Além de os Estados Unidos se comportarem exemplar durante as disputas diplomáticas do Brasil com a Bolívia e o Peru, Rio

[38] Alves de Souza, Raul, Opus cit, Pagina 104.
[39] Lins, Álvaro. Opus cit, Página 491.

Branco estava aborrecido com as potências européias. A disputa com a Inglaterra sobre a demarcação da fronteira do Brasil com a Guiana Inglesa terminou numa fragorosa derrota diplomática. A questão foi arbitrada pelo rei da Itália, Vitório Emanuel, que apresentou uma decisão desastrosa para o Brasil. A Inglaterra recebia um pedaço da bacia amazônica, o que era mais do que "havia fixado o Primeiro-Ministro britânico, Lorde Salisbury, numa proposta de 1898, pela qual se teria dividido mais equitativamente o território em disputa"[40]. Joaquim Nabuco, o negociador brasileiro, ficou arrasado com a decisão do rei italiano. Rio Branco não só reconheceu publicamente o esforço de Nabuco nas negociações como mobilizou jornalistas e publicou artigos defendendo a sua atuação no caso da Guiana Inglesa.

A tensão entre o Brasil e as potências européias aumentou quando a Venezuela declarou moratória e suspendeu o pagamento da dívida externa. Na época, países caloteiros pagavam o preço por seus atos irresponsáveis. Os países credores – Alemanha, Inglaterra e Itália – enviaram navios de guerra para a Venezuela e bloquearam os portos do país até o governo venezuelano pagar o montante que lhes devia. O uso da força dos países europeus para cobrar a dívida da Venezuela irritou profundamente o Brasil e os seus vizinhos. Os Estados Unidos, invocando a Doutrina Monroe, que determinava que as nações europeias não deveriam se intrometer nos assuntos do continente americano, apoiaram a decisão dos países sul-americanos, de formar uma liga continental para defender a Venezuela.

A aliança americana ajudou a estreitar as relações diplomáticas entre os Estados Unidos e o Brasil. Ao reconhecer a crescente importância dos laços políticos e econômicos que uniam as duas nações, o Barão do Rio Branco "elevou à categoria de primeira embaixada da América meridional a representação diplomática

---

[40] Lins, Álvaro. Opus cit, Página 460.

norte-americana no Brasil"[41]. O Brasil tinha representações diplomáticas em vários países europeus, mas nenhum gozava do título de embaixada. Ao promover a representação brasileira em Washington ao título de embaixada, o Brasil sinalizava que o parceiro prioritário da nossa diplomacia seriam os Estados Unidos. A criação da primeira embaixada brasileira no continente americano teve "uma excepcional repercussão, ajuntando aos seus fins políticos a pompa e o brilho de um acontecimento diplomático". Joaquim Nabuco conclui a importância da escolha de Rio Branco em uma frase: "O título (de embaixada) vale uma política"[42]. O Barão nomeou Nabuco o primeiro embaixador brasileiro em Washington. Os Estados Unidos retribuíram o gesto da diplomacia brasileira, elevando a sua representação no Brasil ao título de embaixada – a primeira no continente americano.

O sucesso da diplomacia de Rio Branco derivava não só da sua visão da política externa, da sua extraordinária habilidade de negociação e do respaldo incondicional do presidente da República, como também da sua preocupação permanente com o recrutamento e treinamento dos diplomatas brasileiros: "Isto sem se despreocupar da educação das esposas desses diplomatas, que ele entendia deverem ser, quanto possível, elegantes e até belas, além de instruídas". O Barão acreditava que os colégios católicos "de religiosas francesas" eram as melhores instituições para formar mulheres educadas, elegantes e bem instruídas. Rio Branco sentia verdadeiro pavor quando tinha de "convidar para festas diplomáticas brasileiros ilustres casados com senhoras mal-amanhadas ou de instrução deficiente"[43]. Graças a esta obsessão de Rio Branco com a formação educacional e intelectual dos nossos diplomatas, o Brasil criou um dos mais qualificados e preparados corpos diplomáticos do mundo; uma tradição de excelência que

---

[41] Souza, Raul Alves. Opus cit, Página 104.
[42] Lins, Álvaro. Opus cit, Página 499.
[43] Freire, Gilberto. Ordem e Progresso. Opus cit, Páginas 877-78.

perdurou durante todo o século XX e que só foi quebrada no governo Lula, em 2002.

O êxito da diplomacia de Rio Branco, a melhoria dos serviços públicos e o embelezamento do Rio de Janeiro sob o comando do prefeito Pereira Passos e o trabalho reconhecido internacionalmente de Oswaldo Cruz no combate às epidemias, colaboraram para fazer do governo Rodrigues Alves um dos presidentes mais populares da República. Ele não teve dificuldades de eleger o seu sucessor – o mineiro e também Conselheiro do Império, Afonso Pena – e de deixar a Presidência da República sob aplausos da população. No dia 15 de novembro de 1906, Rodrigues Alves passou o poder a Afonso Pena e deixou o Rio de Janeiro com a sensação de dever cumprido: "Quando partiu para São Paulo, Rodrigues Alves teve o prazer de ver o seu carro seguido por grande número de pessoas de sua casa, na Rua Vergueiro, até a Praça da República. O cortejo era imenso e, por todos os lados, estudantes e o povo a aplaudir, soltar fogos e atirar flores"[44].

Rodrigues Alves partiu para um breve descanso em Guaratinguetá antes de embarcar para uma longa viagem pela Europa. No Rio de Janeiro, Afonso Pena manteve tanto o Barão do Rio Branco quanto Oswaldo Cruz nos seus respectivos cargos. Ambos deram continuidade ao trabalho na política externa e na saúde pública. Machado de Assis também permaneceu na diretoria do Ministério da Viação. A vantagem de estar num cargo de segundo escalão permitiu-lhe manter uma distância saudável das decisões políticas e de cultivar um olhar arguto e refinado da sociedade. Esta visão privilegiada serviu-lhe de inspiração para que ele criasse ensaios, contos e romances, que se tornaram obras sublimes da literatura brasileira.

[44] Koifman, Fábio. Opus cit, Página 119.

DOIS AMIGOS E A CRIAÇÃO DE UMA INSTITUIÇÃO

No mundo da literatura, Machado de Assis reinava de forma suprema. Ele era o líder inconteste, o escritor venerado e a referência intelectual da época. A felicidade é uma dádiva concedida às pessoas que vivem plenamente a sua missão de vida. Machado descobriu cedo que a sua era escrever. Focava a sua atenção, talento e energia na produção incessante de romances, peça de teatro, contos, poemas, crônicas, resenhas e artigos para jornais e revistas. Não havia obstáculo que o desviasse da escrita; as dificuldades financeiras, os ataques de epilepsia e os problemas de vista no fim da vida não cercearam sua criatividade, sua vontade de escrever e sua produção literária.

Ele era um homem extremamente disciplinado e metódico. Escrevia diariamente, das 5 horas da manhã até às 10; depois, pegava o bonde e ia para o trabalho, no Ministério da Viação. Quando encerrava o expediente na repartição pública, encontrava os amigos nas livrarias de Paula Brito e Garnier ou na redação da *Revista Brasileira*, do escritor José Veríssimo. Nos últimos anos da sua vida, esses encontros literários ocorriam na Academia Brasileira de Letras.

Machado gostava também de ir ao teatro, jogar xadrez no clube Fluminense e ir ao clube Beethoven, onde conversava com amigos cultos e escutava música – outra grande paixão do escritor. Mas, o lugar favorito era a sua própria casa. O lar era o refúgio predileto; uma espécie de mosteiro privado construído por sua mulher, Carolina. Ela teve um papel tão importante na trajetória do marido que é possível dividir a vida de Machado de Assis em dois períodos: um antes e outro depois do surgimento de Carolina. Ela se tornou o rochedo que propiciava a estabilidade, a segurança, o acolhimento e a ternura que o escritor tanto necessitava para criar a sua grande obra.

Carolina apareceu na vida de Machado em 1866. Ela veio de Portugal para conhecer o Brasil e passar uma temporada no Rio de Janeiro com seu irmão, o poeta Faustino Xavier de Novaes. Carolina encontrou-o doente, sofrendo de distúrbios mentais. Ela cuidava do irmão e, com uma paciência infinita, o acalmava e o ajudava a atravessar o vale tenebroso da angústia e depressão, que o consumiam. Machado e Carolina se conheceram na casa de Faustino. Os três costumavam conversar sobre literatura, poesia, livros, peças de teatro, crônicas e artigos publicados na imprensa carioca.

Mulher culta e instruída, Carolina conhecia bem a literatura portuguesa, gostava dos escritores ingleses e era uma profunda estudiosa de gramática. Atenciosa, afetuosa e dedicada às pessoas que gostava, ela revelava os traços da sua personalidade forte não só quando opinava sobre literatura, mas principalmente no trato seco, direto e objetivo que reservava aos estranhos ou às pessoas que não admirava. Era o tipo de mulher que deve ter espantado vários pretendentes que se apresentaram para se casar com ela. Não é à toa que tinha 32 anos e continuava solteira. Mas a sua personalidade forte e erudição fascinaram Machado de Assis: "Tu não te pareces com as mulheres vulgares que tenho conhecido. Espírito e coração como os teus são prendas raras", escrevera Machado a Carolina, logo depois que começaram a namorar.

Faustino aprovara o namoro da irmã com Machado, mas a família do poeta rejeitara a possibilidade de Carolina casar-se com um escritor mulato. Faustino falecera em 1869 e, três meses depois da morte do poeta, Carolina e Machado se casaram. Ela simplesmente ignorou a rejeição da família ao seu casamento e mandou uma carta aos familiares, na qual dizia: "Não estou pedindo licença; estou comunicando o meu casamento". E assim, Carolina e Machado subiram ao altar em novembro de 1869. Ela tinha 35 anos; ele, 30.

Machado era um talentoso escritor, porém ainda não havia escrito seus grandes romances, nem havia publicado seus célebres contos. Escrevia nos jornais cariocas, publicou várias peças de teatro e um livro de poesia. O sustento do casal, entretanto, era assegurado pelo emprego público do escritor. Logo depois de se casarem, Machado e Carolina foram viver numa pequena casa no Catete, onde permaneceram até 1884. Neste ano, mudaram-se para uma casa confortável e espaçosa no Cosme Velho, um bairro aristocrático e elegante, em que habitavam Ministros, diplomatas e comerciantes bem sucedidos. A ascensão econômica de Machado de Assis deveu-se à sua carreira exemplar na burocracia estatal, mas o seu prestígio literário é fruto dos grandes livros que escreveu depois do seu casamento.

Carolina tornou-se mulher, amiga, confidente e também revisora das obras de Machado de Assis. Verificava as provas dos livros com o mesmo empenho e dedicação com que o acudia na hora dos seus ataques epiléticos. Durante as convulsões do marido, Carolina abria-lhe a boca e colocava um pedaço de cortiça "entre os dentes que lhe protegia a língua, evitando assim que fosse vítima de si mesmo"[1]. Machado precisava de silêncio e sossego para escrever. Ele só falava sobre seus livros depois de concluída e publicada a obra. Carolina era uma exceção. Com ela, compartilhava o desenrolar de suas tramas. Quando começou a perder a visão, costumava ditar as histórias de seus romances à sua mulher.

A cumplicidade do casal era invejável e permaneceram casados por 35 anos. Gostavam das mesmas coisas: literatura, música, vida discreta e hábitos simples. Adoravam o Rio de Janeiro, cultivavam uma pequena roda de amigos – a maioria escritores – e raramente viajavam. Minas Gerais foi o lugar mais distante que Machado de Assis visitou. O casal não teve filhos, mas adorava cachorros. Machado e Carolina costumavam caminhar após o jantar pelas ruas do bairro com Graziela, a cadela de estimação. Quando Graziela morreu, em 1891, o casal ficou arrasado. Machado cortou um cacho de seu pelo, emoldurou-o e pendurou na parede do seu quarto. Graziela foi substituída por Zero, um simpático pinscher preto, que logo ocupou o vazio deixado por Graziela.

O casamento com Carolina inaugurou o período fértil da produção literária de Machado de Assis. Ela o incentiva, o apoiava e o estimulava a escrever. De 1870 a 1880, Machado publicou dois livros de contos, *Contos Fluminenses* (1870) e *Histórias da Meia Noite* (1873); dois livros de poesias, *Falenas* (1870) e *Americanas*

[1] Montello, Josué. Memórias Póstumas de Machado de Assis. Opus cit, Página 472.

(1875); e quatro romances: *Ressurreição* (1872), *A Mão e a Luva* (1874), *Helena* (1876) e *Iaiá Garcia* (1878). Nesses romances, a influência de José de Alencar, o grande escritor da época, ainda permeava a sua obra . Mas, em 1881, Machado escreveu o livro que o elevou ao panteão dos grandes escritores brasileiros, *Memórias Póstumas de Brás Cubas*.

A fina ironia, a narrativa perspicaz das memórias, o retrato íntimo e realista das ambições, frustrações, sonhos e fraquezas dos personagens anunciavam o fim da estrutura clássica do romance do século XIX. *Brás Cubas* era um homem bem-nascido; fidalgo, rico e deputado. Desiludiu-se com a política; restaram-lhe apenas as reminiscências. Confessou que apaixonou-se por uma prostituta e gastou uma fortuna em joias para agradá-la; teve um caso amoroso com a mulher de um amigo, gostava da companhia de Quincas Borba, o amigo de juventude que morreu louco. Soube aproveitar a vida; não sentia remorso, saudades ou arrependimento das coisas que fizera ou deixara de fazer. De fato, considerou sábia a decisão de não ter se casado e constituído uma família; "não tive filhos; não transmiti a nenhuma criatura o legado da nossa miséria".

Brás Cubas "causou estranheza à crítica". Ao terminar a leitura do livro, o escritor Capistrano de Abreu enviou uma carta a Machado, externando a impressão desconcertante que o romance lhe causara; "o que é *Brás Cubas*, em última análise? Romance? Dissertação moral? Desfastio humorístico?" O livro apresentava "uma narrativa descosida, irregular, sem ritmo, obedecendo os movimentos íntimos de quem, acionado pela dúvida e pela desilusão, não se abandona a um rumo certo"[2]. A acolhida fria e pouco receptiva da obra repercutiu na produção literária de Machado de Assis. Depois de *Brás Cubas*, ele passou 10 anos sem escrever um romance. Durante esta longa estiagem, publicou uma peça de

[2] Broca, Brito. Machado de Assis e a Política. Editora Pólis, Brasília. Instituto Nacional do Livro, Pró Memória, 1983. Página 39.

teatro e vários livros de contos, dentre eles, *Papéis Avulsos* (1882) e *Histórias sem Data* (1884), verdadeiros clássicos do gênero. Em 1891, ele finalmente brindou os seus leitores com outro grande livro: *Quincas Borba*.

A década de *Brás Cubas* a *Quincas Borba* (1881-1891) compreendeu um período de profundas transformações políticas no Brasil: a abolição da escravidão, a queda da monarquia e o conturbado nascimento da República. Enganam-se aqueles que acusam Machado de ter permanecido alheio a essas mudanças. Ao se recusar a participar dos movimentos políticos, filiar-se a um partido e engajar-se na defesa de ideologias, Machado apenas rechaçou a idéia de escolher um credo para expressar sua visão política. Preferiu manter sua independência em relação aos partidos e às ideologias para poder analisar com isenção e propriedade a política brasileira. A disputa político-partidária e os embates ideológicos pareciam-lhe meras distrações dos temas fundamentais.

Machado estava mais preocupado com o bom funcionamento das instituições, a preservação da ordem e a defesa da liberdade de expressão do que com as disputas partidárias. Em suas crônicas, frequentemente abordava temas políticos, mas jamais os tratou como manifestos partidários ou ideológicos. Num diálogo imaginário entre ele e a sua pena, Machado anunciou os princípios que norteariam as suas crônicas:

Antes de começar o nosso trabalho ouve, amiga minha, alguns conselhos de quem te preza e não te quer ver enxovalhada. Não te envolvas em polêmicas de nenhum gênero, nem políticas, nem literárias, nem quaisquer outras (...). O pugilato das idéias é muito pior que o das ruas; tu és franzina, retrai-te na luta e fecha-te no círculo dos teus deveres, quando couber a tua vez de escrever crônicas. Sê entusiasta para o gênio, cordial para o talento, desdenhosa para a nulidade, justiceira sempre, tudo isso com aquelas meias-tintas tão necessárias aos melhores efeitos da pintura. Comenta os fatos com reserva, louva ou censura, como te ditar a consciência, sem cair na exageração dos extremos. E assim viverás honrada para sempre.[3]

Ele cumpriu fielmente o compromisso que assumiu com a sua pena de cronista. Machado gostava de selecionar os assuntos do cotidiano para revelar as fissuras no sistema político que ameaçavam o bom funcionamento das instituições. Recorria à ironia para retratar a enorme distância entre o discurso e a ação política. Um simples fato, como a falta de quórum nas sessões legislativas na Câmara dos Deputados, transformava-se num poderoso pretexto para discutir as questões fundamentais da política: "Há folgas extraordinárias na Câmara, dias de repouso, dias de chuva e todo sábado vale domingo. É isto novo?". Machado reiterava que não havia nada de novo neste comportamento; ele apenas refletia o espírito de uma sociedade igualmente relapsa com seus compromissos e deveres. O escritor concluía a crônica enfatizando que cada povo tem o governo que merece: "Assim como um governo de equidade só se pode manter em povo igualmente sem equidade, assim também um Parlamento remisso só pode medrar em sociedade remissa. Não vamos crer que todos nós, exceto os legisladores, fazemos tudo a tempo. Que diria o sol, que nos deu a rede e o fatalismo?"[4].

A maioria dos parlamentares e dos cidadãos preferia a rede e a visão fatalista da política do que aceitar plenamente o seu papel e a sua responsabilidade na sociedade. Se estivesse comprometida com a defesa incondicional dos valores democráticos e dos princípios constitucionais, não toleraria discrepâncias gritantes, como a escravidão na época do Império e o autoritarismo republicano que sufocou a liberdade de expressão e recorreu ao estado de sítio com uma freqüência assustadora. Essas distorções

[3] Montello, Josué. Memórias Póstumas de Machado de Assis. Opus cit, Página 35.
[4] Montello, Josué. Memórias Póstumas de Machado de Assis. Opus cit, Página 39.

revelavam a tolerância de uma "sociedade remissa", que ignorava os princípios e as instituições, e só pensava em satisfazer os seus desejos imediatos.

Quando se menospreza a história e ignora-se as lições dos erros e acertos do passado, o povo torna-se refém dos demagogos, se encanta com a pregação dos revolucionários e se ilude com os discursos populistas. Machado não se iludiu com o movimento republicano; ele o via como "uma solução fácil para os que não queriam dar-se ao trabalho de procurar as verdadeiras causas dos nossos males. Era o Imperador o culpado, o Imperador com seu poder pessoal. Suprimissem o poder pessoal e estava tudo sanado"[5]. O Imperador foi removido do poder, mas a República, que prometeu acabar com o despotismo monárquico e criar uma democracia constitucional, transformou-se rapidamente num regime autoritário e oligárquico. Golpes de estado, censura à imprensa, prisões políticas e decretação do estado de sítio revelam a dificuldade dos governos republicanos em conciliar a preservação da ordem e das liberdades individuais com os princípios democráticos e constitucionais.

A visão pessimista de Machado de Assis tinha fundamento. Preferia a Monarquia à República, mas nenhum dos dois regimes escaparam de sua análise crítica. O Império brasileiro fora demasiadamente lento na promoção das reformas estruturais, o que colaborou para corroer a sua credibilidade. A República mostrou-se caótica e desordenada, o que colocava em risco a ordem institucional. Mas a visão política de Machado não levava em conta a influência e o poder extraordinário de uma minoria corajosa, perseverante e determinada que, nos momentos de crise, assume o dever e a responsabilidade de conduzir a nação sem renunciar os princípios que norteiam a democracia constitucional.

---

[5] Broca, Brito. Machado de Assis e a Política. Opus cit, Página 42.

Joaquim Nabuco foi um desses grandes estadistas brasileiros. Ele era um clássico liberal do século XIX: defendia o governo constitucional, os princípios democráticos e as liberdades individuais. Assim como Machado, ele não se interessava pelas causas partidárias; se importava com a defesa de princípios e dos interesses perenes da nação. Na década de 80 do século XIX, Nabuco foi um dos estadistas que percebeu que a principal questão política a ser enfrentada de forma enérgica e implacável era a questão da escravidão.

Nabuco tinha uma visão muito clara deste problema. O país não poderia pensar seriamente no progresso econômico e no avanço da democracia enquanto existisse o trabalho servil. A escravidão representava a violação dos princípios democráticos e era incompatível com os fundamentos da monarquia constitucional; era o cancro que corria a credibilidade das instituições, debilitava a legitimidade da monarquia e atingia a reputação do imperador. Se não fosse eliminada, acabaria destruindo a nação, o império e a democracia.

A lucidez política consiste em manter a atenção focada nas questões estruturais e não se deixar iludir pelo discurso político simplório, que pretende reduzir o debate sobre os destinos do país a uma mera disputa eleitoral e partidária. A abolição lenta e gradual da escravidão tornou-se aceitável para os partidos e para a maioria dos donos de escravos, mas era inaceitável para a nação. Nabuco pregava a abolição imediata e incondicional: "Estou mais identificado com o abolicionismo do que com qualquer partido, que me parecem todos igualmente plutocráticos. Eu, hoje, luto por ideias, e não por partidos. Nas ideias, sou intransigente. Quanto aos partidos, não me presto mais a galvanizá-los. Estão bem mortos"[6]. A atuação de Nabuco no Parlamento, a coragem com que escrevia, discursava e defendia a abolição inspirou

[6] Machado de Assis e Joaquim Nabuco. Correspondência. Editora Topbooks, Rio de Janeiro, 2003. Página 43.

jornalistas e escritores a cerrarem fileiras com os abolicionistas e a intensificar os ataques na imprensa aos partidos e aos governos, que relutavam a adotar uma postura radical em relação à emancipação dos escravos.

Joaquim Nabuco abraçou a causa da abolição e se tornou o seu herói. Travou uma campanha patriótica para eliminar o trabalho servil, lutou pela liberdade dos escravos, escreveu livros e manifestos a favor da abolição e teve a coragem de romper com o seu partido e com os membros da sua classe social, quando provaram serem demasiadamente tímidos na defesa do fim da escravidão. Tal ação política despertou a admiração dos seus contemporâneos. Ele se tornou o ídolo de uma geração de jovens, que sonhavam em reformar o país; Machado de Assis descrevia Nabuco como o "grego dos bons tempos de Helade"[7].

Durante a luta pela abolição, Machado e Nabuco tornaram-se amigos, fruto de uma admiração mútua. Em 1865, Nabuco tinha 15 anos e estudava no Colégio Pedro II, no Rio de Janeiro. O jovem estudante chamou a atenção de Machado de Assis que, aos 25 anos, já era um conhecido escritor, cronista e crítico da imprensa fluminense. Machado elogiou um poema de Nabuco no *Diário do Rio de Janeiro* e dizia que "não faltava vocação, nem espontaneidade" ao jovem poeta, mas "que deve curar de aperfeiçoar-se pelo estudo". Nabuco, entretanto, "tem o direito de contar com o futuro". Lisonjeado com o comentário de Machado no jornal, Nabuco escreveu-lhe uma carta, agradecendo as considerações sobre o seu poema, mas recusando o título de poeta; tamanha honraria não poderia ser conferida a um jovem que escrevia versos nas horas vagas. O verdadeiro poeta era Machado, dizia Nabuco em sua carta.

Esta foi a primeira de 53 correspondências que trocaram ao longo da vida. Nabuco admirava o escritor desde a juventude;

[7] Machado de Assis e Joaquim Nabuco. Correspondência. Opus cit, Página 31.

Machado encantou-se com o jovem poeta, que se transformou no político corajoso e destemido que lutou pela abolição da escravidão.

Nabuco representava o ideal aristocrático. Bonito, elegante e refinado, ele pertencia a uma tradicional família pernambucana. Viveu uma infância dourada no engenho de açúcar da família, em Massangana, interior de Pernambuco, cercado pelo carinho dos padrinhos e a atenção dos escravos e mucamas. As reminiscências desta época sempre lhe trouxeram doces recordações. Os passeios no canavial, o calor escaldante, a sesta depois do almoço "respirando o aroma, espalhado por toda parte, das tachas em que cozia o mel"; o pôr do sol deslumbrante no campo, em que "pedaços inteiros da planície transformavam-se em uma poeira de ouro; a boca da noite era agradável e balsâmica; depois, o silêncio dos céus estrelados, majestoso e profundo"[8].

Neste cenário idílico, Nabuco fora acolhido com afeto e ternura pelos seus padrinhos, Joaquim Aurélio de Carvalho e dona Ana Rosa Carvalho. Joaquim, o senhor do engenho, "fora conhecido na província pelo seu luxo e liberalidade"; dona Ana Rosa, pelo seu jeito carinhoso, atencioso e hospitaleiro, "ocupava sempre a cabeceira de uma grande mesa de trabalho, onde jogava cartas, dava a tarefa para a costura e para as rendas a um numeroso pessoal, provava os doces, examinava as tisanas para a enfermaria defronte, distribuía peças de prata a seus afilhados e protegidos e recebia amigos, que vinham todas as semanas, atraídos pelos regalos de sua mesa e de sua hospitalidade."[9]

A infância de Nabuco terminou abruptamente, aos oito anos de idade. Ele foi acordado no meio da noite com a terrível notícia do falecimento de dona Ana Rosa, sua querida madrinha: "A noite da morte de minha madrinha é a cortina preta que separa, do

[8] Nabuco, Joaquim. Minha Formação. Editora Universidade de Brasília. Brasília, 1981. Páginas 129 e 130.
[9] Nabuco, Joaquim. Minha Formação. Opus cit, Página 132.

resto de minha vida, a cena de minha infância", escreveu Nabuco. A morte de dona Ana Rosa foi uma perda irreparável para todos os habitantes do engenho. Era como se cada membro do feudo perdesse sua mãe e protetora: "No corredor, moradores, libertos e os escravos, ajoelhados, rezavam, choravam, lastimavam-se em gritos. Uma cena de naufrágio; todo esse pequeno mundo, tal qual se havia formado durante duas ou três gerações em torno daquele centro, não existia mais depois dela: seu último suspiro o tinha feito quebrar-se em pedaços"[10].

Logo após a morte de sua madrinha, Nabuco foi para o Rio de Janeiro. O seu pai mudou-se para a capital do Império, onde estreava uma brilhante carreira na jurisprudência e na política. Ao deixar o engenho de seus padrinhos, Nabuco confessou que "o que mais me pesava era ter que me separar dos que me serviram com a dedicação que tinham por minha madrinha e, sobretudo entre eles, os escravos que, literalmente, sonhavam pertencer-me depois dela. Eu bem senti o contragolpe da sua esperança desenganada"[11]. Mas, Nabuco levou consigo a sua ama, uma escrava que ele adorava. O restante dos seus pertences, "meu cavalo, os animais que tinham sido dados, os objetos de meu uso", foram distribuídos para os escravos que lhe serviram com tanta solicitude. Esse apego e consideração pelos escravos deixaram uma viva impressão na alma de Nabuco; ela contribuiu de forma decisiva para a sua visão política sobre a escravidão.

No engenho de Massangana, a escravidão era um "jugo suave, orgulho exterior do senhor, mas também orgulho íntimo do escravo, alguma coisa que nunca se altera, porque o fermento da desigualdade não pode penetrar nela". Entretanto, Nabuco sabia que esta relação cordial e de cumplicidade entre o senhor e os seus escravos "tinha existido somente em propriedades muito antigas, administradas durante gerações seguidas, com o mesmo

[10] Nabuco, Joaquim. Minha Formação. Opus cit, Página 133.
[11] Nabuco, Joaquim. Minha Formação. Opus cit, Página 134.

espírito de humanidade, e onde uma longa hereditariedade de relações fixas entre o senhor e os escravos tivesse feito de um e outros uma espécie de tribo patriarcal isolada do mundo"[12].

Joaquim Nabuco, assim como Machado de Assis, acreditava que a aristocracia era o esteio que garantia a estabilidade do Estado. Reis e presidentes são líderes momentâneos, mas a aristocracia é uma classe permanente, moldada pela tradição, prestígio e estima conquistadas durante várias gerações. Ela é a guardiã da ordem, da liberdade e das instituições. Por isso, costuma fazer o papel de fiel da balança, ora aliando-se ao povo, para contrabalançar o poder arbitrário do rei, ora aliando-se ao monarca, para contrapor às demandas irracionais das massas.

Nabuco era o exemplo da verdadeira aristocracia. Não buscava a riqueza material, o poder e o prestígio. Ele já os possuía, por herança, tradição e, acima de tudo, por mérito próprio. Nabuco encarava a política como uma missão. Sua participação na vida pública fora pautada pelo senso de dever e de responsabilidade de participar da conduta do país. Era capaz de julgar as questões públicas com clareza, imparcialidade, objetividade e clarividência. Ele representava, "no Parlamento, a quarta geração da mesma família, o que não aconteceu, suponho, a nenhum outro brasileiro".

O peso da tradição só aumentou a sua responsabilidade como homem público. Estudou no prestigioso Colégio Pedro II, no Rio de Janeiro, formou-se na faculdade de Direito, ingressou no Partido Liberal, elegeu-se deputado e, em seguida tornou-se líder da causa abolicionista. Seu pai, o senador Nabuco, foi um dos maiores estadistas do Império; um homem "venerado como uma divindade por uma clientela de cortesãos e discípulos"[13]. O jovem Nabuco teve uma formação política privilegiada. O convívio com

[12] Nabuco, Joaquim. Minha Formação. Opus cit, Página 132.
[13] Machado de Assis e Joaquim Nabuco. Correspondência. Opus cit, Página 21.

o pai permitiu-lhe presenciar em sua casa, na praia do Flamengo, as reuniões políticas do senador Nabuco com Ministros e parlamentares que moldaram os destinos da nação. Ele herdara do pai o respeito pelos princípios constitucionais, o gosto pelo estudo das leis, o zelo pelas instituições e a visão clara e objetiva dos verdadeiros interesses da nação.

A questão da escravidão dividiu a aristocracia em duas facções: os abolicionistas e os escravocratas. Joaquim Nabuco liderou os abolicionistas e rompeu abertamente com o restante de sua classe. Ele acreditava que os defensores da escravidão renunciaram ao espírito altruísta, ao desapego aos privilégios e ao senso de dever e responsabilidade que deveriam nortear as suas ações. Tornaram-se egoístas e defensores de "direitos" infundados e imorais; deixaram de ser agir como uma verdadeira aristocracia.

Para Machado de Assis, somente um homem como Joaquim Nabuco poderia liderar o movimento pela abolição. A luta pela emancipação dos escravos e a vitória dos abolicionistas demonstrou o desapego da verdadeira aristocracia por direitos e privilégios nocivos ao bem-estar da nação. Este senso de sacrifício e renúncia é uma manifestação do espírito virtuoso que move os grandes estadistas; Joaquim Nabuco era a personificação dessas virtudes.

A estabilidade política da nação começa a corroer quando a elite perde a consciência do seu papel na sociedade. Uma aristocracia que deixa de agir como fiel da balança e passa a defender cegamente os seus privilégios torna-se nefasta e danosa à sociedade. Uma burguesia que pretende ocupar o lugar da aristocracia, mas não consegue esconder a sua ambição desmesurada por trás do seu lustro superficial de civilidade, é igualmente nociva à ordem política.

Nos romances de Machado de Assis, a burguesia raramente busca a virtude na vida pública. Os seus personagens almejam títulos de nobreza e cargos ministeriais porque querem provocar inveja e ciúme nos seus pares e serem reconhecidos como pessoas influentes e superiores. Eles não os desejam por motivos altruístas ou vontade sincera de defender os verdadeiros interesses da nação; são movidos pela ambição de conquistar riqueza, poder e fama. Os seus interesses particulares estão sempre à frente dos interesses públicos.

Os poucos personagens de Machado que conquistaram um título de nobreza ou foram convidados para um baile na corte, como Santos e Natividade em *Esaú e Jacó*, nunca compreenderam que a pompa e ritual da corte faziam parte da liturgia do cargo, mas não da personalidade do seu ocupante. D. Pedro II era um homem de hábitos simples e de uma cordialidade cativante. A simplicidade é sinônimo de virtude; o requinte exagerado e o gosto pela ostentação são deformações de uma burguesia que se deleita com a riqueza e a com a superficialidade. Ao conquistar a fortuna material e o título de barão, Santos acomodou-se; preferiu degustar os doces dividendos dos bens materiais e do status de barão do que ingressar na vida pública e entregar-se à árdua tarefa de governar a nação com desprendimento e dedicação.

Joaquim Nabuco, assim como Machado de Assis, acreditava que a virtude na vida pública consistia em transformar os valores morais em ação política. A aristocracia tinha de servir de exemplo moral, cívico e público. Era preciso moldar o caráter individual dos líderes da nação por meio de uma sólida formação familiar, educacional e política. Aqueles que não tiveram o privilégio de nascer em berço esplêndido, como Joaquim Nabuco, poderiam ascender pelo próprio talento. Escritores, jornalistas, servidores públicos tornaram-se grandes estadistas porque se submeteram aos rituais de passagem do mundo civilizado. Estudaram nas boas escolas e universidades, onde forjaram grandes amizades; freqüentaram os salões da aristocracia, onde refinaram o intelecto, os modos e os costumes. Conquistaram a estima e a confiança dos seus pares, ingressaram na vida pública por meio da burocracia e dos partidos políticos e souberam galgar paulatinamente os degraus do poder.

Além de talentosos, foram pacientes, perseverantes e determinados. Não passaram por cima das instituições, não usurparam o poder, nem destruíram as regras e os rituais que regem a civilidade e o convívio cordial entre indivíduos, partidos e governantes. Os valores que compartilhavam eram muito mais importantes do que as diferenças políticas e ideológicas que os separavam. Somente quando há apreço pelas tradições e respeito pelas instituições é possível criar uma casta de estadistas capaz de governar o país com isenção, independência, e imparcialidade. Neste caso, a nação consegue progredir sem provocar a ruptura do Estado e o descrédito das instituições.

A evolução lenta e gradual das instituições permitiu ao país abolir a escravidão por meios pacíficos e constitucionais. Foram necessários quase 20 anos para a questão da abolição evoluir, amadurecer, conquistar novos adeptos e se transformar no desejo político da maioria esclarecida. Ao extinguir a escravidão no Brasil, a Princesa Isabel coroou o triunfo de uma saga de "caráter humanitário e social". A princesa não mediu esforços. Sabia o risco político que o fim da escravidão representava para o trono, mas "ela não hesitou; uma voz interior disse-lhe que desempenhasse sua missão, a voz divina que se faz ouvir sempre que um grande dever tem que ser cumprido ou um grande sacrifício aceito"[14].

O dever da princesa não se limitava a defender o trono a todo custo; consistia em libertar os escravos, e ela tinha plena consciência da sua missão: "Se a Monarquia pudesse sobreviver à abolição, esta seria o seu apanágio; se sucumbisse, seria o seu testamento. Quando se tem, sobretudo uma mulher, a faculdade de fazer um bem universal, como era a emancipação, não se deve

[14] Nabuco, Joaquim. Minha Formação. Opus cit, Página 146.

parar diante de presságios; o dever é entregar-se inteiramente nas mãos de Deus". Todas as considerações políticas são secundárias, quando se tem de cumprir o dever e fazer o que é certo e virtuoso. Foi este espírito altivo que levou a Princesa Isabel assinar a Lei Áurea, no dia 13 de maio de 1888, e acabar com a escravidão no Brasil. Naquele dia histórico, o povo invadiu as ruas do Rio de Janeiro e marchou em direção ao Palácio Imperial, onde aclamou a princesa por sua sabedoria e coragem.

O país celebrava o triunfo do alinhamento perfeito das forças políticas: a Coroa, a aristocracia liberal, o povo e os negros libertos, unidos em torno do bem comum. Até o tímido Machado de Assis saiu às ruas para dar vivas à Princesa Isabel e festejar aquela data histórica, que marcava a vitória de uma causa que tanto ele como Nabuco lutaram bravamente. Esta foi a única vez que Machado foi às ruas participar de um ato político.

O fim da escravidão também representou o apogeu político de Joaquim Nabuco. Ele foi o grande estadista da abolição; o político que lutou pela libertação dos negros no Parlamento e que costurou a grande aliança abolicionista; o panfletário que escreveu artigos e livros condenando a escravidão; o orador empolgante que reuniu multidões nos comícios, nas ruas, nos salões e nos clubes para atacar o sistema escravocrata e defender a abolição.

Um estadista da envergadura de Nabuco é um patrimônio nacional. A visão e o discernimento que revelou na escolha das causas que lutou e a coragem e determinação que demonstrou na sua atuação política o transformaram numa figura indispensável na conduta do Estado. Ele era um estadista a serviço do país. Preocupava-se com o destino da nação, com os rumos do país e com os interesses permanentes do Brasil.

A questão premente não era defender a Monarquia ou a República; o essencial era lutar pela defesa dos princípios democráticos, pelo governo constitucional e pelo fortalecimento das instituições. Reduzir o debate político ao endosso de programas partidários, credos ideológicos ou à defesa de sistemas de governo lhe pareciam uma aberração política. Tanto a Monarquia quanto a República podem gerar governos autoritários, sufocar os princípios constitucionais e destruir a liberdade. Nabuco aceitaria servir imperadores e presidentes, desde que respeitassem os princípios constitucionais, as liberdades individuais, a santidade das leis e a soberania das instituições.

É verdade que tinha uma preferência pela monarquia. Considerava o sistema de governo britânico o modelo ideal a ser seguido. Pretendia converter o Brasil numa verdadeira monarquia constitucional, onde o poder residia de fato no Parlamento e o rei fosse apenas um Chefe de Estado; o guardião das instituições, dos valores e tradições nacionais. Mas, a sua preferência pelo regime monárquico foi suficiente para transformá-lo numa *persona non grata* entre os republicanos que derrubaram a monarquia e assumiram o poder no dia 15 de novembro de 1889.

Joaquim Nabuco preferiu retirar-se da vida pública a compactuar com os radicais e jacobinos que dominaram a primeira década da República brasileira. O fechamento do Congresso, a decretação do estado de sítio e a perseguição dos adversários políticos revelaram a incapacidade dos dois primeiros governos republicanos de conviver com a pluralidade política, de respeitar os valores democráticos e de aceitar os limites constitucionais. Nabuco exilou-se voluntariamente da vida pública.

O advento da República tolheu-lhe a sua carreira política. No governo de Prudente de Moraes, reconciliou-se com os republicanos históricos e, durante a presidência de Rodrigues Alves, Nabuco foi novamente convocado para servir ao país. Tornou-se diplomata e representou o Brasil tanto na Inglaterra como nos Estados Unidos. Mas o seu verdadeiro interesse no período republicano voltou-se para o estudo da História: "A República não conseguiu, ou não soube, ou não quis atrair, Joaquim Nabuco para uma ação nacional que superasse, nele, a condição de monárquico. Por sua vez, Nabuco, homem surpreendente de bem como era, não era dos fáceis de se deixarem cortejar por triunfadores. Preferiu deixar de ser político e tornar-se o historiador – sociólogo de *Minha Formação* e de *Um Estadista do Império*. Com que muito ganhou a literatura brasileira e muito perdeu a política republicana"[15].

A desilusão com os rumos da República tornou-se um sentimento quase unânime entre os grandes escritores da época. O desgosto de Raul Pompéia com o regime acirrou-se quando ele percebeu que o sonho da democracia liberal fora substituído pelo pesadelo dos governos autoritários. Desiludido com a vida e com os rumos do país, suicidou-se no natal de 1895. Rui Barbosa, que foi Ministro de Deodoro e um ardente defensor da República, arrependeu-se de ter lutado por um sistema de governo que gerou déspotas e desordem política no Brasil. A grande obra literária de Euclides da Cunha, *Os Sertões*, revelou ao país as barbaridades cometidas durante a Guerra de Canudos. A conduta desastrosa do conflito por parte do governo revelara a falta de rumo da República. José do Patrocínio, o escritor engajado na luta pela abolição da escravidão e pela república, seguiu o mesmo caminho de Nabuco; voltou-se para a história e para as glórias passadas do Brasil Imperial.

Machado de Assis também aderiu ao pessimismo político que predominava na classe literária. Se a monarquia lhe parecia frágil e lenta para reagir aos problemas da nação, a República representava um risco muito maior: o da desordem institucional e do autoritarismo presidencial. No Brasil, dizia Machado, "governa-se pelo presente, tem o porvir em pouco e o passado em nada ou quase nada". Ele rechaçou o credo jacobino que pregava uma visão simplista e ideológica da história: os jacobinos acreditavam

[15] Nabuco, Joaquim. Minha Formação. Opus cit, Página 12.

que a fundação da República era o marco zero da história do Brasil. Tudo o que havia sido feito ou construído na monarquia deveria ser ignorado ou criticado como feito de um regime retrógrado. Na lógica jacobina, era preciso erradicar a história, abraçar o credo positivista e a ideologia republicana, esquecer o passado e olhar para o futuro. Mas, antes de se chegar ao paraíso republicano, era preciso lutar contra os monarquistas que, por sua mera existência, eram uma ameaça à ordem republicana.

Machado fazia questão de resgatar, em suas crônicas, as memórias do período monárquico, especialmente do Segundo Reinado; uma época em que a civilidade, a pluralidade política e o respeito às instituições predominavam no cenário brasileiro. Durante os governos autoritários de Deodoro e Floriano e das inúmeras tentativas de impor a sua vontade à força ao Congresso e de tentar silenciar a oposição, Machado de Assis recorria aos episódios do Brasil Imperial para descrever um período onde a liberdade reinava na imprensa, nas ruas e no Parlamento. Ele lembrava aos seus leitores que os embates políticos no plenário da Câmara dos Deputados, entre governo e oposição, representavam a legítima manifestação da liberdade democrática: "Não importa; liberdade, antes confusa, que nenhuma (...). A liberdade não é surda-muda, nem paralítica. Ela vive, ela fala, ela bate as mãos, ela ri, ela assobia, ela clama, ela vive da vida. Se eu na galeria não posso dar um berro, onde é que hei de dar? Na rua, feito maluco?"[16].

Machado afirmava que era uma época em que qualquer cidadão podia ir à galeria da Câmara assistir os discursos dos grandes oradores. Joaquim Nabuco, por exemplo, ocupava o plenário para atacar o governo, investir contra a escravidão e enaltecer a importância do trabalho livre para o progresso do país; "o que é o operário? Nada. O que virá ele a ser? Tudo". No trabalho estava "o futuro, a expansão, o crescimento do Brasil". Daí a

[16] Montello, Josué. Memórias Póstumas de Machado de Assis. Opus cit, Página 59.

importância dos escravos serem libertados, pois todos os trabalhadores mereciam ser levantados e protegidos "em toda a extensão do país, sem diferenças de raças e ofícios"[17]. Ao exaltar o trabalho, Nabuco defendia a abolição e atacava a aristocracia escravocrata, que considerava o trabalho indigno, deleitava-se no ócio e vivia às custas do trabalho escravo. Esse grau de liberdade política era impensável na república jacobina.

Se na Câmara predominava o debate intenso, os discursos enfáticos e o clima passional dos duelos políticos, no Senado a atmosfera era de moderação e reserva. Os discursos eram pausados e eruditos; os gestos, serenos; e o tom do debate espelhava a calma dos sábios que não se deixavam influenciar pela urgência das questões partidárias nem pela pressão do tempo. O Senado era uma assembleia vitalícia, composta por homens públicos experientes, que haviam servido a nação como Ministros de Estado, presidentes de província, diplomatas e parlamentares; "a vitaliciedade dava àquela casa uma consciência de duração perpétua, que parecia ler-se no rosto de no trato de seus membros", escrevera Machado de Assis, numa crônica recordando o Senado no Império. Machado lembrava-se da "feição particular, um pouco de homens, outro pouco de instituição" personificadas em figuras como os senadores Zacarias, Nabuco (o pai de Joaquim Nabuco) e o Marquês de Itanhaém.[18]

O Senado era o esteio da estabilidade, do debate sereno, da observância das regras e da importância dos rituais. No Senado, o debate partidário fora substituído pela reflexão das questões de Estado; os discursos vibrantes da Câmara contrastavam com as ponderações sobre os governos e instituições. As crônicas de Machado sobre as instituições no tempo do Império poderiam parecer meras reminiscências de um velho escritor. Mas, elas serviam

[17] Nabuco, Joaquim. Minha Formação. Opus cit, Página 7.

[18] Machado de Assis. *O Velho Senado*. Revista Brasileira, quarto ano, tomo décimo quarto. Sociedade Revista Brasileira, Rio de Janeiro, 1898. Página360.

de analogia para relatar as suas preocupações com os rumos da República brasileira.

A visão política de Machado de Assis pode ser compreendida por meio de suas crônicas. Numa república dominada por governos autoritários e jacobinos radicais, Machado acreditava que a capacidade do cidadão de mudar o país por meio do voto parecia-lhe improvável. O sistema eleitoral continuava a ser controlado pelos partidos e pelos coronéis locais, que empregavam a força e a fraude para assegurar o domínio do poder. O voto deixou de representar uma escolha consciente do cidadão e transformou-se num jogo de apostas: "O cidadão, em vez de votar, aposta. Em vez de apostar no gato ou leão, aposta no Alves ou no Azambuja"[19].

Em nome da ordem e do combate à anarquia, o jacobinismo republicano pretendia destruir o regime constitucional. Não se cria um governo democrático quando se destrói a credibilidade das instituições. Na ausência de regras claras, leis sensatas e instituições sólidas, o governo agia por meio de medidas arbitrárias, distribuição de favores aos seus aliados e perseguição aos seus opositores. A impunidade retratava a violação dos princípios constitucionais, o desrespeito pelas instituições e o menosprezo pelas regras e rituais que regem a democracia: "A impunidade é o colchão dos tempos; dormem-se aí sonos deleitosos. Casos há em que se podem roubar milhares de contos de réis e acordar com eles na mão", escrevera Machado.[20]

O desgosto e a frustração dos escritores com o rumo da República serviram de inspiração para a criação da Academia Brasileira de Letras. A República das Letras contrastava radicalmente com a república jacobina. A primeira era restrita e seletiva, como todas as associações que primam pela qualidade, pelo mérito e

[19] Montello, Josué. Memórias Póstumas de Machado de Assis. Opus cit, Página 112.
[20] Montello, Josué. Memórias Póstumas de Machado de Assis. Opus cit, Página 141.

pelo talento. A segunda era radical e positivista; escolhia seus membros de acordo com a afinidade ideológica e critérios políticos; ela não tolerava a diversidade ideológica nem opiniões contrárias ao credo oficial do governo. A Academia Brasileira de Letras, ao contrário, era pluralista, apolítica e liberal. Seus membros advinham das mais diversas correntes políticas e camadas sociais. Havia monarquistas e republicanos, liberais e conservadores, radicais e moderados, aristocratas e plebeus, católicos e ateus, velhos e moços. Seus membros representavam o talento e a diversidade das letras brasileiras.

A ideia da criação da Academia Brasileira de Letras surgiu nas reuniões literárias da *Revista Brasileira*, de José Veríssimo. Fundada em janeiro de 1895, a revista tornou-se rapidamente a principal publicação cultural do país. Era possível ler longos ensaios sobre literatura, arte, filosofia e ciências. A política só poderia ser tratada por meio de análises dos temas jurídico-constitucionais. A defesa do regime democrático, dos princípios constitucionais e do Estado de Direito retratavam a afinidade da revista com os constitucionalistas, liderados por Prudente de Moraes.

A excelência editorial dos textos da *Revista Brasileira* refletia o talento e a capacidade de José Veríssimo de reunir um extraordinário time de colaboradores: Machado de Assis, Joaquim Nabuco, Silvio Romero, Graça Aranha, Capistrano de Abreu, José do Patrocínio, Inglês de Souza, Olavo Bilac e Rodrigo Otávio faziam parte do grupo de escritores que publicavam regularmente matérias na revista. Pode-se dizer que a *Revista Brasileira* conseguiu reunir a maior concentração de escritores imortais numa única publicação. Ela era, de fato, a revista da Academia Brasileira de Letras antes mesmo da Academia existir.

A sede da *Revista Brasileira* tornou-se o ponto de encontro dos intelectuais que gostavam de reunir-se para conversar sobre cultura e literatura. José Veríssimo, o incansável dono e editor da revista, tinha o costume de organizar um jantar mensal para os seus colaboradores. Machado de Assis nos conta que Veríssimo recebia todos os escritores "com aquela afabilidade natural que os seus amigos nunca viram desmentida um só minuto". O jantar era comandado por Veríssimo, que estabeleceu alguns "fundamentos práticos e reais" que todos os convidados tinham de respeitar: "Não se fala de política. Também não se fala de mulheres. O mais do tempo é dado às letras, às artes, à poesia e à filosofia". Essas regras permitiam que a conversa à mesa fosse sempre agradável e prazerosa: "Víamos que os partidos podiam comer juntos, falar, pensar, rir, sem atritos, com iguais sentimentos de justiça. Homens vindos de todos os lados – desde os que mantêm nos seus escritos a confissão monárquica até o que apostolou, em pleno Império, o advento republicano – estavam ali, plácidos e concordes, como se nada os separasse"[21].

Graça Aranha também reconhecera a importância do elo intelectual que unia este grupo eclético de escritores e pensadores reunidos na *Revista Brasileira*. Esses encontros de homens notáveis permitiam-lhe esquecer por alguns instantes as amarguras da conturbada vida política da nação; "há desordens no Parlamento? Há estado de sítio? Que importa! Recolhemo-nos àquele retiro e nos infiltramos de fluidos intelectuais. Não penseis que seja um gesto desdenhoso de estetas indiferentes. No fundo das relações dos homens de letras, há uma rara e feliz porção de solidariedade que nos faz suportarem-se uns aos outros nas diversidades dos temperamentos"[22].

Este clima de cumplicidade e cordialidade entre os intelectuais que freqüentavam a *Revista Brasileira* levou o jovem escritor Lúcio de Mendonça a lançar a idéia de se fundar a Academia Brasileira de Letras. Num jantar organizado por Veríssimo, em

---

[21] Idem.

[22] Piza, Daniel. Academia Brasileira de Letras – Histórias e Revelações. Dezembro Editorial. São Paulo, 2003. Página 25.

dezembro de 1896, Lucio de Mendonça propôs a criação de uma instituição nos moldes da Academia Francesa, "devotada a dar voz a uma elite letrada". Esta agremiação seria financiada pelo Estado e exerceria o papel de guardiã das tradições literárias e da cultura brasileira. O Estado, entretanto, não se interessou pelo projeto: "O poder público disse não à Academia. O governo considerou que este tipo de instituição não convinha aos tempos 'democráticos' que surgiam"[23]. Mas os literatos não se desencorajaram com a recusa do governo de apoiar financeiramente a Academia.

Os escritores reuniram-se na sede da *Revista Brasileira*, para dar andamento ao projeto da criação da Academia Brasileira de Letras. Trabalharam intensamente durante 6 meses; debateram os princípios, o estatuto e os regulamentos que deveriam reger a instituição, elegeram a mesa diretora e o seu primeiro presidente. Machado de Assis foi a escolha unânime para o cargo; ele "era o nome perfeito para ser presidente. Não era só o mais respeitado dos escritores brasileiros, respeito que seu comportamento reservado e gentil apenas reforçava, mas também não era homem de explicitações políticas"[24].

A Academia nasceu sem a pompa e o requinte que mais tarde marcariam os seus rituais. Os acadêmicos não trajavam o tradicional fardão (criado em 1910), nem possuíam uma sede suntuosa, como o palácio Petit Trianon, doado pelo governo francês à Academia em 1923. De fato, a Academia sequer tinha espaço físico. A sessão inaugural foi realizada numa sala do colégio Pedagogium, que emprestou uma de suas salas de aula para que Machado pudesse abrir oficialmente a instituição. Após a inauguração, os acadêmicos utilizavam a sede da redação da Revista Brasileira ou o escritório de Rodrigo Otávio, advogado e secretário da Academia, para reunirem-se. Somente em 1903 a

[23] Piza, Daniel. Academia Brasileira de Letras. Opus cit, Página 16.
[24] Piza, Daniel. Academia Brasileira de Letras. Opus cit, Página 29.

agremiação pôde instalar-se num edifício capaz de abrigar todos os acadêmicos. Mas, o que faz uma instituição tornar-se imortal e estimada não são os seus bens, mas a sua capacidade de se perpetuar. As instituições louváveis sobrevivem às crises internas e externas e servem de referência e inspiração para a sociedade. São capazes de evoluir porque são abertas à inovação sem abandonar as tradições. A sabedoria das instituições duradouras reside na capacidade de adaptar os valores tradicionais aos novos tempos, sem violar os seus princípios fundamentais. A evolução é uma releitura da tradição.

Este foi o desejo que inspirou os escritores a criar a Academia Brasileira de Letras. Graças à liderança de Machado de Assis, o empenho de Joaquim Nabuco e o trabalho incansável de José Veríssimo, ela manteve-se unida e fiel em torno dos princípios enunciados por Machado no seu discurso de posse na presidência da instituição, no dia 21 de julho de 1897:

> Senhores,
>
> Investindo-me no cargo de presidente, quisestes começar a Academia Brasileira de Letras pela consagração da idade. Se não sou o mais velho dos meus colegas, estou entre os mais velhos. É simbólico da parte de uma instituição que conta viver, confiar da idade funções que mais de um espírito eminente exerceria melhor. Agora que vos agradeço a escolha, digo-vos que buscarei na medida de possível corresponder à vossa confiança.
>
> Não é preciso definir esta instituição. Iniciada por um moço, aceita e completada por moços, a Academia nasce, naturalmente ambiciosa. O vosso desejo é conservar, no meio da federação política, a unidade literária. Tal obra exige, não só a compreensão pública, mas ainda e principalmente a vossa constância. A Academia Francesa, pela qual esta se modelou, sobrevive aos acontecimentos de toda casta, às escolas literárias e às transformações civis. A vossa há de querer ter as mesmas feições de estabilidade e progresso. Já o batismo das suas cadeiras com os nomes preclaros e saudosos da ficção, da lírica, da crítica e da eloqüência nacionais é um indício de que a tradição é o seu primeiro voto. Cabe-nos fazer com que ele perdure. Passai aos vossos sucessores o pensamento e a vontade iniciais, para que eles os transmitam aos seus, e a vossa obra seja contada entre as brilhantes páginas da nossa vida brasileira. Está aberta a sessão.

O discurso de Machado reflete o espírito de um grupo seleto de homens engajados na construção de uma instituição sólida e duradoura: "A Academia Francesa, pela qual esta se modelou, sobrevive aos acontecimentos de toda casta, às escolas literárias e às transformações civis. A vossa há de querer ter as mesmas feições de estabilidade e progresso." O êxito de uma instituição depende de dois ingredientes fundamentais: uma liderança capaz de transformar os princípios em ação e de transmitir os seus fundamentos e ensinamentos às gerações futuras.

A Academia Brasileira de Letras foi criada "por um moço e completada por moços", mas que tiveram a prudência de escolher um sábio e experiente escritor para presidi-la. Uma instituição pode ser fundada por gente jovem e ambiciosa, mas ela tem de ser edificada sobre os alicerces dos valores duradouros e dos princípios perenes. No início, a instituição tem de se respaldar na sabedoria dos mais velhos e na ação individual dos seus líderes, pois ela ainda não possui o acúmulo de experiências, erros e acertos que moldarão o seu caráter, a sua legitimidade e a sua reputação. Mas, com o passar do tempo, a situação se inverte. Ao adquirir personalidade, legitimidade e tradição, a instituição molda o caráter dos homens que a serve.

A transmissão do conhecimento e do sentido de missão às gerações futuras é outro grande desafio. De fato, este é o divisor de águas entre as instituições efêmeras e aquelas que ganham a admiração e o respeito da humanidade. Machado de Assis fez questão de enfatizar este ponto no seu discurso de posse: "Passai aos vossos sucessores o pensamento e a vontade iniciais para que eles as transmitam aos seus, e a vossa obra seja contada entre as brilhantes páginas da nossa vida brasileira".

A Academia Brasileira de Letras foi moldada e influenciada pela personalidade do seu primeiro presidente. Assim como Machado de Assis, ela repudiava a política, preocupava-se com as questões literárias e culturais, defendia os valores perenes e cultivava os hábitos civilizados. Machado acreditava que a decadência das instituições está associada à degeneração dos costumes. O autoritarismo jacobino pretendia não só ditar as leis, como o pensamento, a cultura e os modos. Ao sufocar a liberdade de expressão, o Estado abafou a diversidade de opinião e de idéias. Ao minar a pluralidade, contribui para o empobrecimento do debate e para a homogeneização do pensamento. Ao tentar impor o credo positivista, pretendeu aniquilar a história, transformar a monarquia no algoz responsável por todos os males nacionais e vender uma falsa idéia de que a República era a propulsora da modernidade, da ordem e do progresso.

Montesquieu dizia que a República só teria êxito se fosse governada por homens virtuosos. Quando a virtude deixa de pautar a ação dos homens públicos, a República mergulha na desordem, no desgoverno e no uso indiscriminado da força e de medidas arbitrárias. A violação dos princípios constitucionais torna-se corriqueira e o menosprezo pelas instituições, constante. Pode-se conquistar o poder à força, mas o prestígio só se conquista quando a ação política se torna exemplar e virtuosa. O prestígio é a personificação da virtude.

No mundo simplório do positivismo republicano só havia espaço para a mediocridade. O pensamento medíocre é inofensivo, controlável e previsível. Muitos acadêmicos foram vítima do autoritarismo republicano. Olavo Bilac foi perseguido pelo governo Floriano por causa de suas opiniões políticas. Eduardo Prado conseguiu um feito inédito: foi exilado tanto pelo governo de Floriano Peixoto quanto pelo de Prudente de Moraes, por causa de suas críticas ao governo e de sua defesa intransigente do regime monárquico. O próprio Machado de Assis caiu nas garras de um jacobino radical, Diocleciano Mártir, em 1897, ano da fundação da Academia Brasileira de Letras.

Amigo íntimo do presidente interino da República, Manoel Vitorino, e membro do governo, Diocleciano acusou Machado de Assis de não possuir as qualificações técnicas para ser funcionário público do Ministério da Viação (Machado não era engenheiro) e de ser um monarquista enrustido. Segundo Diocleciano, a burocracia estatal estava infestada de "inimigos do regime", como Machado de Assis. Era preciso erradicá-los da Administração Pública e substituí-los por jacobinos republicanos que não questionassem os métodos autoritários usados pelo governo para implementar suas medidas políticas. Manoel Vitorino resolveu aceitar o conselho de Diocleciano e expulsou Machado do seu cargo no Ministério da Viação. Felizmente, o reinado da inquisição jacobina terminou quando Prudente de Moraes reassumiu a Presidência da República, em 1898. Machado de Assis não só foi reconduzido à burocracia como também promovido. Ele assumiu a diretoria-geral do Ministério da Viação, cargo que ocupou até a sua morte, em 1908.

Machado fez questão de manter a Academia longe do debate político. As questões imediatistas que dominam a política partidária são irrelevantes para uma instituição que almeja preservar as tradições culturais e literárias do país. A Academia tem de se preocupar com a defesa dos valores perenes que sustentam a civilização. Tanto Joaquim Nabuco quanto Machado de Assis acreditavam que a verdadeira arte é universal. Ela transcende as fronteiras nacionais, geográficas, políticas e culturais. A pintura, a literatura, a poesia e a música tocam e transformam o ser humano; ela é universal e, por isso, incompatível com a política partidária.

A Academia Brasileira de Letras serviu de contraponto às instituições políticas. A República produziu governos autoritários, criou um regime oligárquico, violou sistematicamente os princípios constitucionais e sufocou os valores democráticos em nome da preservação da ordem e da paz interna. Não há instituição que possa ter um futuro promissor quando ela se distancia dos princípios que inspiraram a sua fundação. Ao contrário da República, cujo destino era determinado por meio de pactos políticos com as oligarquias regionais e da utilização de medidas autoritárias, a Academia era uma agremiação onde reinava a liberdade de expressão, a pluralidade de opiniões, a idéia de excelência. Esses fundamentos refletem na seleção criteriosa dos acadêmicos-fundadores.

Seguindo a tradição da Academia Francesa, o número de acadêmicos foi limitado a 40 pessoas. A seleção tinha de espelhar o que "havia de melhor na inteligência brasileira"[25]. Esta aspiração foi plenamente satisfeita. A escolha dos 40 acadêmicos-fundadores refletia a diversidade do talento, visão e aspiração da inteligência brasileira[26]. Havia escritores consagrados, como Machado de Assis, Aluisio de Azevedo e Olavo Bilac, e jovens autores, como Magalhães de Azeredo (25 anos), Graça Aranha (29 anos) e Oliveira Lima (30 anos). Jovens republicanos, como Rodrigo Otávio, o primeiro secretário da Academia, e o veterano Rui Barbosa – ex-Ministro da Fazenda de Deodoro da Fonseca e candidato à Presidência da República em 1909 – conviviam amigavelmente com seus colegas monarquistas, Joaquim Nabuco e Afonso Celso, filho do último líder do governo de D. Pedro II. O monarquista Eduardo Prado e o republicano Araripe Junior, que defendia o governo autoritário de Floriano Peixoto, discordavam sobre o futuro político da República, mas concordavam em criar uma literatura nacional e evitar que a história e a cultura brasileiras fossem contaminadas pelas influências estrangeiras. Silvio Romero, que foi um dos críticos da obra machadiana, gostava de conversar com Machado.

[25] Piza, Daniel. Academia Brasileira de Letras. Opus cit, Página 13.

[26] Os 40 acadêmicos-fundadores da Academia Brasileira Letras foram: Luis Murat, Coelho Neto, Filinto de Almeida, Aluisio Azevedo, Raimundo Correa, Teixeira de Melo, Valentim Magalhães, Alberto de Oliveira, Magalhães de Azeredo, Rui Barbosa, Lucio de Mendonça, Urbano de Lima, Visconde de Taunay, Clóvis Bevilácqua, Olavo Bilac, Araripe Junior, Silvio Romero, José Veríssimo, Alcindo Guanabara, Salvador de Mendonça, José do Patrocínio, Medeiros e Albuquerque, Machado de Assis, Garcia Redondo, Franklin Dória (Barão de Loreto), Guimarães Passos, Joaquim Nabuco, Inglês de Sousa, Artur Azevedo, Pedro Rabelo, Luis Guimarães Junior, Carlos de Laet, Domício da Gama, Pereira da Silva, Rodrigo Otávio, Afonso Celso, Silva Ramos, Graça Aranha, Oliveira Lima e Eduardo Prado.

A Academia tornou-se um oásis democrático numa República de governos autoritários e conchavos oligárquicos. Numa sociedade polida, rivais literários e adversários políticos podem conviver de maneira civilizada. Além de reunir figuras notáveis da inteligência brasileira e de preservar as tradições culturais do Brasil, os acadêmicos cultivavam os hábitos civilizados. Republicanos e monarquistas sentavam-se à mesa para tomar chá e conversar sobre literatura.

O cultivo dos hábitos civilizados mantém a sociedade unida em torno dos valores perenes. A democracia só pode florescer numa sociedade civilizada. Os princípios da liberdade, da igualdade perante a lei, dos direitos e deveres do cidadão, são aprendidos e cultivados no seio das instituições civilizadoras. A família, a escola, os partidos políticos, as agremiações culturais, os clubes esportivos e os salões sociais moldam o caráter, os modos e os costumes dos indivíduos, e ajudam a formar uma teia de relações, hábitos e valores que constituem o arcabouço do mundo civilizado. Não há ameaça mais grave à democracia do que os aventureiros que pretendem minar a credibilidade das instituições civilizadoras. Sob o falso pretexto de construir uma nova ordem política, os governantes incivilizados desrespeitam as leis, criticam as instituições e procuram meios e pretextos para acabar com a liberdade e a pluralidade. Eles pensam e agem como os monarcas absolutistas, colocando-se acima das leis e das instituições. A arbitrariedade é a maior prova de incivilidade. Democracia e incivilidade não combinam.

Num mundo dominado por jacobinos incivilizados e oligarcas, a Academia Brasileira de Letras era um dos poucos recintos em que se cultivava a cultura e a civilidade. Joaquim Nabuco considerava de suma importância para a nação a existência de uma agremiação cultural exemplar, capaz de reunir uma amostra criteriosa da inteligência brasileira. Mesmo depois de se tornar embaixador e de viver no exterior, ele continuou a se preocupar vivamente com o destino da Academia.

Nabuco acreditava que a sobrevivência da agremiação dependia do empenho de Machado de Assis em mantê-la viva, atuante e relevante. Nabuco valorizava imensamente o papel de Machado no comando da Academia. Nas cartas endereçadas a Machado, havia sempre dois temas predominantes: as reminiscências e a Academia. De Paris, Nabuco relatou-lhe que foi à missa do imperador D. Pedro II, onde havia pouca gente e "muito cabelo branco. Não pode haver nada mais inofensivo do que um culto que só reúne os destroços de uma época que passou, como são os cabelos brancos". A visita ao velho livreiro Garnier, em companhia de Graça Aranha, o jovem acadêmico-diplomata que vivia em Paris, o lembrou das reuniões literárias na *Revista Brasileira*, "num *five o'clock* sem chá, e sempre se fala de você"[27].

Em seguida, Nabuco demandava notícias da Academia. Num tom de cobrança amigável, costumava incentivar e encorajar Machado a continuar a lutar pela preservação da instituição que eles ajudaram a fundar: "E a nossa Academia? E a nossa *Revista*? Você não aparece em nenhuma, mas se eu fosse seu Ministro (Machado trabalhava no Ministério da Viação), mandava-o ir a ambas, debaixo de vara de pálio"[28]. Em outra ocasião, ele pedia a Machado para "não deixar morrer a Academia. Você hoje tem obrigação de reuni-la e tem meios para isso, ninguém resiste a um pedido seu."[29]

Em 1900, Machado e Nabuco trocaram livros. Machado enviou-lhe um exemplar do seu novo romance, *Dom Casmurro*, que Nabuco disse ter "sorvido na fonte. Você sabe que sobre mim sua pena tem o poder de um condão e como você me pode virar no que bem lhe parecer recomendo-me à sua bondade".

[27] Machado de Assis e Joaquim Nabuco. Correspondência. Opus cit, Página 101.
[28] Idem.
[29] Machado de Assis e Joaquim Nabuco. Correspondência. Opus cit, Página 103.

Em retribuição ao gesto de Machado, Nabuco mandou-lhe um exemplar do livro que acabara de escrever, *Minha Formação*. Machado gostou muito do livro; "pouco antes acabava eu de reler e apreciar o valor deste seu livro, que é melhor que memórias. Contou você a história do seu espírito, metendo a narração o interesse do leitor."[30]

No ano seguinte, Nabuco felicitou Machado, por ter conseguido um prédio para sediar a Academia Brasileira de Letras, e lembrava ao amigo da sua proposta de esculpir nas 40 cadeiras dos imortais "o nome dos primeiros acadêmicos, que foram todos póstumos. Os *chins* enobrecem os antepassados"[31].

A morte de dois acadêmicos em 1901, Rodolfo Dantas e Eduardo Prado, levou Machado e Nabuco a confabular sobre a candidatura dos novos membros. As eleições na Academia eram mais emocionantes que as eleições políticas. Na República, o governo sempre vencia, mas na Academia, a escolha era muito mais democrática. O pleito gerava um intenso debate na agremiação; formavam-se partidos defendendo uma e outra candidatura e iniciava-se uma engenhosa articulação nos bastidores em busca de votos e apoio. Machado e Nabuco uniram-se várias vezes para apoiar um determinado candidato. Este foi o caso de Afonso Arinos que foi eleito para a vaga de Eduardo Prado (cadeira 40) com o apoio de ambos. Mas, as eleições na Academia suscitaram uma discussão interessante entre Machado e Nabuco sobre a instituição.

Machado de Assis pensava que a Academia deveria ser composta unicamente por escritores. Joaquim Nabuco, entretanto, considerava de extrema importância estender a representação da instituição a figuras ilustres da inteligência brasileira que não fossem necessariamente escritores: "Você sabe que eu penso dever

[30] Machado de Assis e Joaquim Nabuco. Correspondência. Opus cit, Página 104.
[31] Machado de Assis e Joaquim Nabuco. Correspondência. Opus cit, Página 105.

a Academia ter uma esfera mais lata do que a literatura exclusivamente literária para ter maior influência. Nós precisamos de um certo número de *grands seigneurs* de todos os partidos. Não devem ser muitos, mas alguns devemos ter, mesmo porque isso populariza as letras"[32].

Na visão de Nabuco, a Academia precisava ganhar relevância, influência e poder. A união da elite literária com os homens de prestígio da nação deveria ser um dos papéis preponderantes da agremiação. Se a seleção dos acadêmicos fosse circunscrita apenas aos escritores, ela corria o risco de ter o mesmo destino fatídico da *Revista Brasileira*; a publicação que reunia a nata da literatura brasileira e que gozava de enorme prestígio no mundo cultural, foi obrigada a fechar depois de 5 anos existência.

A proposta de Nabuco obrigou Machado e os membros da Academia a se debruçarem sobre uma questão crucial sobre a perpetuação das instituições: como ganhar relevância sem perder prestígio. A conquista desses atributos depende fundamentalmente de uma escolha criteriosa de seus membros. As instituições de prestígio têm de ser extremamente rigorosas no seu método de seleção. O talento e o mérito são virtudes da minoria.

Este foi o motivo pelo qual Machado de Assis preferia restringir a seleção dos acadêmicos ao mundo literário. A escolha de um escritor poderia gerar dissensão, mas as discórdias limitavam-se ao âmbito literário. Era possível argumentar que um candidato foi preterido em relação a outro. Entretanto, dificilmente se contestaria o mérito literário de um escritor eleito para a Academia.

Para Machado, a teoria de Nabuco parecia demasiadamente arriscada para uma instituição nascente. Era difícil estabelecer critérios claros e objetivos para definir a escolha dos *grands seigneurs*. As poucas vagas reservadas aos homens de prestígio da nação poderiam cair nas mãos de pessoas cuja influência política

[32] Machado de Assis e Joaquim Nabuco. Correspondência. Opus cit, Página 109.

fosse muito maior do que as suas virtudes cívicas. A eleição de um *petit seigneur* representava um risco que a Academia não poderia correr; ela abalaria a credibilidade e a reputação de uma instituição que almejava tornar-se sólida e duradoura. Os *grands seigneurs* certamente contribuiriam para aumentar o poder, o prestígio e a relevância da instituição, mas se alguns *petits seigneurs* se apoderassem das cadeiras reservadas aos homens virtuosos, a Academia se tornaria uma instituição irrelevante, efêmera e sem prestígio.

Enquanto Nabuco e Machado viveram, a Academia soube manter o delicado equilíbrio entre acadêmicos e *grands seigneurs*. Esses últimos eram homens cultos e gozavam de grande prestígio pessoal; o Barão do Rio Branco, por exemplo, representava este grupo seleto que Nabuco atraiu para a Academia Brasileira de Letras. Mas, depois da morte de Machado, em 1908, e da de Nabuco, dois anos depois, os temores de Machado tornaram-se realidade.

A eleição de Lauro Muller para a Academia levou Veríssimo a deixar a instituição, em 1911. A maior virtude de Lauro foi ter sido um influente político. Ministro da Viação de Rodrigues Alves e das Relações Exteriores de Hermes da Fonseca, senador e deputado da República, Lauro Muller era um engenheiro militar que tornou-se um competente burocrata. Era um bom representante da tecnocracia estatal, mas estava longe de ser uma referência nacional ou cultural, como foi o caso de Rio Branco. A eleição de Lauro Muller marcou um certo contraponto numa assembleia de homens notáveis. Porém, não comprometia a reputação da instituição; ela foi um "golpe naquela geração – Machado, Veríssimo, Nabuco, Euclides, Rui – que tanto acalentara a ideia de uma agremiação cultural relativamente livre das injunções políticas e sociais"[33].

[33] Piza, Daniel. Academia Brasileira de Letras. Opus cit, Página 47.

A Academia Brasileira de Letras pode ter se equivocado em uma ou outra escolha, mas no decorrer de mais de um século depois da sua fundação, é possível afirmar que ela ainda representa uma seleção criteriosa da elite cultural brasileira: "Se, a cada 20 anos, se tirasse um retrato coletivo dos acadêmicos, em cada um deles veríamos muitas das mais importantes personalidades que marcaram a cultura brasileira, ao lado de outras figuras hoje esquecidas ou consideradas menores, mas que tinham prestígio em sua época e serão, muitas delas, revalorizadas no futuro"[34]. A Academia soube evoluir e se renovar. Ao contrário da República, ela nunca temeu que os ventos da renovação abalassem a ordem institucional.

Foi preciso que Rui Barbosa, um dos fundadores da Academia Brasileira de Letras, se candidatasse à Presidência da República, em 1909, para desafiar os pactos oligárquicos que impediam a renovação política por meio do voto. Pela primeira vez na história, a República teve uma eleição presidencial de verdade.

[34] Piza, Daniel. Academia Brasileira de Letras. Opus cit. Introdução: depoimento de Alberto da Costa e Silva – presidente da ABL.

A CAMPANHA CIVILISTA SOLTA AS FÚRIAS

A união da oligarquia garantiu a eleição dos presidentes da República durante 15 anos. Desde a vitória de Prudente de Moraes, em 1894, a escolha dos presidentes da República era feita por um grupo seleto de cardeais políticos. Este cardinalato era formado pelos governadores dos principais estados, pelas lideranças do Partido Republicano Paulista e por alguns políticos de grande poder e influência regional. Assim como a eleição do Papa, os cardeais tinham de se engajar num delicado jogo de alianças, entendimentos e acordos políticos para que pudesse emergir um candidato capaz de aglutinar o apoio e o voto da maioria do conclave.

A eleição do presidente Afonso Pena, em 1906, exemplifica o triunfo da política oligárquica. Assim como os antecessores, o seu nome foi homologado pelos cardeais e lançado como o candidato oficial alguns meses antes da eleição. A homologação ocorria num ato oficial. O candidato escolhido era convidado pelos membros do conclave para o tradicional banquete no Congresso Nacional. Nesta ocasião, ele anunciava o seu programa de governo; em seguida, era saudado por um dos cardeais, que discursava em nome de todos os membros, enaltecendo as virtudes do programa de governo do candidato oficial. Ao término do jantar, brindava-se à saúde do futuro presidente do Brasil. A eleição presidencial servia apenas para ratificar a escolha do cardinalato. Afonso Pena recebeu 288.285 votos.

Nas urnas, não havia surpresa ou novidade. Cada cardeal sabia exatamente quantos votos tinha de conseguir para assegurar a eleição do candidato governista. A votação era garantida por meio da utilização irrestrita de todos os recursos, legais e ilegais. O uso da máquina pública nas campanhas políticas, a liberação de verbas governamentais para os aliados nos estados e municípios, a nomeação de partidários para os cargos públicos, o apelo à fraude eleitoral e o emprego da força policial para intimidar os adversários do governo ajudavam os cardeais a conseguir os votos necessários para os seus candidatos.

Ao encerrar o pleito, os votos eram registrados numa lista eleitoral, que era enviada ao Congresso Nacional. No Parlamento, travava-se outra batalha importante: a diplomação dos candidatos eleitos. O resultado das urnas era sempre contestado pelos perdedores. A oposição apresentava uma outra lista eleitoral, com o "verdadeiro" resultado das urnas, indicando a vitória do seu candidato. As listas da oposição e da situação eram submetidas à Comissão de Verificação do Congresso, que decidia quem eram os candidatos vitoriosos. Esta Comissão não só reconhecia os candidatos eleitos, como diplomava os parlamentares, governadores e o presidente da República. Evidentemente, os cardeais controlavam a maioria dos votos na Comissão de Verificação.

Pode-se criticar o sistema eleitoral brasileiro, mas ele não diferia substancialmente de outras democracias, como as dos Estados Unidos e da Inglaterra. É verdade que a eleição nesses países era mais livre e menos fraudulenta que no Brasil, mas o processo de escolha do chefe da nação era restrito às elites políticas. Em 1905, o povo americano só escolhia, por meio do voto direto, os deputados. Os senadores eram eleitos pelas Assembleias Legislativas estaduais e o presidente da República, pelo Colégio Eleitoral. Os *Founding Fathers* criaram o Colégio Eleitoral porque temiam a capacidade do eleitor de escolher com propriedade um candidato para ocupar o posto mais importante do país.

Na Inglaterra, o povo só escolhia os membros da Câmara dos Comuns. A Câmara dos Lordes era hereditária e reunia não só representantes das famílias tradicionais que vinham governando a Inglaterra por várias gerações como também as grandes figuras públicas do país; estadistas que prestaram relevantes serviços à nação e que ocuparam cargos de destaque na Administração Pública do império recebiam do monarca o título de lorde e o direito vitalício de participar do governo da nação, por meio da Câmara dos Lordes.

O Primeiro-Ministro é escolhido pela cúpula do partido, e não pelos eleitores. Assim como no Brasil, o recrutamento dos candidatos a deputado era feito pelos caciques políticos que controlavam o partido e a máquina eleitoral. A seleção dos candidatos passava por um rigoroso escrutínio, em que se analisava a sua linhagem familiar, seus laços políticos e sociais, o seu poder no distrito eleitoral e o seu prestígio junto à cúpula do partido. Evidentemente, o candidato tinha de ser relativamente rico, pois a atividade parlamentar não era remunerada.

O bom sistema eleitoral não é necessariamente o mais democrático, mas aquele que contribui para eleger governos estáveis e produzir grandes estadistas. Com todas as deficiências enumeradas do sistema eleitoral brasileiro da Primeira República, ele foi capaz de gerar uma safra de homens públicos talentosos e de governos competentes. As eleições permitiram que os presidentes da República tivessem apoio político e partidário para implantar projetos audaciosos e medidas reformadoras. Prudente de Moraes pacificou a nação a acabou com as revoltas e revoluções que atormentaram a vida política da República; Campos Sales saneou as finanças públicas e restituiu o crédito e a credibilidade do país junto à comunidade internacional. Rodrigues Alves assegurou a continuidade da austeridade monetária de Campos Sales, reurbanizou o Rio de Janeiro e promoveu as obras de infraestrutura que eram fundamentais para o crescimento econômico do país. Todos esses feitos foram realizados respeitando os princípios constitucionais, os valores democráticos e as regras do Estado de Direito.

O perfil de Afonso Pena não fugia à regra dos seus antecessores. Formado e educado no Império, iniciou sua carreira pública como deputado e tornou-se um político de destaque, ocupando três pastas ministeriais: a da Guerra, a da Agricultura e a da Justiça. Tornou-se senador na República, mas "renunciou ao cargo, por não concordar com atos de autoritarismo praticados pelo Marechal Deodoro da Fonseca em relação a Minas Gerais"[1]. Afonso Pena resolveu se afastar da vida pública quando o Marechal Deodoro apelou para o golpe de novembro de 1891, "do qual pretendia sair todo-poderoso e governar sem o Congresso". Ele encarou o golpe de Deodoro como um sério "abalo à democracia".

Afonso Pena não tolerava regimes autoritários e governos ditatoriais. Professor da faculdade de Direito e jurista eminente, ele ajudou a organizar o Código Civil Brasileiro. Estava sempre no centro dos debates constitucionais e dos assuntos legais. Passou

[1] Koifman, Fabio. Presidentes do Brasil. Opus cit, Página 134.

a vida pública lutando pelo fortalecimento das instituições, do arcabouço jurídico-constitucional do Estado e dos princípios democráticos. Ele só retornou à política depois do presidente Floriano Peixoto reabrir o Congresso Nacional.

Eleito governador de Minas Gerais, em 1892, realizou várias obras importantes durante o seu mandato. Investiu na educação e no combate ao analfabetismo, criou a faculdade de Direito de Minas, dedicou-se às obras de infraestrutura e engajou-se num ambicioso projeto urbanístico: a construção de uma nova capital do estado, Belo Horizonte. Quando terminou seu mandato, em 1896, foi reeleito senador; cargo que ocupou até se tornar vice-presidente da República de Rodrigues Alves. Em 1905, tornou-se o candidato oficial para disputar a Presidência da República.

Afonso Pena emergiu candidato do conclave governista depois de travar um intenso duelo no seio da oligarquia. No início da disputa presidencial, Bernardino de Campos era o candidato favorito. Contava com o apoio do presidente Rodrigues Alves, que o via como o homem capaz de dar continuidade à sua política econômica e aos projetos de infraestrutura que a nação necessitava para impulsionar o progresso da indústria, do comércio e da agricultura. Político experiente, Bernardino de Campos foi ministro da Fazenda, governador de São Paulo, parlamentar e um dos membros mais influentes do Partido Republicano Paulista. Mas, na política, mesmo os homens experientes e preparados cometem erros fatais.

Bernardino de Campos arruinou a sua candidatura presidencial numa entrevista concedida ao jornalista Alcindo Guanabara para o jornal carioca *O País*. Nesta entrevista fatídica, ele reiterou ser contrário à implementação de uma política econômica que favorecesse a alta artificial do preço do café. Bernardino era um liberal e repudiava as medidas protecionistas e intervenção do governo na política cambial: "É inútil acreditar que a conversão (da moeda) seja um ato da vontade do governo; ela será sempre a expressão exata da situação do país"[2]. Em outras palavras, o câmbio é definido pelo mercado, e não pelo governo.

A entrevista irritou a oligarquia cafeeira, que começava a se articular para forçar o Governo Federal a adotar uma política de valorização do café. O depoimento de Bernardino ao jornal carioca foi publicado no momento em que os governos de São Paulo, Rio de Janeiro e Minas Gerais pressionavam o presidente da República para intervir no mercado. A superprodução de café e a queda vertiginosa do preço do principal produto brasileiro causaram grande preocupação na elite econômica. A ótima safra de 1905 contribuiu ainda mais para desvalorizar o seu preço. Em Havre, na Holanda, a saca de 50 quilos de café atingiu o preço mais baixo da história: 48 francos.

O Brasil tornou-se o maior produtor de café do mundo, e a produção nacional excedia a demanda mundial. A fantástica florada dos cafezais sinalizava uma safra excepcional em 1906. Estimava-se uma produção recorde de "23 milhões de sacas que, somadas aos 5 milhões do estoque existente e aos 4 milhões que ainda poderiam oferecer aos produtores estrangeiros, determinavam um excedente de 16 milhões, acima da capacidade de absorção do consumo mundial"[3]. Esta projeção alarmante contribuiu para instalar-se o pânico nos estados produtores de café.

Travavam-se discussões calorosas na imprensa, no Parlamento e nas associações comerciais sobre as medidas que o governo deveria adotar para conter a baixa do café. Uns defendiam a desvalorização do câmbio; outros, a proibição de novas plantações de café. A queima de estoques de café também foi sugerida como uma medida emergencial para provocar a alta do café. Havia um outro grupo que reivindicava a elevação dos tributos sobre as

---

[2] Carone, Edgard. A República Velha. Opus cit, vol 2, Página 231.

[3] Silva, Helio. História da República Brasileira. Opus cit, vol 2, Página 160.

importações. O fato é que a pressão política para o Governo Federal adotar algum tipo de medida econômica para conter a queda do preço do café tornou-se eminente.

Em dezembro de 1905, as bancadas paulista, mineira e carioca conseguiram aprovar no Congresso Nacional um projeto de lei que permitia ao Governo Federal valorizar o câmbio. Entretanto, o presidente Rodrigues Alves, que era paulista e cafeicultor, mostrou-se contrário a qualquer política que almejasse elevar artificialmente o preço do café. Ele considerava o protecionismo uma perigosa aventura, capaz de colocar em risco os fundamentos da sua política econômica. O presidente "manteve-se intransigente. Em mensagem ao Congresso, criticou com serenidade e firmeza a tentativa da política de câmbio baixo, e de possível queda do padrão monetário"[4]. O presidente não cedeu à pressão dos cafeicultores e se recusou a adotar medidas que elevassem o câmbio artificialmente.

Diante da postura intransigente de Rodrigues Alves, os governadores de São Paulo, Minas Gerais e Rio de Janeiro resolveram agir à revelia do Governo Federal. Em fevereiro de 1906, o governador de São Paulo, Jorge Tibiriçá, convocou os governadores de Minas Gerais, Francisco Sales, e do Rio de Janeiro, Nilo Peçanha, para um encontro em Taubaté, no interior paulista, para debaterem um plano capaz de conter a rápida desvalorização do café.

O Convênio de Taubaté foi uma espécie de conspiração dos três estados contra a política econômica do Governo Federal. O projeto discutido e acordado pelos governadores era ambicioso e contrário às diretrizes econômicas do governo Rodrigues [5]Alves; ele "não se resumia a solicitar imediato auxílio para regularização dos estoques e consequente defesa dos preços existentes. Os governadores pleiteavam medidas muito mais amplas que, além

[4] Bello, José Maria. História do Brasil. Companhia Editora Nacional São Paulo, 1958. 4ª edição, Página 225.
[5] Bello, José Maria. Opus cit, Página 224.

de forçar a valorização do café, afetavam a estrutura da política monetária de Rodrigues Alves" (5). A adoção de um câmbio fixo para a negociação das sacas de café exportadas era apenas uma das medidas polêmicas.

Foi fixado um preço mínimo, entre 55 e 65 francos, e um preço máximo, de 70 francos, para a saca de café de 60 quilos, tipo 7. Os cafés inferiores ao tipo 7 não seriam exportados, mas vendidos no mercado brasileiro. No artigo 6º do acordo, os governadores concordaram em criar "uma sobretaxa de 3 francos por saca de café exportada" e dificultar, "por impostos elevados", o cultivo de novas plantações de café "pelo prazo de 2 anos". O dinheiro arrecadado com o pagamento da taxa de 3 francos seria "destinado ao pagamento dos juros e amortização dos capitais necessários à execução deste convênio". Os governadores comprometeram-se a investir em propaganda no exterior, "com o fim de aumentar o consumo" de café. Mas o ponto mais polêmico do Convênio de Taubaté foi a determinação dos estados de criar um fundo, chamado de "Caixa de Conversão", para financiar a política de desvalorização do câmbio.

Os empréstimos contraídos pelos estados para financiar a desvalorização do câmbio tinham de ser endossados pela União. A aprovação desta medida exigia a convocação extraordinária do Congresso Nacional. Os governadores de São Paulo, Minas Gerais e Rio de Janeiro resolveram enviar, às pressas, um emissário ao presidente da República para lhe apresentar as reivindicações acordadas no Convênio de Taubaté.

Durante o verão escaldante do Rio de Janeiro, os deputados e senadores deixavam a capital federal e o presidente da República transferia-se para Petrópolis, onde o clima era mais ameno. Rodrigues Alves demorou para receber o emissário do Convênio de Taubaté e tratou o pedido de urgência dos governadores com frieza e cautela. Ele não pretendia endossar a resolução de um acordo que almejava destruir a sua política econômica para salvar, a qualquer preço, a desvalorização do café.

Rodrigues Alves deu continuidade à política de Campos Sales, baseada na valorização do câmbio, no rígido controle dos gastos públicos e no equilíbrio orçamentário. Essas medidas colaboraram para atrair o capital estrangeiro que ajudou a financiar as obras de infraestrutura, garantindo ao país o crescimento sustentável da economia. O presidente não cedeu à pressão dos cafeicultores e manteve-se firme na defesa da política econômica do seu governo. Só havia uma maneira de alterar o rumo da economia: assegurar a eleição de um presidente da República que se comprometesse a implantar as resoluções do Convênio de Taubaté.

A questão econômica foi o tema decisivo que determinou a queda de Bernardino de Campos e a ascensão de Afonso Pena na corrida presidencial. O Convênio de Taubaté revelou a união de São Paulo, Minas Gerais e Rio de Janeiro em torno de uma política protecionista, baseada na defesa da valorização do café. O candidato à sucessão de Rodrigues Alves só teria o apoio incondicional desses estados se estivesse engajado na implantação das medidas anunciadas no Convênio.

A entrevista de Bernardino de Campos ao jornal carioca *O País* deixou claro que ele não se deixaria tutelar pelos estados produtores de café. Governaria pensando nos interesses do país, e não apenas nos dos cafeicultores. Reconhecia a importância do café na economia brasileira, mas um produto agrícola não podia ditar a política econômica da nação. Bernardino provavelmente manteria a política liberal de Rodrigues Alves. Era possível que adotasse alguma medida para conter a rápida desvalorização do café, mas seria algo emergencial, temporário e de curta duração. Bernardino "defendia a intervenção do Governo Federal para reorganizar o comércio, organizar o crédito, abrir novos mercados, opondo-se, entretanto, a qualquer medida tendente a desvalorizar o câmbio"[6].

Afonso Pena, o vice-presidente da República, era mais tolerante. Considerava pertinente a adoção de medidas intervencionistas para conter a queda do preço do café. Seu raciocínio era prático e objetivo: a economia dependia do café e a prosperidade da cafeicultura era a melhor forma de garantir a estabilidade política. A riqueza do café financiava o desenvolvimento da indústria, o crescimento do comércio, a expansão das estradas de ferro e a geração de empregos. Afonso Pena acreditava que a defesa do interesse nacional estava intrinsecamente ligada à defesa dos interesses do café. Apesar de criticar a rápida valorização da moeda, pois ela "produz sempre abalos prejudiciais às indústrias, à lavoura e ao comércio"(7), ele defendia a valorização gradual do câmbio, o que agradava os cafeicultores.

A postura política de Afonso Pena agradou os principais caciques políticos, que apoiaram unanimemente a sua candidatura à Presidência da República. Os governadores de São Paulo, Minas Gerais e Rio de Janeiro estavam satisfeitos de ter encontrado um candidato à presidência que estava disposto a implementar as medidas acordadas pelo Convênio de Taubaté. Pinheiro Machado, o líder gaúcho que dominava o Congresso Nacional, estava contente de ter conseguido construir uma candidatura que pudesse romper a hegemonia paulista na Presidência da República[7].

Ao atrelar o destino do país aos interesses do café, Afonso Pena inaugurou um novo capítulo na história da República. O presidente abandonou a política liberal perseguida pelos seus antecessores e adotou uma política econômica intervencionista, baseada na valorização do câmbio e na implantação de medidas

---

[6] Holanda, Sergio Buarque. História Geral da Civilização Brasileira. Opus cit, vol 8, Página 216.

[7] Pinheiro Machado tentou lançar o nome de Campos Sales para a sucessão de Rodrigues Alves. Seu objetivo era dividir os paulistas que apoiavam o nome de Bernardino de Campos. Mas, com a desistência de Bernardino de Campos, o apoio dos paulistas migrou para Afonso Pena, o vice-presidente de Rodrigues Alves.

protecionistas. Em 1906, o café e a borracha representavam mais de 90% das exportações brasileiras. O primeiro produto correspondia a 65% deste montante; o segundo, 28%. Na visão do presidente mineiro, a defesa do preço do café contribuiria para o aumento da riqueza da nação que, por sua vez, financiaria os programas sociais, as obras de infraestrutura, a melhoria urbanística das cidades e as políticas protecionistas que a indústria nascente reivindicava para poder crescer, prosperar e gerar empregos nas cidades.

O êxito da política econômica de Afonso Pena dependia de dois ingredientes: o sucesso da valorização do café e a habilidade política do presidente de manter o cardinalato político unido em torno do seu programa de governo. Enquanto uns consideravam a política intervencionista "uma obra de pioneiros, a primeira grande tentativa de submeter um ramo importante da agricultura à economia planificada e dirigida", outros criticavam as medidas artificiais, que geravam profundas distorções na economia e procuravam interferir nas leis de mercado. A oligarquia cafeeira representava o primeiro grupo; os liberais, que defendiam a continuidade da política econômica de Campos Sales e Rodrigues Alves, pertenciam ao segundo partido.

As primeiras intervenções no mercado de café foram articuladas pelo governo paulista, em parceria com as principais empresas exportadoras de café, como a Theodor Wille & Co (alemã), a Naumann, Gepp & Co e a E. Johnston & Co (inglesas). A única companhia brasileira que figurava entre as grandes exportadoras de café era a Prado Chaves; uma empresa fundada por duas tradicionais famílias de cafeicultores paulistas, os filhos de Dona Veridiana Prado – Conselheiro Antônio Prado e Martinico Prado – e o seu genro, Elias Pacheco Chaves.

A Prado Chaves, assim como as outras empresas citadas, agiam como agentes do governo. Compravam café com o dinheiro público e estocavam as sacas até o seu preço atingir o patamar de 60 francos. A grande questão era saber se o governo teria fôlego financeiro para intervir no mercado e aguardar a reação dos preços do café. Os governos estaduais tinham duas fontes de recursos. O imposto cobrado por cada saca de café exportada e os empréstimos externos. A primeira consistia de receitas provenientes do tributo de 3 francos que se pagava pela venda de cada saca de café exportada. Este dinheiro era usado para financiar as intervenções no mercado de café. A segunda era os empréstimos contraídos junto aos bancos europeus e americanos com o aval do governo federal.

As primeiras medidas intervencionistas do governo não foram animadoras. Em 1907, São Paulo liderou as compras de estoque de café e retirou do mercado de café 8,2 milhões de sacas. Mas a safra de 1906 foi excepcional e o volume de café no mercado continuava elevado, o que provocou uma nova queda no preço da saca. Era preciso elevar as apostas.

A primeira medida foi elevar o imposto sobre exportação das sacas de café de 3 para 5 francos. A segunda providência foi pedir ao Governo Federal para avalizar um empréstimo de 15 milhões de libras para o governo de São Paulo. Este era o terceiro maior empréstimo da história do país, o que causou "acirrados debates" no Congresso Nacional. Os opositores do programa de valorização do café aproveitaram para criticar o pedido do governo de São Paulo, denunciando a "impossibilidade de toda a Nação responsabilizar-se improficuamente pelos desatinos da lavoura paulista"[8]. Entretanto, a bancada governista não teve dificuldade de aprovar o aval ao empréstimo paulista.

Munidos de capital e apoio político, os governos estaduais de São Paulo, Rio de Janeiro e Minas Gerais iniciaram a intervenção no mercado de café, como acordaram no Convênio de Taubaté. O

[8] Holanda, Sergio Buarque. Opus cit, vol 8, Página 222.

empréstimo de 15 milhões de libras, atrelado à queda da safra de café, começou a gerar bons frutos para os defensores das medidas intervencionistas. O preço voltou a subir em 1909 e continuou em ascensão até 1912. A valorização do café foi expressiva neste período, o que permitiu ao governo paulista a pagar o empréstimo aos banqueiros em 1913. Mas, Afonso Pena não testemunhou o "sucesso" da sua política intervencionista; ele apenas colheu o joio da luta político-partidária.

Em 1909, iniciou-se a disputa pela sucessão presidencial. Afonso Pena se encontrava em uma situação extremamente delicada. Sua base política fora destruída depois de um longo confronto com Pinheiro Machado, no Congresso Nacional. O presidente saiu enfraquecido deste embate e perdeu o poder de influenciar na escolha do seu sucessor.

Afonso Pena começou admiravelmente bem o seu mandato e terminou-o de forma trágica. Iniciou a Presidência da República fazendo "algo que a ninguém ocorrera antes dele: um grande périplo pelo território brasileiro, para conhecer mais sobre o país e orientar sua atuação". Era um líder que se preocupava com "os direitos e legítimos interesses de todos os cidadãos, acolhendo-os com o ânimo imparcial, sem fazer distinções"[9]. Considerava que a visão parcial dos caciques políticos e os seus interesses regionais dificultavam a renovação do sistema político e a aprovação de medidas reformadoras que ajudassem a melhorar as condições de vida da população menos favorecidas, como os operários e os trabalhadores rurais.

O diagnóstico do presidente estava correto. A República dos Conselheiros precisava se renovar e modernizar. O sistema político tinha de começar a se abrir paulatinamente, para incorporar as classes urbanas, notadamente a classe média e os trabalhadores. Com a expansão do comércio, o crescimento da indústria

[9] Koifman, Fabio. Opus cit, Página 137.

e o surgimento dos grandes centros urbanos, as classes média e trabalhadora haviam ganhado expressão econômica e peso político. Mas, a sua importância não era representada no Congresso Nacional, nos partidos ou no governo. A política não podia permanecer circunscrita aos interesses das oligarquias regionais e aos desejos dos grandes produtores rurais.

O grande erro político de Afonso Pena foi tentar inverter, de maneira abrupta, a fórmula política criada por Campos Sales. Enquanto o presidente paulista aproximou-se das oligarquias estaduais e procurou fortalecê-las politicamente para assegurar o respaldo necessário dos estados ao seu programa econômico liberal, o presidente mineiro trilhou o caminho inverso. Acreditou que, ao adotar o plano econômico intervencionista da oligarquia cafeeira, teria liberdade política para romper com os velhos caciques e renovar as lideranças partidárias.

Afonso Pena ignorou as indicações dos líderes regionais para os cargos governamentais e resolveu apostar no talento político da mocidade, que estava alijada do núcleo decisório do poder. O presidente formou um Ministério mesclando notáveis figuras da República e jovens políticos. Manteve, nas Forças Armadas e no Ministério das Relações Exteriores, três homens influentes: Hermes da Fonseca (Guerra), Alexandrino de Alencar (Marinha) e o Barão de Rio Branco (Relações Exteriores). Mas, para as pastas da Justiça, Viação e Obras Públicas e Fazenda, o presidente indicou "três homens novos, que mal haviam iniciado a carreira política: Tavares de Lira, Miguel Calmon e David Campista"[10]. Os dois primeiros deram continuidade aos trabalhos dos seus antecessores, mas o terceiro – o Ministro da Fazenda – mudou radicalmente o rumo da economia.

David Campista representava a ruptura radical do modelo econômico liberal. O jovem Ministro já havia se destacado como

[10] Bello, José Maria. Opus cit. Página 232.

deputado federal nos debates econômicos na Câmara e na defesa enfática da intervenção do governo no câmbio e da adoção de políticas protecionistas. No Ministério da Fazenda, teve a oportunidade de implementar as medidas que defendia, tais como a valorização do câmbio, a criação das barreiras alfandegárias para dificultar as importações e a política protecionista para defender a indústria nacional da concorrência externa.

No Congresso Nacional, Afonso Pena indicou dois jovens deputados para ocupar duas posições vitais. Carlos Peixoto foi eleito presidente da Câmara e o deputado James Darcy, escolhido para ser o líder do governo. Ambos eram "homens do presidente", o que significa que foram escolhidos por Afonso Pena sem ter passado pelo crivo dos caciques políticos. O bloco de jovens políticos que cercavam o presidente foi apelidado de "Jardim da Infância" e passou a exercer um papel fundamental na presidência de Afonso Pena.

A missão do "Jardim da Infância" era contrabalançar o poder predominante das oligarquias estaduais e do senador Pinheiro Machado no Congresso Nacional. Afonso Pena não pretendia ser tutelado pelos cardeais políticos, nem por Pinheiro Machado. Irritava-se com as insinuações de que os seus projetos do governo tinham de ser validados pelo senador Pinheiro: "Quem faz a política sou eu", afirmava Afonso. O presidente sabia que a sua autonomia política dependia da sua habilidade de conter o poder absolutista de Pinheiro no Congresso.

Pinheiro Machado, o presidente do Senado, era a figura predominante da República. Ele controlava o Senado e influenciava de forma decisiva na Câmara. Mantinha um rígido domínio sobre um grupo expressivo de parlamentares. A sua residência no Rio de Janeiro funcionava como uma pequena Corte, onde ele articulava as votações no Congresso e estabelecia as prioridades políticas no Legislativo. Ele era um "caudilho autêntico que, além de ter imposto forte disciplina aos seus correligionários, contava com o irrestrito apoio do seu estado aguerrido (Rio Grande do Sul), mal saído de longa guerra civil, e sob uma espécie de ditadura constitucional de Borges de Medeiros"[11].

Afonso Pena esperava que o "Jardim da Infância" contivesse o poder de Pinheiro Machado. Além do apoio do presidente, o Jardim também contava com o respaldo político de João Pinheiro, governador de Minas Gerais, aliado de Afonso Pena e o nome mais cotado para sucedê-lo na Presidência da República. Mas, Pinheiro Machado era demasiadamente esperto e experiente para saber que não deveria partir para o confronto aberto e direto com o presidente da República, o governador de Minas e o bloco governista. O senador gaúcho aguardaria os membros do "Jardim da Infância" cometerem os erros e tropeços comuns dos jovens com muitas ideias e energia e pouca experiência política antes de iniciar o seu contra-ataque.

A morte de João Pinheiro, em outubro de 1908, ajudou a acelerar as imprudências do jovem bloco governista na Câmara dos Deputados. Venceslau Brás não tinha o mesmo entusiasmo político pelo "Jardim da Infância", nem a confiança e proximidade pessoal que unia o falecido governador ao presidente da República. O Jardim perdera o apoio do governo mineiro e tornou-se mais vulnerável. Pinheiro Machado sabia que era uma questão de tempo a bancada governista na Câmara se rebelar contra os jovens deputados.

O estilo autoritário e voluntarioso de Carlos Peixoto na presidência da Câmara despertou antipatia e desconfiança entre os parlamentares. Ele "tratava os colegas como se fossem meninos de colégio (...) e tinha o costume de se afastar dos seus companheiros de bancada"[12]. O líder do governo, deputado James

---

[11] Bello, José Maria. Opus cit, Página 233.

[12] Carone, Edgard. Opus cit, vol 8, Página 244.

Darcy, também contribuiu para gerar ressentimentos no bloco governista. O seu estilo "distante e temperamento de intelectual e de artista, um tanto desdenhoso" contribuiu para aumentar a insatisfação da base governista. Os deputados insatisfeitos e ressentidos voltaram-se a se aproximar de Pinheiro Machado, que começou a reconstruir sua base de domínio no Congresso Nacional.

A dissidência no Congresso agravou-se com a divergência na base política do presidente. No fim de 1908, Afonso Pena começou a articular a candidatura de David Campista, o seu Ministro da Fazenda, à Presidência da República. O governador de São Paulo, Albuquerque Lins, mostrou-se favorável ao nome de David Campista, pois o Ministro da Fazenda era a melhor garantia da continuidade da política econômica que protegia os interesses do café. Rui Barbosa, entretanto, escreveu ao presidente uma carta em que o conclamava a escolher outro candidato: "Moço de talento e futuro, não tem evidentemente para o cargo supremo do Estado, experiência, madureza, autoridade (...). A sua investidura seria uma criação do presidente da República. Espero, meu caro amigo, que V. não tome sobre os ombros esse desserviço".

Venceslau Brás, o governador mineiro, não se manifestou sobre o eventual apoio a David Campista. Preferiu aguardar a adesão de outros estados e cardeais políticos. Mas, Bias Fortes, um dos mais influentes cardeais políticos mineiros, declarou-se contrário à candidatura de David, numa entrevista a um jornal. A dissidência no seio governista tornou-se pública. O pomo da discórdia estava instaurado; cabia a Pinheiro Machado explorá-lo a seu favor. Neste quesito, ele era um mestre insuperável.

Ao perceber que a base política do presidente começou a se dilacerar, Pinheiro Machado resolver agir. Enquanto Afonso Pena trabalhava pela candidatura de David Campista à Presidência da República, Pinheiro procurou aprofundar as divisões na base governista. Consultou Rui Barbosa e perguntou-lhe se aceitaria que o seu nome fosse levado a Afonso Pena, como uma alternativa à candidatura de David Campista. Rui disse que só a aceitaria se o seu nome "fosse levantado, como o do atual presidente, por uma corrente política independente, deliberada a sustentá-lo de acordo com o que há 3 anos estabelecemos". Enquanto testava o apetite e a disposição de Rui Barbosa em disputar a Presidência da República, Pinheiro Machado articulava nos bastidores a candidatura do Ministro da Guerra, Hermes da Fonseca.

O general gozava de um certo prestígio no meio político. Era um militar que respeitava a Constituição, prezava o Estado de Direito e defendia as instituições. Hermes pegou em armas para defendê-las quando seus companheiros de Exército tramaram golpes de Estado nas casernas durante os mandatos de Campos Sales e Rodrigues Alves. No governo de Afonso Pena, conduziu uma verdadeira revolução no Exército. Investiu no treinamento dos soldados, na melhoria dos armamentos, na reforma dos quartéis e instituiu o serviço militar obrigatório no país.

Mas Hermes era um militar, e a ideia de um general na Presidência da República ressuscitava antigos temores entre os republicanos históricos. A traumática experiência política dos governos dos Marechais Deodoro e Floriano e os inúmeros levantes militares que ameaçaram a ordem constitucional, a democracia e as instituições nos governos civis da República traziam péssimas recordações de uma época de instabilidade política e fragilidade institucional. A função constitucional dos militares limitou-se a zelar pela defesa do país e manter-se distante da política partidária. A especulação em torno do nome de Hermes da Fonseca fez ressurgir o tema da participação dos militares na vida política da nação.

A tensão política tornou-se preocupante. A candidatura de David Campista tornou-se inviável sem o apoio da Bahia, Minas Gerais e Rio Grande do Sul e, para desgosto de Afonso Pena, a candidatura de Hermes da Fonseca ganhava peso. A rivalidade política entre o presidente da República e Pinheiro Machado e a disputa entre civis e militares poderiam se transformar numa séria ameaça à ordem institucional. Os cardeais políticos entraram em ação para pôr fim à discórdia no seio da oligarquia política. Começaram a articular uma candidatura presidencial que unisse Afonso Pena e Pinheiro Machado, civis e militares.

Havia um estadista capaz de aglutinar todas as facções e restaurar a paz e a unidade na elite política. Este homem era o Barão do Rio Branco, Ministro das Relações Exteriores. Nenhum outro político gozava do prestígio, da popularidade e da estima do Barão. Apesar de ser cumprimentado pelas pessoas nas ruas e aclamado nas rodas políticas, ele tinha plena consciência de que era um homem de gabinete, de Ministério e que não tinha o perfil, a ambição e a determinação para ocupar a Presidência da República. Rio Branco agradeceu a lembrança do seu nome, sentiu-se honrado com o apelo dos colegas, mas declinou o convite.

A recusa de Rio Branco de disputar a presidência acelerou o processo de deterioração do clima político. Desde a eleição de Prudente de Moraes, em 1894, a República brasileira dependia da unidade da oligarquia política para manter as instituições funcionando de acordo com os princípios constitucionais e os valores democráticos. As disputas políticas entre os cardeais faziam parte do processo de negociação política, mas terminavam quando se encontrava um candidato capaz de uni-los em torno de um objetivo comum. Com a proximidade das eleições presidenciais, as divergências internas entre os cardeais políticos culminou numa perigosa cisão.

No dia 12 de maio de 1909, data do aniversário de Hermes da Fonseca, os militares e partidários do marechal organizaram uma homenagem que se transformou no lançamento público da sua candidatura à Presidência da República. O presidente Afonso

Pena considerou um ato de traição pessoal o seu Ministro da Guerra aceitar uma candidatura presidencial sem o seu aval. Hermes procurou desfazer o mal-estar, reiterando ao presidente que "não sou, nem fui jamais candidato a cadeira presidencial, principalmente em contraposição a um ilustre companheiro de governo (David Campista), candidato de V. Exª e de alguns amigos políticos". Hermes, entretanto, aproveitou a ocasião para expressar sua irritação com algumas lideranças políticas civis "que hostilizam as classes armadas, inventando para os seus membros uma incompatibilidade que a Constituição não estabelece, qual o de cercear ao militar a aspiração de poder exercer a suprema magistratura"[13].

Apesar de negar que pretendia disputar a Presidência da República, Hermes já falava e agia como candidato. 10 dias depois da conversa com Afonso Pena, ele apresentou a sua carta de demissão do Ministério da Guerra, para dedicar-se à sua candidatura presidencial. Afonso Pena perdeu rapidamente o controle da situação política e da disputa sucessória. Enquanto a candidatura de Hermes da Fonseca caminhava a pleno vapor sem o consentimento do presidente, o candidato oficial, David Campista, naufragava rapidamente. Ciente da inviabilidade da sua candidatura, o Ministro da Fazenda desistiu da disputa presidencial no dia 17 de maio.

Neste mesmo dia, Carlos Peixoto, presidente da Câmara dos Deputados, renunciou o cargo. Depois de um longo duelo com Pinheiro Machado no Congresso, Peixoto finalmente foi derrotado. A arrogância do jovem deputado e o seu estilo autoritário destruíram o seu talento político e a legitimidade de presidir a Câmara. A renúncia de Carlos Peixoto e a desistência de David Campista decretaram o fim do "Jardim da Infância" e da

[13] Carone, Edgard. Opus cit, vol 8, Página 250.

tentativa frustrada do presidente da República de renovar as lideranças políticas.

Para agravar a situação, Afonso Pena adoeceu. Uma forte gripe o deixou fraco, combalido e muito abatido. Pinheiro Machado aproveitou a fragilidade do governo e da saúde do presidente para desferir outro ataque. No dia 22 de maio, uma convenção dos cardeais republicanos no Rio de Janeiro, dominada por Pinheiro, homologou a candidatura de Hermes da Fonseca à Presidência da República. A convenção acabou acirrando a disputa no seio da elite política. Pinheiro Machado usou o seu poder, prestígio e capacidade de articulação política para fortalecer a candidatura de Hermes da Fonseca. Conquistou o apoio de vários governadores, como os da Paraíba, do Rio Grande do Sul e do Pará, mas não conseguiu o aval de São Paulo, Rio de Janeiro e Bahia.

Pinheiro acreditava que a resistência ao nome de Hermes era superficial e passageira. O caudilho gaúcho estava certo de que, com um pouco de pressão política, manobras partidárias e promessas sedutoras, ele derrubaria o veto à candidatura do marechal. Mas, Hermes da Fonseca sabia que a resistência dos paulistas, baianos e cariocas tinha uma origem profunda: o ressentimento em relação à participação dos militares na vida política da nação.

Hermes da Fonseca não era Deodoro nem Floriano. Pertencia à ala legalista do Exército, mas deixou-se influenciar por caudilhos, como Pinheiro Machado, e militares jacobinos. O marechal sabia que a única maneira de quebrar a resistência ao seu nome era convencer as principais lideranças políticas paulistas, baianas e cariocas do seu propósito de conduzir um governo democrático.

Alguns dias antes da Convenção republicana de 22 de maio, Hermes resolveu consultar dois líderes civis, o Barão do Rio Branco e Rui Barbosa, sobre o que pensavam da sua candidatura. Rio Branco preferiu não responder diretamente ao marechal, mas deixou claro que estava muito preocupado com a agitação militar nas ruas e nos quartéis. Durante os 15 anos de presidentes civis, o Brasil conseguiu construir, no exterior, a imagem de um país governado por instituições sólidas, princípios democráticos e valores liberais. Rio Branco temia que esta reputação internacional fosse destruída com a eleição de um presidente militar. A eleição de Hermes poderia "apresentar o Brasil, lá fora, como uma republiqueta de pronunciamentos militares"[14].

Rui Barbosa não foi tão diplomático. O senador baiano, uma das maiores sumidades jurídicas do país, enviou ao Marechal Hermes da Fonseca uma carta, reiterando claramente o seu repúdio a uma candidatura militar. Rui começou pontuando o papel constitucional das Forças Armadas: "Quero o Exército grande, forte, exemplar. Não o queria pesando sobre o Governo do país. A nação governa. O Exército, como os demais órgãos do país, obedece". Em seguida, Rui atacou a forma hermética dos cardeais políticos escolherem o presidente da República num conclave fechado e restrito. A nação já estava suficientemente madura para escolher livremente os seus governantes; "seria mister que começássemos a contar com a opinião pública, com o povo, a vontade nacional. Déssemos nós o rebate de uma campanha séria, no intuito de manter o país o direito de eleger o Chefe do Estado e, ainda que os governadores se achassem todos contra nós, uma candidatura verdadeiramente nacional havia de se impor e prevalecer"[15].

O silêncio de Rio Branco e a carta de Rui causaram um profundo impacto em Hermes da Fonseca. O marechal resolveu desistir da disputa presidencial na véspera da Convenção republicana. Mas, Pinheiro Machado não deixou que Hermes se abalasse com a missiva de Rui. Três dias depois de ter pensado em abandonar o pleito, Pinheiro conseguiu reverter a situação na Convenção

[14] Silva, Helio. Opus cit, vol 2, Página 167.
[15] Silva, Helio. Opus cit, vol 2, Página 168.

republicana, homologando o nome de Hermes como o candidato da maioria dos estados da Federação.

Afonso Pena, doente, deprimido e distante das disputas partidárias, veio a falecer no dia 14 de junho. A população ficou chocada com a morte do presidente. Os médicos constataram que o seu estado de saúde agravou-se com depressão causada pelos acontecimentos políticos. Os culpados pela morte do presidente eram "o hermismo e o próprio Hermes. O 'traumatismo moral', termo usado pelos médicos e que Rui Barbosa repetiu em seus discursos no Senado, apareceu como fórmula de acusação contra aqueles que eram homens de confiança e que fugiram ao compromisso que tinha para com ele"[16].

Nilo Peçanha, o vice-presidente, assumiu o poder e disse que o lema do seu governo seria "paz e amor". Ironicamente, esses eram os dois sentimentos escassos na arena política. São Paulo, Bahia e Rio de Janeiro continuaram firmes na oposição a Hermes. O governador paulista, Albuquerque Lins, repudiou publicamente a candidatura do marechal "por uma questão de princípios, dos quais zelava com extremo ardor"[17]. São Paulo, que lutara pela República civil e constitucional, não apoiaria uma candidatura patrocinada por um caudilho (Pinheiro Machado) e defendida, de forma truculenta, por militares que agitavam os quartéis e menosprezavam as instituições democráticas.

Os paulistas encontraram um grande aliado em Rui Barbosa. O senador baiano rompera com Pinheiro Machado e a candidatura Hermes da Fonseca. Era o defensor implacável do governo civil, da Constituição e das instituições democráticas. Tanto os paulistas quanto Rui repudiavam a solução militar para resolver a cisão na oligarquia política. Em vez de eleger um presidente

---

[16] Carone, Edgard. Opus cit, vol 8, Página 255.
[17] Carone, Edgard. Opus cit, vol 8, Página 255.

militar e convocar as tropas para livrar o país da crise política, Rui pregava uma eleição aberta, popular e democrática.

Os opositores da candidatura Hermes da Fonseca resolveram lançar Rui Barbosa para a Presidência da República. Eles eram os civilistas; os defensores dos princípios democráticos, do governo constitucional e de um presidente civil. No dia 3 de outubro de 1909, os civilistas reuniram-se no Teatro Lírico do Rio de Janeiro para lançar oficialmente a candidatura de Rui Barbosa. A Convenção civilista reuniu "350 delegados eleitos pelos municípios, fato que contrapõe à forma de escolha da convenção hermista, que é composta por políticos estaduais". Havia representantes de vários municípios brasileiros que apoiaram unanimemente o nome de Rui Barbosa para presidente e de Albuquerque Lins, governador de São Paulo, para vice.

Rui chegou na Convenção à pé, acompanhado por um fabuloso cortejo popular, que o seguia pelas ruas. O Teatro Lírico estava lotado e o candidato foi entusiasticamente aplaudido, enquanto caminhava lentamente rumo ao palco. Encantado com o apoio popular e dos delegados municipais, Rui discursou e reiterou que não havia como frear a vontade popular. Ela era soberana e capaz de desfazer as decisões dos conchavos oligárquicos: "Todo o Brasil vivo se levantará. A nação está de pé e em marcha. É o batismo do povo e da democracia. É o renascimento da nossa nacionalidade. É o futuro livre que começa a descortinar".[18]

Ao levar a campanha presidencial para as ruas, Rui despertou a consciência política da população. O movimento civilista espalhou-se pelo Brasil. De dezembro de 1909 a fevereiro de 1910, Rui Barbosa incendiou os eleitores com seus discursos contundentes, sua fala combativa e sua plataforma eleitoral. Ele denunciou o militarismo, os conchavos oligárquicos e os perigos que eles representavam à democracia, à liberdade e às instituições.

[18] Silva, Helio. Opus cit. Vol 3, Página 170.

Para os civilistas, a candidatura de Hermes da Fonseca representava o militarismo; ela remetia a "uma época detestada, à ressurreição de uma calamidade histórica, à substituição do governo das leis pelo governo das armas... evoca, nos lares, a lembrança dos tempos em que a delação, a cadeia e o fuzil profanavam as casas e arrebatavam os filhos".

Na faculdade de Direito de São Paulo, onde Rui havia estudado na mocidade, os aplausos esfuziantes dos alunos reverberavam pelas arcadas após o seu discurso passional, alertando-os para manterem-se vigilantes diante à fraude eleitoral, ao uso da força militar e da máquina governamental para assegurar a vitória de Hermes da Fonseca. O antídoto contra o poder da oligarquia residia na mobilização popular, na liberdade de imprensa, na defesa das instituições e no combate sem trégua ao militarismo: "Não fizestes a República, senhores, para que todos nós, para que o povo do Brasil se visse na condição miserável de estar sujeito, de sujeitar-se covardemente à influência militar (...). O povo que se entrega ao regime militar é um povo irremediavelmente perdido; é uma multidão condenada às misérias e às infâmias do regime do terror. Mas, esta situação não se realizará. Porque o povo não quer!"

Rui não era um revolucionário. Defendia as instituições e fez questão de discernir entre a perversidade do militarismo e a importância das instituições militares: "O militarismo, governo da nação pela espada, arruína as instituições militares, subalternidade legal da espada à nação. As instituições militares organizam juridicamente a força. O militarismo desorganiza. O militarismo está para o Exército como o fanatismo para a religião; como o charlatanismo para a ciência; como o demagogismo para a democracia. Elas são a regra; ele, a anarquia. Elas a moralidade; ele, a corrupção. Elas, a defesa nacional; ele, o desmantelamento, o solapamento, a aluição dessa defesa".

A campanha civilista arrastou multidões para as praças, ruas e teatros, para ouvir Rui Barbosa. Em São Paulo, Minas Gerais, Rio de Janeiro e Bahia, ele bombardeava ininterruptamente a candidatura de Hermes da Fonseca: "Rejeito a doutrina do arbítrio. Abomino as ditaduras de todo o gênero, militares ou científicas, coroadas ou populares. Detesto os estados de sítio, a suspensão de garantias, as razões de Estado, as leis de salvação pública. Odeio as combinações hipócritas do absolutismo, dissimulando sob as formas democráticas e republicanas".

Enquanto o hermismo representava a substituição do governo constitucional pelo mando absolutista, os civilistas eram a garantia da ordem democrática, das reformas necessárias e da preservação das instituições. Na Bahia, sua terra natal, Rui anunciou o seu credo político: "Creio na liberdade onipresente, criadora das nações robustas; creio na lei; creio que, neste regime, soberano é só o Direito, interpretado pelos tribunais; creio que a República decai, porque se deixou estragar, confiando-se às usurpações das forças; creio que a Federação perecerá, se continuar a não acatar a Justiça; creio no governo do povo pelo povo; creio na tribuna sem fúrias e na imprensa sem restrições, porque acredito no poder da razão e da verdade"[19].

Em outro comício, Rui declarou que desmantelaria os instrumentos que garantiam o domínio absoluto da oligarquia do processo político-eleitoral. O candidato civilista anunciou que respeitaria o veredicto dos tribunais e não usaria a força policial ou militar para impedir a realização de eleições livres. Honraria os contratos e concessões públicas e proibiria o emprego das verbas estatais e da máquina pública para eleger os candidatos do governo. Na área econômica, manteria a integridade do Tesouro Nacional e "não utilizaria as relações existentes entre a Fazenda e

[19] Silva, Helio. Opus cit. Vol 3, Página 83.

quaisquer estabelecimentos bancários para dissimular operações financeiras, concessões ou despesas não autorizadas"[20].

O movimento civilista só conseguiu ter grande repercussão porque o presidente Nilo Peçanha assegurou a liberdade política durante a campanha presidencial. Para irritação dos hermistas, Nilo Peçanha não impediu a realização dos comícios civilistas nem interferiu na guerra dos hermistas e civilistas na imprensa. Aqueles respondiam aos ataques de Rui Barbosa nos jornais. Denunciavam a demagogia do candidato civilista. Diziam que Rui, que tanto criticava a oligarquia, beneficiava-se do apoio político da elite paulista e pagava as despesas da sua campanha com os recursos advindos do governo de São Paulo (o que era verdade). Além disso, Rui apresentava-se ao eleitorado como um estadista, quando, na verdade, revelou-se um péssimo Ministro da Fazenda. Sua política econômica e monetária no governo Deodoro arruinou as finanças do país. A gestão de Rui foi marcada pela inflação, especulação financeira, gastança pública e falência de inúmeras empresas.

O Marechal Hermes da Fonseca conduziu sua campanha de forma discreta. Não realizou comícios e evitou atacar Rui diretamente. Ele só se pronunciava em entrevistas aos jornais que o apoiavam e em eventos reservados, como jantares com parlamentares, reuniões com governadores e encontros nos clubes militares. "A candidatura Hermes da Fonseca encarnava, além da imposição militar, o irritante primado das oligarquias republicanas e a ameaça às liberdades públicas, ou, em outras palavras, o pequeno cesarismo latino-americano, sem brilho e sem heroísmo"[21]. O marechal sabia que não precisava do voto do eleitor, mas do apoio dos garantidores dos votos populares. Necessitava do empenho dos governadores, que controlavam a máquina eleitoral e os votos; contava com o respaldo dos parlamentares influentes,

[20] Silva, Helio. Opus cit, vol 3, Páginas 87/88.
[21] Bello, José Maria. Opus cit, Página 248.

que dominavam a Comissão de Verificação do Congresso – o órgão encarregado de reconhecer os candidatos eleitos.

A campanha presidencial de 1909 foi a mais vibrante e empolgante da Primeira República. Os comícios civilistas, a guerra dos candidatos na imprensa e a mobilização popular refletiam uma mudança importante na política. A eleição presidencial deixou de ser um assunto exclusivo da elite política e tornou-se um tema de interesse popular. Nos grandes centros urbanos, como São Paulo e Rio de Janeiro, a classe média, que costumava abster-se das eleições, por considerá-las sujas e manipuladas, resolveu alistar-se para votar em Rui Barbosa. Mas, o Brasil real era o dos oligarcas e não aquele proclamado na campanha civilista.

No dia 1º de março de 1910, os eleitores foram às urnas. Neste dia, a liberdade que reinou durante a campanha presidencial deixou de existir. A máquina governamental, a fraude eleitoral e a violência foram empregadas tanto nos redutos hermistas quanto nos civilistas. Rui venceu a eleição nos grandes centros urbanos, mas Hermes ganhou nos restante do país, elegendo-se presidente da República.

Rui sabia que era uma espécie de anticandidato e que não podia vencer a maioria do cardinalato da República apenas com uma campanha bem articulada e com o apoio dos republicanos históricos, da classe média, dos intelectuais e dos estudantes. Ele tinha consciência de que não era possível vencer a poderosa máquina política e eleitoral controlada pelos governadores. A eleição na capital federal demonstrou que a liberdade política só era tolerável enquanto ela colaborava para legitimar as ações do governo e os candidatos governistas. Quando a liberdade ameaçava questioná-las ou destituí-los, ela cessava de existir.

Quando o governo percebeu que a vitória de Rui Barbosa seria esmagadora na cidade do Rio de Janeiro, o presidente da República mobilizou as tropas federais e não permitiu que a maioria das seções eleitorais abrisse para o eleitor votar: "O Distrito Federal contava com 96 seções eleitorais. Delas apenas 25 puderam funcionar, porque nas 71 restantes não se reuniram as mesas, os livros de atas foram subtraídos pelos agentes do Correio." Nem mesmo Rui Barbosa, Quintino Bocaiúva e Pinheiro Machado conseguiram votar; eles "viram e assistiram ao fato espantoso de uma eleição presidencial em que a capital da República não votava". Além de cassar o direito do eleitor fluminense, o governo fraudou os votos. Quando as urnas fecharam, "as atas das 71 seções que não se abriram, apareceram fabricadas, com todas as aparências de legalidade."[22]

A capital federal não era um pequeno município nos confins do Brasil, em que o uso indiscriminado da fraude eleitoral e da força policial podia ser empregado sem causar grande indignação. Convocado por Rui Barbosa para ir às urnas e votar, o eleitor foi envolvido no debate político e passou a acreditar que o seu voto, opinião e desejo poderiam mudar os destinos do país. Mas, no dia da eleição, ele descobriu que o seu voto não tinha o poder de reformar a nação, de fazer valer a sua voz e a sua vontade.

A campanha civilista foi a última oportunidade de se reformar a Primeira República pelos métodos democráticos. Ela despertou a consciência política do eleitor urbano, e este despertar não tem volta. A eleição fraudulenta no Rio de Janeiro fortaleceu a crença de que o sistema político não se renovaria por meio do voto livre. O eleitor passou a reivindicar cada vez mais o seu direito de participar do processo político, de eleger os seus representantes livremente, de rechaçar a fraude, os pactos oligárquicos e a política de gabinete. Os ânimos se acirraram, as posições políticas endureceram e os civilistas permaneceram mobilizados. Entrincheiraram-se na oposição e continuaram a combater o governo Hermes da Fonseca.

---

[22] Silva, Helio. Opus cit. Vol 3, Páginas 100/101.

Este embate político entre os aliados do presidente da República e os civilistas marcou o mandato de Hermes da Fonseca. Desde os primeiros dias do seu governo, o presidente teve de enfrentar rebeliões militares e revoltas populares, o que o levou a decretar o estado de sítio. Mas um sistema político não consegue manter-se vivo recorrendo constantemente à repressão.A incapacidade da oligarquia de perceber que o sistema político jamais poderia voltar a funcionar no antigo modelo depois da campanha civilista representou um erro fatal de julgamento político.

Os hermistas entenderam que a campanha civilista era apenas um dos inúmeros movimentos passageiros que incendiavam a República periodicamente. Pensavam que, em questão de meses, as divergências da campanha eleitoral seriam superadas, a união das elites seria restabelecida e o regime voltaria a funcionar de acordo com as velhas práticas. O presidente Hermes da Fonseca foi incapaz de perceber que o Brasil estava "mais consciente de si mesmo e começava a fatigar-se da moldura patriarcal"[23].

Ao rejeitar categoricamente as demandas reformistas e defender obstinadamente a submissão das instituições ao mando da oligarquia, os aliados de Hermes da Fonseca pensavam que podiam ditar eternamente os rumos políticos da nação apelando para os antigos métodos: o estado de sítio, o uso da força, as eleições fraudulentas e a utilização indiscriminada da máquina estatal. Quanto maior a resistência da oligarquia de abrir mão do mando, maior a pressão da sociedade para reformar as instituições.

Uma sociedade que constrói feudos e muralhas para se isolar do povo e do mundo está fadada ao fracasso. Ela é consumada pelo medo, pela ignorância e pelo repúdio às mudanças e à inovação. A ordem rígida e centralizadora dos regimes autoritários e oligárquicos garante um falso sentimento de estabilidade e segurança. Elas não resistem às pressões internas e externas por

[23] Bello, José Maria. Opus cit, Página 249.

mudanças. Quando estas aumentam, os governos procuram reforçar suas muralhas, fortalecer suas defesas e intensificar o uso da força para contê-las. No início, conseguem sufocá-las temporariamente. Mas, a cada vez que as pressões por mudanças ressurgem, elas voltam com mais vigor e intensidade. Chega um momento em que se tornam incontroláveis e acabam destruindo os regimes autoritários.

Um sistema político que se fecha para evitar a renovação paulatina das leis, do governo e dos costumes, está condenado a perecer. Quando o voto deixa de espelhar o desejo da maioria, o Congresso deixa de representar os interesses da nação, e a Justiça, o cumprimento fiel e imparcial das leis, a democracia perde a legitimidade e a liberdade passa a ser vista como sinônimo de anarquia. Neste caso, não há outro método de transformar o sistema político a não ser por meio da revolução.

Os civilistas não eram revolucionários. Queriam conduzir as mudanças políticas por meio das instituições. Defendiam as mudanças paulatinas e as reformas graduais. Pretendiam realizar a transição da democracia patriarcal para a liberal, pois consideravam-na vital para o progresso, o avanço e a prosperidade da nação. A campanha civilista mostrou ao país que a desunião das elites, atrelada à incapacidade do sistema político de se renovar, representava uma séria ameaça à ordem institucional e aos princípios democráticos.

Os civilistas acreditavam na necessidade imperiosa de desmantelar o sistema oligárquico. Era preciso substituir a política dos governadores e as eleições fraudulentas por governos democráticos. A República não podia sobreviver sem o aval do eleitor e a legitimidade do voto livre. Se continuasse a ser manipulada por uma oligarquia enclausurada em alianças temporárias, pactos políticos e conchavos eleitorais que excluíam o eleitor, o cidadão e o povo, as instituições democráticas sucumbiriam ao poder absolutista do mando.

A luta pela criação de uma democracia representativa, de um governo constitucional e de uma República alicerçada no Estado de Direito, deixou de ser um projeto de uma minoria esclarecida – dos Prudentes, dos Nabucos e dos Ruis – para se tornar o desejo de uma parcela expressiva da sociedade: a população urbana. Os intelectuais e os profissionais liberais, os operários e os trabalhadores aliaram-se à elite esclarecida para defender as bandeiras levantadas por Rui Barbosa durante a campanha civilista. A partir de 1910, os movimentos populares foram ganhando força e adeptos. Eclodiram dezenas de levantes, revoltas civis e rebeliões militares, culminando na revolução de 1930, que sepultou a Velha República e inaugurou a era Vargas.

É verdade que a revolução de 1930 não coroou a vitória dos civilistas e dos ideais liberais. Ela marcou o anticlímax da luta pela democracia. Getúlio Vargas acabou com a república oligárquica e fundou a "republiqueta de pronunciamentos militares", que o Barão do Rio Branco tanto temia. A revolução consolidou a vitória dos caudilhos, dos jacobinos e dos golpistas que acreditavam que a democracia era apenas uma bela teoria para legitimar o mando. Vargas derrotou a oligarquia, mas alijou também os homens virtuosos que lutaram pela construção das instituições democráticas, pelo governo constitucional e pela República liberal.

A história demonstra que a vitória dos caudilhos é sempre efêmera. É como uma tormenta de verão, que se forma, causa grande estrago, e depois se extingue. A legitimidade do ditador se exaure quando ele se isola da sociedade e passa a condenar a crítica, prezar a adulação, enfraquecer as instituições e menosprezar os valores que as sustentam. O poder absolutista leva o tirano a perder o senso de realidade, de justiça e de sensatez. Não há déspota esclarecido; homens esclarecidos prezam a liberdade, princípios e instituições que os protegem do jugo absolutista.

O desejo do homem de se libertar da tirania faz parte do seu instinto de sobrevivência. A liberdade é o oxigênio da inovação, o combustível da transformação, a força motora da competição saudável. Ela é o elemento fundamental da democracia, do governo constitucional e do Estado de Direito. A liberdade é a substância primordial da evolução do saber e da expansão do conhecimento. Ela é o ingrediente que estimula a troca de bens, idéias e experiências entre pessoas e nações. A liberdade é a essência da escolha consciente e a garantidora dos direitos do cidadão. Ela é o antídoto contra o poder arbitrário.

A liberdade é a causa que une os homens virtuosos. Ela foi o motivo primordial que levou Joaquim Nabuco a combater a escravidão. A liberdade foi a razão que inspirou Prudente de Moraes a enfrentar o despotismo jacobino e fundar a República constitucional; foi também o propósito que motivou Rui Barbosa a engajar-se na campanha civilista e na defesa da abertura do sistema político.

A ação desses estadistas serviu de exemplo para outros homens virtuosos, que continuaram a luta pela liberdade e pelo fortalecimento das instituições democráticas. Os paulistas se levantaram contra a Ditadura Vargas em 1932 e exigiram uma constituição democrática. Em 1945, os virtuosos depuseram Getúlio e restauraram a democracia. Em 1983, conseguiram enterrar a ditadura pelo voto, elegendo Tancredo Neves presidente da República. Graças à atuação política de estadistas virtuosos, o Brasil tornou-se uma democracia sólida e estável. As nossas instituições funcionam, bem ou mal, quase ininterruptamente desde o século XIX; somente duas outras nações exibem esta rara longevidade, a Inglaterra e os Estados Unidos. A primeira serviu de modelo para os monarquistas constitucionais, como Joaquim Nabuco; o segundo inspirou os republicanos históricos, como Prudente de Moraes.

A grande disputa política da Primeira República continua válida e atual. Há o partido dos virtuosos, que luta pelo fortalecimento das instituições, da democracia e da liberdade, e há o conluio do mando, que busca usar as instituições como instrumentos de legitimação dos seus atos arbitrários. Mesmo nos períodos obscurantistas da história brasileira, quando os caudilhos e déspotas triunfam e procuram subjugar as instituições, elas continuam a funcionar. Os ditadores que ousaram fechar o Congresso Nacional tiveram de reabri-lo rapidamente, porque sabiam que tal atitude colocaria em risco a legitimidade do seu governo. No Brasil, até os ditadores e caudilhos necessitam contar com o aval das instituições para permanecerem no poder.

A luta pela liberdade e pelas instituições democráticas nunca cessa, pois há sempre caudilhos e ditadores que se dizem defensores da liberdade, mas que, no fundo, procuram cerceá-las, enfraquecê-las, desmoralizá-las e destrui-las. A liberdade inspirou a ação de estadistas, a obra de artistas, a descoberta de cientistas, a criatividade de inventores e o sonho de inúmeras pessoas, que acreditaram no trabalho, no progresso e nas oportunidades que emanam numa sociedade em que reina a democracia, as leis e as instituições.

No início da Segunda Guerra Mundial, o sucesso de Hitler na Alemanha, o triunfo de Mussolini na Itália e a vitória do General Franco na Espanha, levaram muitas pessoas a crer no êxito dos regimes autoritários e a decretar o fim da democracia. Mas, para a sorte da humanidade, havia uma ilha, um estadista e um povo na Europa que nunca deixou de acreditar na liberdade e nas instituições democráticas. A ilha era a Grã-Bretanha e o estadista, Sir Winston Churchill. O homem que liderou a nação na hora mais dramática da guerra contra o nazismo nunca perdeu a fé nos princípios democráticos e nas instituições.

Churchill reiterou inúmeras vezes no Parlamento, no rádio e nas ruas que os ingleses jamais se renderiam a Hitler. Se a Grã-Bretanha fosse invadida pelos nazistas e Londres fosse destruída e aniquilada, Churchill reafirmava que continuaria a lutar pela liberdade, pela democracia e pelas instituições a partir das colônias britânicas: "Vitória a todo custo, vitória a despeito do terror, não importa quão longo e duro o caminho possa ser, porque, sem vitória, não há sobrevivência."

Mesmo nas horas mais sombrias, mesmo nos momentos mais difíceis da nossa história, é preciso ter fé e coragem para defender os valores e princípios que acreditamos. A coragem, a determinação, a perseverança e o engajamento dos nossos antepassados na luta pela construção das instituições deve servir de exemplo e inspiração para as gerações de hoje e de amanhã. A história dos homens virtuosos da Primeira República revela a crença nas instituições democráticas e no senso de dever e de missão de defendê-las e preservá-las dos assaltos dos caudilhos. Ela nos ensina que a luta por princípios e valores não é uma luta em vão.

BIBLIOGRAFIA

Bello, José Maria. **História da República** (4ª edição). Companhia Editora Nacional. São Paulo, 1958.

Bonavides, Paulo. **História Constitucional do Brasil.** 3ª edição. Editora Paz e Terra. São Paulo, 1991.

Broca, Brito. **Machado de Assis e a Política.** Editora Polis, Brasília. Pró Memória, Instituo Nacional do Livro, 1983.

Buarque de Holanda, Sergio. **História Geral da Civilização Brasileira.** Difel, Difusão Editorial. São Paulo, 1977.

Campos Sales, Manuel. **Da Propaganda à Presidência.** A Editora. Lisboa. Portugal, 1908.

Carone, Edgard. **A República Velha.** Difel, Difusão Editorial. São Paulo, 1978.

Casalecchi, José Ênio. **O Partido Republicano Paulista.** Editora Brasiliense. São Paulo, 1987.

Chalhoub, Sidney. **Machado de Assis: Historiador.** Companhia das Letras. São Paulo, 2003.

D'Avila, Luiz Felipe. **As Constituições Brasileiras.** Editora Brasiliense. São Paulo, 1993.

Egas, Eugênio. **Galeria dos Presidentes de São Paulo.** Publicação Oficial do Estado de São Paulo. São Paulo, 1925.

Faoro. Raymundo. **Machado de Assis: a Pirâmide e o Trapézio.** 4ª edição. Editora Globo. São Paulo, 2003.

Ferreira, Jorge e Lucilia de Almeida Neves Delgado. **O Brasil Republicano** (4 volumes). Editora Civilização Brasileira. Rio de Janeiro, 2003.

Freitas, Décio. **O Homem que Inventou a Ditadura no Brasil.** Editora Sulina, Porto Alegre 1999. 2ª edição.

Freyre, Gilberto. **Ordem e Progresso.** 6ª edição. Global Editora. São Paulo, 2004.

Gledson, John. **Machado de Assis: Ficção e História.** Editora Paz e Terra. São Paulo, 2003.

Janotti, Maria de Lourdes Mônaco. **Sociedade e Política na Primeira República.** Atual Editora. São Paulo, 1999.

Koifman, Fábio (org). **Presidentes do Brasil.** Volume 1. Universidade Estácio de Sá. Rio de Janeiro, 2002.

Lins, Álvaro. **Rio Branco** (2 volumes). Livraria José Olympio Editora. Rio de Janeiro, 1945.

Luca, Heloisa Helena Paiva (org). **Balas de Estado de Machado de Assis.** Annablume Editora. São Paulo, 1998.

Assis, Machado de. **Don Casmurro.** [1899], s. l.; s. ed.

Assis, Machado de. **Quincas Borba.** [1891], s. l.; s. ed.

Assis, Machado de, e Nabuco, Joaquim. **Correspondência.** Editora Topbooks. Rio de Janeiro, 2003.

Mota Filho e outros. **Homens de São Paulo.** Livraria Martins Editora. São Paulo, 1944

Montello, Josué. **Memórias Póstumas de Machado de Assis.** Editora Nova Fronteira. Rio de Janeiro, 1997.

Montello, Josué. **Os Inimigos de Machado de Assis.** Editora Novas Fronteira, Rio de Janeiro, 1998.

Moraes, Evaristo. **Da Monarquia para a República.** Editora Universidade de Brasília. Brasília, 1985.

Nabuco, Joaquim. **Minha Formação.** Editora Universidade de Brasília. Brasília, 1981.

Peixoto, Silveira. **A Tormenta que Prudente de Moraes Venceu.** Imprensa Oficial do Estado de São Paulo. São Paulo, 1990.

Perissinotto, Renato. **Classes Dominantes e Hegemonia na República Velha.** Editora da Unicamp. Campinas, 1994.

Ribas, Antônio Joaquim. **Perfil Biográfico do Dr. Manoel Ferraz de Campos Sales.** Editora Universidade de Brasília. Brasília, 1983.

Rodrigues, João Paulo Coelho de Souza. **A Dança das Cadeiras**. Editora UNICAMP. Campinas, São Paulo, 2003.

Romero, Silvio. **Autores Brasileiros**. Editora Imago, Rio de Janeiro, 2002.

Santos, José Maria. **Bernardino de Campos e o Partido Republicano Paulista**. Livraria José Olympio Editora. Rio de Janeiro, 1960.

Schwarz, Roberto. **Um Mestre na Periferia do Capitalismo**. Duas Cidades/ Editora 34. São Paulo, 2000.

Schwarz, Roberto. **Ao Vencedor as Batatas**. Duas Cidades/Editora 34. São Paulo, 2000.

Silva, Ciro. **Pinheiro Machado**. Editora Universidade de Brasília. Brasília, 1982.

Tocqueville, Alexis. **De la Democratie en Amerique**. Robert Lafont. Paris, França, 1986.

Ventura, Roberto. **Estilo Tropical**. Companhia das Letras, São Paulo, 1991.

Viotti da Costa, Emília. **Da Monarquia à República**. Editora Unesp. São Paulo, 1998.

REPÚBLICA FEDERATIVA DO BRASIL
15 de Novembro de 1889